高校生の
法的地位と
政治活動
日本とドイツ

結城 忠

Yuki Makoto

エイデル研究所

はじめに

　高校生は学校においていかなる権利を有し、義務を負っているのか。高校生がデモに参加したり、校内において集会を開き、ビラを配布するなどの「政治活動」を行なうことは許されないのか。許されないとされる場合、その理由は何か。学校における高校生の法的地位は如何に。

　この問題について、旧文部省は1969年10月、「高等学校における政治的教養と政治的活動について」と題する文部省見解において、「高校生の政治的活動は学校内においてはもとより、学校外においても認められない。学校による指導や禁止にも拘わらず、生徒が学校の内外を問わず政治的活動をした場合は、学校は懲戒処分をもって適正に対処すべきである」との見解を示した。高校生の政治活動の罰則付き無条件・全面一律禁止である。

　しかしその後、2015年6月に選挙権年齢を18歳以上に引き下げる改正公職選挙法が成立したことに伴い、同年10月、文部科学省は初等中等教育局長通知「高等学校等における政治的教養の教育と高等学校等の生徒による政治的活動等について」において、高校生の政治活動を校内と校外におけるそれに区別し、校外における高校生の政治活動については原則としてこれを容認するとの方針に転じた。

　ただ同省は2016年1月に、校外の政治活動に参加する高校生に対して学校が届出制を敷くことは差し支えないとの見解を示し、これを受けて、たとえば、愛媛県ではすべての県立高校が2016年4月から校則を改訂し、生徒が校外において政治活動を行なう場合には、事前に学校へ届け出なければならないとされるに至っている。

　果たして、高校生の政治活動についての上記のような旧文部省・文部科学省の見解（以下、文科省見解）は憲法・学校法学上、どのような評価をうけることになるのか。

　ここで考えてみよう。

　日本国憲法は、たとえば、「思想・良心の自由」（19条）や「表現の自由」（21条1項）など各種の基本的人権を保障しているが、これらの人権条項は高等学校や高校生には適用されないのか。高等学校や高校生は「憲法から自由な範域」に位置

しているのか。憲法は本来、国家・社会の基本構造法であり、その価値原理と組織原理は学校を含む社会制度全体を貫いて規範的に拘束するのではないのか。

また果たして、文部科学省という一行政機関が、しかも行政内部規範にすぎない一片の「通知」で高校生の政治活動、つまりは、高校生の基本的人権を規制することができるのか。高校生に対する政治的権利の保障の有無やその内容の如何は、「行政内部関係としての学校関係における事柄」として、「憲法から自由な文部科学省の任意の処分に委ねられた事柄」なのか。この場合、日本国憲法が謳う民主的法治国家の原理との関係はどうなるのか。

さらに日本国憲法の改正手続に関する法律と公職選挙法という「国法」によって、国民投票の投票権や国政選挙・地方選挙の選挙権が保障され、また選挙運動を行うことも法認されるなど、その政治上の法的資格・政治的成熟度が公証されるに至っている18歳以上の高校生にあってもまた、学校における政治活動は禁止されているが〈学校における生徒の政治的権利の全面的否認・学校と政治との隔絶〉、その根拠はどこに求められるのか。また文部科学省通知と国法との法的整合性はどうなるのか。

くわえて、たとえば、愛媛県におけるように、学校は校則で生徒の校外政治活動について届出を義務づけることができるのか。学校の生徒に対する規制権は学校の域を超えて、生徒の校外における行動にまで及びうるのか。とくに上述したような法的地位にある18歳以上の高校生にあっては、校外における政治活動は本来「市民としての基本的自由」に属しているのではないのか。

また校則は学校や都道府県・市町村により各様であり、校則によって高校生の政治活動を規制するということは、規制内容や規制の強度に関し、学校やその所在地域によって重要な差異が生じうるということになるが〈校長の「教育的」裁量に委ねられた高校生の基本的人権規制〉、普遍的な基本的人権のあり方として、果たしてこのようなことが憲法上許されるのか。校則（校長の判断）は憲法に優位するのか。

ここで重要なのは、高校生の政治活動に対する規制に学校教育上、規制を正当づける合理的な理由・重要な教育目的があるかどうかであるが、これについて文科省見解は、学校は学校教育法等に所定の教育目的に沿って「生徒を教育する施設」であるから、学校において生徒が政治活動を行なうことは、「教育上の観点

から望ましくない」との見解を示している。

果たして、そうなのか。

自由で民主的な社会的法治国家における学校の役割・学校教育の目的は、これを一言でいえば、生徒を「自律的で成熟した責任ある市民」・「自由で民主的な主権主体・能動的な政治主体」＝パブリック・シティズン（public citizen）へと育成することにあると言えよう〈学校の役割・学校教育の目的としての「自律への教育」・「自由と民主主義への教育」・「成熟した責任ある市民への教育」・「主権主体・政治的責任主体への教育」・「寛容への教育」〉。そのためには、むしろ文科省見解とは裏腹に「教育上の観点からは」、学校において高校生に対し「表現の自由」を基幹とする政治的権利＝「政治的表現の自由」・「政治的意見表明の自由」を保障し〈学校における「政治的意見表明」の日常化〉、一定の条件下で、政治的表現活動を容認することが求められるのではないか。「表現の自由」は個人の人格の形成・発達にとって、つまりは生徒の「人格の完成を目指（す）」（教育基本法1条）学校においては、格別に重要な生徒の基本的人権に属しているのではないのか。またこの自由は生徒が政治や社会の有りようについて自分の考えをもち、将来（18歳未満）、主権主体ないし政治主体として、自ら政治に参加するために必要かつ不可欠の前提をなす基礎的な権利ではないのか。

また文科省見解は、高校生の政治活動を規制する主要な根拠の一つとして、生徒は心身ともに発達過程にあって、政治的教養教育を受けている段階にあり、特定の政治的影響を受けないように保護する必要があることを挙げる〈保護・規制の対象としての未成年者・高校生＝政治的未熟論〉。高校生は未成年者であり、（18歳未満の高校生は）選挙権などの参政権も与えられておらず、「国家・社会としては未成年者が政治的活動を行なうことを期待していないし、むしろ行わないよう要請している」ともいう。

わが国においては従来、この文科省見解のように、成年制度を観念することによって、未成年者に対する人権規制を安易に一括して一般的に正当化してきた。そこにあっては成年制度が一種のマジック・ワードと化している、といっても過言ではない。

改めて書くまでもなく、通常、権利の行使は一定の判断能力を前提とするが、それは未成年期を通して徐々に形成されるものであって、成年に達すると突如として獲得されるというものではない。また権利を保障するということは、それによって生ず

る責任効果を原則として本人に帰属せしめることを意味する。未成年期において次第に自己の責任を自覚させ、「自律的で成熟した責任ある市民」へと準備するためにも、未成年者の年齢・成熟度に応じて段階的に、権利を保障し責任を問い、それを拡大・強化していくというアプローチが不可欠ではないのか。

こうした観点から高校生を捉えると、高校生は通説・判例上、民法上の責任能力（民法712条）が認定され、また刑事責任年齢としても法定（刑法41条）されている年齢段階（14歳）をすでに超えており、政治的な権利や責任の面でもその年齢・成熟度に応じて相応の法的対応が求められているのではないのか〈政治的な権利・責任主体への段階的準備〉。またそれは上述した「自律への教育」など一連の学校の役割・学校教育の目的からの基本的な要請ではないのか。実際、満16歳でもって国政選挙（オーストリア）や地方選挙（ドイツ）の選挙権を与えている国も見られているのである。

くわえてこの場合、基本的人権を自ら担い、自律的に行使できる主体＝基本的人権の自律的行使主体（Grundrechtsträger）の育成を任とする学校においては、その本質上、生徒の基本的人権は格別に重要な意味をもつ、ということを、併せて考慮する必要があるのではないか。

それにそもそも文科省見解にいう法禁された「高校生の政治活動」とは、具体的にはどのような活動を指すのか。政治活動と非政治活動は現実に截然と区別できるのか。

たとえば、給付型奨学金や私学助成制度の拡充、授業料の減免、子どもの貧困対策、発展途上国の子どもやシリア難民への支援、核兵器の廃絶・世界平和、ヘイトスピーチに対する規制強化などを求めて、高校生がデモや集会に参加したり、校内においてビラの配布や署名・募金活動を行なう等の活動は、いうところの政治活動なのか。

また、たとえば、高校生が学校において「現代政治研究会」と称するサークルを立ち上げ、安保法制、沖縄の基地問題、福島の原発事故・原発政策、竹島・尖閣諸島・中国の海洋進出などの領土問題、中国・韓国をめぐる歴史認識や慰安婦問題、北朝鮮の核開発、さらにはヨーロッパにおける移民排斥問題など今日のリアルな政治問題をテーマに研究を進め、その成果を学校内で発表・配布することは、禁止された政治活動に当たるのか。それとも教育基本法14条1項にいう「良識ある公

民として必要な政治的教養」の涵養に資する「生きた政治学習」として、むしろ「教育上尊重されなければならない」活動なのか。

ところで、上記のような文科省見解はその思想・基本的な理論構造においていわゆる「公法上の特別権力関係論」と同型であり、文科省見解にはこの理論の残映がなお色濃く影を落としていると言えないだろうか。

わが国においては戦前法制以来、生徒の在学関係（学校関係）は伝統的に公法上の特別権力関係＝特別の支配・服従関係だと解されてきたのであるが、その実益はつぎの3点にあった。

①学校は「特別に強められ、高められた権力主体」として、生徒に対して包括的支配権を有する。学校内においてはもとより、学校教育と直接・間接に関係した生活領域においては、特別権力服従者である生徒は原則として基本的人権を主張しえないか、これに対する広範なコントロールを受忍しなくてはならない〈学校における生徒の基本的人権に対する広範な規制の認容〉。

②「行政内部関係としての学校関係」には法治国家原理＝「法律の留保の原則」が妥当しない。学校は法律上の根拠がなくても、必要に応じて、校則等により生徒の権利を制限したり、義務を課すことができる〈学校関係における法治国家原理＝「法律の留保の原則」の適用排除〉。

③学校の懲戒権の行使や教育上の措置・決定は、たとえそれが生徒にとって重大な法的効果を伴うものであっても、特別権力関係内部規律行為として、これに対しては裁判上の救済が及ばない〈学校の措置・決定に対する裁判上の救済の排除〉。

このような官治的・権力的行政法学の解釈理論が長い間わが国の教育界を風靡し、学校における生徒の法的地位を強く規定してきた（きている）のであるが、ここで改めて下記のことを確認しておかなくてはならない。

いうところの公法上の特別権力関係論は、行政権優位の憲法体制下の19世紀ドイツに生まれたもので、それは、民主的・法治国家的な要請に対して、絶対主義的君主・行政部の命令権力を法治主義の範囲外に維持するための理論装置として擬制されたものであった。つまり、この理論は絶対主義的要請に応える法解釈論として、「侵害行政としての高権行政」（E.ホルシュトホフ）と深く結合し、歴史的に、反民主主義的・反法治主義的性格を強く担ってきたものなのである。だからこそ、

明治憲法下の絶対主義的な実定法構造によく適合しえたのであるが、国民主権を基盤に、徹底した人権尊重主義と法治主義の原理を採っている日本国憲法下においてはもはや妥当する余地は存しない。

　一方、公法上の特別権力関係論の母国ドイツにおいては、この理論が連邦憲法裁判所によって「死刑判決」（1972年）を受けたことにより、またドイツ法律家協会が「法治国家における学校——州学校法案」（1981年）を提示したことなどもあって、1970年代から80年代前半にかけて、法治国家原理の学校への適用＝「学校の法化」（Verrechtlichung der Schule）が進展し、学校法制上、学校関係は生徒・親と学校・教育行政機関との間の相互的な権利・義務関係＝公法上の法律関係として構成され、位置づけられるに至った。

　また1960年代末の学生・生徒による「大学・学校の民主化」要求運動を受けて、常設文部大臣会議の「学校における生徒の地位」に関する決議（1973年）が学校法制上、長い間、「無権利客体」として位置づけられてきた生徒を、学校においても基本的人権の主体として認め、生徒に対して知る権利や意見表明の自由など各種の基本的人権の保障を確認し、くわえて学説・判例上も、ドイツ基本法（憲法）の人権条項が学校や生徒に原則として直接適用されることが自明視されるに至ったこともあって、1970年代以降、各州において「学校における生徒の権利」の法制化が急速に進展した。

　こうして、今日、ドイツにおいては現行法制上、生徒は学校においても憲法上の基本権として、また学校法制上の権利として各種の権利や自由を享有しているのであるが、刮目に値するのは、生徒の意見表明の自由、学校内でビラを配布する自由、デモンストレーションの自由、生徒新聞を編集・発行する自由、政治的な生徒団体を結成する自由、生徒集会を開催する自由などの諸自由は、これを概念上一括して「生徒の政治的基本権」（politisches Grundrecht des Schülers）と観念し、生徒が学校においても「政治的基本権」を享有しているということを前提としたうえで、それぞれの基本権の内容と限界を、学校の役割や学校教育の目的、学校の教育秩序の維持、他の生徒の権利の確保などとの関係で、具体的に究明するというアプローチが採られていることである。

　たとえば、生徒の政治的基本権の基幹をなす「（政治的）意見表明の自由」について言えば、基本法5条1項が保障する「自由な意見表明の基本権」を生徒が学

校においても享有しているということは学説・判例上自明視されており、それどころか現行学校法制も、たとえば、ヘッセン州やノルトライン・ウエストファーレン州など7州の学校法が「生徒の（政治的）意見表明の自由」を明記している。

そしてここで学校法制上格別に重要なのは、先に触れた常設文部大臣会議の「学校における生徒の地位」に関する決議も明記しているところであるが、「自由と民主主義への教育」、「自律への教育」、「成熟した責任ある市民への教育」、「寛容への教育」といった学校の役割や学校教育の目的が生徒に対する「（政治的）意見表明の自由」保障を必然的に要請するのであり、したがって、学校は生徒のこの自由を積極的に奨励しなければならないとされていることである。

くわえて、ドイツにおいては、生徒に対するリアルな「政治教育」も然ることながら、「学校における民主主義」の現実化と「生徒の自治・自律性」の育成・強化を旨とした、いわゆる「生徒の学校参加」(Schulmitwirkung der Schüler)が1918年以来、学校法制上の基幹的な組織原理の一つとして制度化され、今日に至っているという現実が見られている。とくに1970年代に入って各州において「学校会議」(Schulkonferenz)が法制化されたことにより、生徒の学校教育運営への参加は格段と強化された。学校会議は学校における教員・親・生徒の同権的な責任機関で、これら三者の代表によって構成されており——三者の構成比は州によって一様ではないが、三者同数代表制が16州のうち10州を占めもっとも多くなっている——、現行法制上、校長、教員会議とならぶ学校の重要な管理運営機関・意思決定機関として設置されているという状況にある。それどころか、ハンブルク州やブレーメン州のように学校会議を学校の最高審議・議決機関として位置づけている州も見られている。

このようにドイツの生徒法制、とくに「学校における生徒の法的地位と政治活動」に係わる法制現実は、先に見た文科省見解やわが国の生徒法制と際立った違いを見せているのであるが、われわれはこの現実をどう考えたらよいのか。

本書は、第Ⅰ部「高校生の法的地位と政治的権利」、第Ⅱ部「ドイツの学校法制からの示唆——『自律への教育』法制・『民主主義への教育』法制」の2部から成っている。第Ⅰ部は、学校における生徒の法的地位に係わる旧来の理論や学校法制を批判的に考察したうえで、高校生の政治活動についての文科省見解をどう評価したら

よいのか、主要には上述したような事柄について、憲法・学校法学の観点から、ドイツとの比較法学的な視野を含めて、私なりの見解を提示したものである。第Ⅱ部は、公法上の特別権力関係論の母国ドイツにおいて、憲法上の民主制原理・法治主義原理からの要請により、この理論が否定され、学校における生徒の法的地位が確立されるに至る過程を、憲法・学校法学の観点から実証的に明らかにしたものである。なかでも「自律への教育」「民主主義への教育」「成熟した責任ある市民への教育」という学校の役割・学校教育の目的と係わって、学校法制上、ドイツにおいて格別に重視されてきている「生徒の学校参加」については、スペースを割いてより詳しく言及した。本書がわが国における生徒法制、とくに高校生の法的地位と政治活動の有りようを考えるうえで些かでも資するところがあれば幸いである。

　最後に、出版環境が厳しい折、本書の出版を快く引き受けてくださったエイデル研究所の大塚智孝社長に深甚なる謝意を表したい。また本書が成るについては、出版部の山添路子さんに大変お世話になった。ここに記して、お礼を申し述べたいと思う。

2016年9月15日

結城　忠

目　次

はじめに（2）
凡例（16）

第I部　高校生の法的地位と政治的権利

序章　日本国憲法と生徒法制
　1　憲法から自由な生徒法制（20）
　2　学校の役割・学校教育の目的と生徒の法的地位（21）
　3　憲法への意思（23）

第1章　公法上の特別権力関係論・学校部分社会論と
　　　　生徒の法的地位
　第1節　明治憲法下における法状況（26）
　　1　公法上の特別権力関係論（26）
　　2　公法上の特別権力関係としての学校関係（27）
　　3　治安警察法による生徒の政治活動の禁止（29）
　第2節　日本国憲法下における法状況（30）
　　1　特別権力関係論の過剰と拡大（30）
　　2　学校特別権力関係論の克服（31）
　第3節　学校部分社会論と生徒の法的地位（34）
　　1　「部分社会」の法理（34）
　　2　学校部分社会論批判（35）

第2章　民主的法治国家の原理と生徒の法的地位
　第1節　民主的法治国家と学校（40）
　第2節　「学校の法化」と生徒の法的地位（42）
　第3節　法律関係としての学校教育関係（44）
　　1　教育主権に根幹を規定された法律関係（44）
　　2　親の教育権の委託を内包した法律関係（45）

第3章　子どもと基本的人権
　第1節　子どもの人権主体性と人権に対する包括的制約（48）
　第2節　子どもの人権へのアプローチ（50）
　　1　基本的人権の享有能力と行使能力（51）
　　2　基本的人権の種類・性質の如何（52）
　　3　子どもの年齢・成熟度の如何（52）

10

4 対象となる事柄や権益の如何 (53)

5 生活領域・法域の如何 (54)

6 家族の自律性・親の教育権との関係 (54)

第3節 子どもの人権の内容 (55)

第4章 学校における生徒の基本的人権と基本的義務

第1節 基本的人権の主体としての生徒 (60)

第2節 学校における生徒の権利の種類・内容 (62)

第3節 学校における生徒の政治的基本権 (64)

第4節 学校における生徒の基本的義務 (65)

1 教育主権にもとづく憲法上の制度としての公教育制度 (65)

2 生徒の「学校の教育目的に沿った行動義務」(66)

第5章 「私学の自由」と生徒の政治的表現の自由

第1節 私学における生徒の人権保障 (70)

第2節 憲法の人権条項と私学 (71)

1 人権保障規定の第三者効力 (71)

2 人権保障規定の私学への適用 (73)

3 生徒の基本的人権の種類との関係 (75)

第3節 私学在学関係の法的性質 (77)

第4節 私学における生徒懲戒と教育的裁量 (79)

第5節 宗教的私学の特殊性 (81)

第6章 高校生の政治活動と文部科学省の見解

第1節 文部科学省 (文部省) 見解の概要 (86)

1 1969 年通知以前の見解 (86)

1-1 文部次官通牒「教職員及学生生徒ノ政治運動及選挙運動ニ関スル件」
(1946 年 1 月 17 日) (86)

1-2 衆議院教育基本法案委員会における高橋文部大臣の答弁 (87)

1-3 文部次官通達「学生の政治運動について」(1948 年 10 月 8 日) (87)

1-4 文部次官通達「高等学校生徒に対する指導体制の確立について」(1960
年 6 月 21 日) (88)

1-5 初等中等教育局長通達「高等学校生徒会の連合的な組織について」(1960
年 12 月 24 日) (88)

2 文部省見解「高等学校における政治的教養と政治的活動について」
(1969 年 10 月 31 日) (89)

3 文部科学省初等中等教育局長通知「高等学校等における政治的教養の教育
と高等学校等の生徒による政治的活動等について」(2015 年 10 月 29 日)(91)

11

第2節　文部（科学）省見解の憲法・学校法学的評価
　　　　―文科省見解の違憲性（94）
　1　高校生の政治活動とは何か（94）
　2　政治的基本権の主体としての生徒―憲法の人権条項の学校・生徒への直接適用（96）
　3　民主的法治国家原理と文科省見解―文科省通知による生徒の人権規制の可否（99）
　4　高校生の政治活動に対する規制―文科省見解における規制根拠の当否（101）
　　4-1　学校の役割・学校教育の目的と生徒の政治活動（102）
　　4-2　学校の政治的中立性と生徒の政治活動（104）
　　4-3　未成年者としての生徒と政治活動（105）
　　4-4　学校における生徒の「宗教活動の自由」保障との整合性（107）
　5　学校における生徒の基本的義務と生徒の政治活動（108）

第7章　校則による生徒の政治活動規制
　第1節　校則と生徒の政治活動（114）
　第2節　校則の法的性質と校則制定権の根拠（116）
　1　校則とは何か（116）
　2　校則の法的性質に関する最高裁判決―政治活動規制校則の違憲性（117）
　3　校則制定権の法的根拠（118）
　第3節　校則による生徒規律の限界―生徒の政治活動規制の可否（121）
　1　「学校の法化」要請との関係―法律事項としての生徒の政治活動規制（121）
　2　生徒の政治活動規制と各学校判断（123）
　3　校則による生徒の校外政治活動規制（124）
　　3-1　校則による校外生徒規律（124）
　　3-2　校則による校外生徒規律の限界―校外政治活動規制の違憲性（125）

第Ⅱ部　ドイツの学校法制からの示唆
―「自律への教育」法制・「民主主義への教育」法制

第1章　国家の教育主権と学校の教育責務
　第1節　国家の教育主権と学校教育（130）
　1　国家の学校監督と教育主権（130）
　2　国家の教育主権と教育目的の確定（131）
　第2節　学校の教育責務（134）
　1　州憲法による教育目的の法定（134）
　2　常設文部大臣会議の教育目的に関する決議（136）

第2章　公法上の学校特別権力関係論と生徒の法的地位
第1節　公法上の特別権力関係論（142）
第2節　学校営造物理論と学校特別権力関係論（143）
第3節　公法上の学校特別権力関係論の克服（145）
　　1　基本法の民主的法治国家の原理と公法上の特別権力関係論（145）
　　2　H.ヘッケルによる学校特別権力関係論批判（146）
　　3　連邦憲法裁判所の特別権力関係論否定判決（148）
第4節　「法律の留保の原則」と連邦憲法裁判所の「本質性理論」（149）
　　1　連邦憲法裁判所の「本質性理論」（149）
　　2　「本質性理論」と学校法における法律の留保（151）

第3章　学校における生徒の法的地位
第1節　憲法上の基本権の主体としての生徒（156）
第2節　常設文部大臣会議の「学校における生徒の地位」に関する決議
　　　　（1973年）（158）
第3節　法律関係としての学校関係—学校における生徒の権利と義務（162）

第4章　学校における生徒の政治的基本権と政治活動
第1節　生徒の政治的基本権（166）
第2節　生徒の意見表明の自由（167）
　　1　一般的原則（167）
　　2　生徒の意見表明の自由に対する制約（169）
　　3　校外における生徒の意見表明の自由（171）
　　4　生徒の意見表明の自由に対する規制と「法律の留保の原則」（171）
　　5　生徒の意見表明の自由と政治活動—政治的意見表明の自由（172）
第3節　生徒新聞の編集・発行（176）
　　1　経緯（176）
　　2　生徒の「意見表明の自由」・「プレスの自由」と生徒新聞（176）
　　3　生徒新聞に対する学校の規制権と検閲の禁止（178）
　　4　生徒新聞と政治的テーマ（181）
　　5　生徒新聞に対する規制と「法律の留保の原則」（181）
　　6　生徒新聞への州プレス法の適用（182）
第4節　校内におけるビラの配布（182）
第5節　生徒のデモンストレーションの権利（183）
第6節　生徒による政治的な団体の結成（185）
　　1　「結社の自由」と生徒団体（185）
　　2　学校における政治的生徒団体の結成（186）
第7節　生徒によるストライキ・授業のボイコット（189）

13

第5章　生徒の学校参加の法的構造

第1節　ワイマール憲法下までの法状況（198）

1　生徒自治・生徒の学校参加と改革教育学（198）

1-1　ケルシェンシュタイナーの生徒自治論（198）

1-2　フォエルスターの生徒自治論（200）

2　生徒の学校参加の法制史（200）

2-1　ジューフェルンの教育法案と生徒参加（200）

2-2　ドイツ11月革命と生徒の学校参加（202）

2-3　ナチス政権による生徒の学校参加制度の解体（207）

第2節　ドイツ基本法下における法状況（208）

1　生徒の学校参加法制の復活（208）

2　1960年代末-70年代前半の生徒の学校参加に関する改革案（210）

2-1　常設文部大臣会議の「生徒の共同責任」に関する決議（1968年）（210）

2-2　常設文部大臣会議の「学校における生徒の地位」に関する決議
（1973年）（212）

2-3　ドイツ教育審議会の「学校の自律性」「学校参加」強化勧告（1973年）
と生徒参加（213）

3　1970年代の学校法制改革と生徒参加（215）

3-1　学校組織構造の法制改革（215）

3-2　カリキュラム編成における学校の自律性と生徒参加（215）

3-3　授業の計画や形成への生徒参加の保障（216）

4　ドイツ統一と州憲法による生徒の学校参加権の保障（216）

5　1990年代以降の「学校の自律性」の強化と生徒参加（217）

6　成人年齢の引き下げと生徒参加（218）

第3節　現行法制下における状況（219）

1　生徒代表制の法的地位・性格（219）

2　生徒代表制の役割と権限（221）

2-1　生徒の利益代表（221）

2-2　生徒代表制自らが設定する役割や活動（222）

2-3　生徒代表制と政治的役割（222）

3　生徒の学校参加の態様—学校参加権の種類（224）

4　生徒代表制の組織（227）

4-1　生徒代表組織の種類（227）

4-2　生徒代表と選挙人の関係（229）

4-3　調整・助言教員の配置（229）

5　学校会議への生徒代表の参加（230）

5-1　学校会議の創設と拡充（230）

5-2　学校会議の構成（232）

5-3　教員・親・生徒の三者同数代表制学校会議の合憲性（233）
5-4　学校会議の役割と権限（235）
6　　教員会議への生徒代表の参加（237）
7　　州と地方自治体の教育行政機関への生徒代表の参加（238）

事項（人名）索引（246）

凡　例

本書で使用しているドイツ語の略記の正式名称は下記の通りである。

a.a.O.	am angegebenen Ort
AöR	Archiv des öffentlichen Rechts
Art.	Artikel
Aufl.	Auflage
Bd.	Band
Beschl.	Beschluß
BGB	Bürgerliches Gesetzbuch
BGH	Bundesgerichtshof
BSG	Bundessozialgericht
BVerfG	Bundesverfassungsgericht
BVerfGE	Entscheidungen des Bundesverfassungsgerichts
BVerwG	Bundesverwaltungsgericht
BVerwGE	Entscheidungen des Bundesverwaltungsgerichts
ders., dies.	derselbe, dieselbe
DJT	Deutscher Juristentag
DÖV	Die Öffentliche Verwaltung
DVBl	Deutsches Verwaltungsblatt
Erl.	Erlaß
EuGRZ	Europäische Grundrechte-Zeitschrift
ff.	folgende
GG	Grundgesetz für die Bundesrepublik Deutschland
HdbStR	Handbuch des Staatsrechts der Bundesrepublik Deutschland, hrsg. von J. Isensee und P. Kirchhof, bislang 9 Bde., Heidelberg 1987 ff.
Hrsg.	Herausgeber
JZ	Juristenzeitung
KMK	Kultusministerkonferenz

KMK-BeschlS.	Sammlung der Beschlüsse der Ständigen Konferenz der Kultusminster der Länder in der Bundesrepublik Deutschland.
LG	Landgericht
NJW	Neue Juristische Wochenschrift
NVwZ	Neue Zeitschrift für Verwaltungsrecht
OLG	Oberlandesgericht
OVG	Oberverwaltungsgericht
PädF	Pädagogische Führung
RdErl.	Runderlaß
RdJ	Recht der Jugend
RdJB	Recht der Jugend und des Bildungswesens
RWS	Recht und Wirtschaft der Schule
S.	Seite
SchuR	SchulRecht
sm	Schulmanagement
SPE	Sammlung schul- und prüfungsrechtlicher Entscheidungen
StGH	Staatsgerichtshof
u.a.	und andere
Urt.	Urteil
Verf.	Verfassung
VerfGH	Verfassungsgerichtshof
VG	Verwaltungsgericht
VO	Verordnung
VR	Verwaltungsrundschau
VVDStRL	Veröffentlichungen der Vereinigung der Deutschen Staatsrechtslehrer
ZBR	Zeitschrift für Beamtenrecht
ZfPäd	Zeitschrift für Pädagogik

第Ⅰ部 高校生の法的地位と政治的権利

序 章
日本国憲法と生徒法制

1　憲法から自由な生徒法制

　学校において、生徒はいかなる権利を有し、義務を負うのか。学校において、ある
いは学校の教育活動と係って、生徒の基本的人権はいかに確保され、保障される
べきか。その際、学校の役割や学校教育の目的との関係はどうなるのか〈教育主権
＝「主権者たる国民が総体として有している公教育についての権能」による社会化
（socialization）の対象としての生徒・社会的自立への教育〉。学校関係における生
徒の法的地位は如何に。

　また親は公教育制度の全体構造のなかでいかなる位置を占め、子どもの学校教
育についてどのような権利を有し、責任を負っているのか。プロイセン絶対主義教育
体制下の法諺：「学校の権利は親の権利を破棄する」（Das Schulrecht bricht das
Elternrecht）のように(1)、また明治憲法下におけるわが国の親の法制現実がそうで
あったように、親は学校教育については原則として無権利なのか。

　それとも、たとえば、ドイツにおけるように—ドイツでは憲法（基本法）が「子どもの育
成および教育は、親の自然的権利であり、かつ何よりもまず親に課せられている義務
である」（6条2項）と規定して、「親の教育権」を憲法上の基本権として保障している。
これをうけて、たとえば、ヘッセン州憲法は「教育権者は教育制度の形成に参加する
権利を有する」（56条2項）と書き、教育目標や教科の確定など様々な事柄について親
（父母協議会）に対して共同決定権を保障するところとなっている—親は憲法上の
基本権として「親の教育権」を享有しており、そしてこの権利にもとづいて、学校教育
の領域においても親は様々な権利を有し、責任を分有しているのか〈学校教育にお
ける権利・責任主体としての親〉(2)。

　こうしたことは、これまでわが国の教育風土や学校文化、したがってまた教育行政・
学校教育運営においてはほとんど意識されることはなく、伝統的に生徒は学校の包
括的な規律権の下に置かれ、親も学校教育から疎外されて無権利に近い状態に
置かれてきたと言えよう。国家の権力的な学校教育独占・臣民の義務としての学校
教育・「公法上の特別権力関係としての学校関係」といったメルクマールで刻印され

た、明治憲法下の前近代的で絶対主義的な官治的学校法制・官僚法学とその残映、さらには儒教的教育観、学校と家庭の教育領域分担論や親代わり論（in loco parentis）、学校擬似家庭観、生活学校・丸抱えの教育観、いわゆる学校特別権力関係論ないし学校部分社会論、教職の専門職性論＝学校の専門職組織論、教育裁量論、等々が相俟ってのことである(3)。

　この間、こと「学校における生徒の基本的人権ないし法的地位」に関しては、憲法との係留関係が具体的にはほとんど問われてこなかった〈憲法から自由な生徒法制〉、という事実は重要である。

　というのは、従来、憲法学の通説は、「成年制度」を観念することによって、子どもの人権に対する制約をあまりにも安易に、しかも一括して一般的に正当化してきた傾向があるように見える。そこにあっては成年制度が一種のマジック・ワードと化し、現実には子どもは一律に憲法の人権保障から遮断され、「憲法から自由な範域」に追いやられてきた憾みがある(4)。こうした憲法学研究の怠慢と、伝統的にわが国で見られてきている「法から自由な学校」（rechtsfreie Schule）というネガティブな学校現実とは決して無関係ではない、と見られるのである。

2　学校の役割・学校教育の目的と生徒の法的地位

　このコンテクストにおいて重要なのは、そもそも学校教育の目的は何か、学校の役割や存在意義は何処にあるのか、ということである。それは、自由で民主的な社会的法治国家においては、直截に言えば、児童・生徒を「自律的で成熟した責任ある市民」・「自由で民主的な主権主体・能動的な政治主体」へと育成することにある、と言えよう。そのためには、学校において、児童・生徒の年齢・成熟度に応じて段階的に、権利・自由を保障し責任を問い〈自律の助長促進〉、それを拡大・強化していくという筋道が不可欠だと言えよう〈学校の役割・責任としての「自律（社会的自立）への教育」・「自由と民主主義への教育」・「成熟した責任ある市民への教育」・「寛容への教育」〉(5)。敷衍すると、学校法制上、生徒を権利・責任主体として措定して構成的に組み込み、各種の権利や自由を保障するとともに、責任をも併せて問う仕組みを制度的にも運用上もセットすることが求められる、ということである。

　このような観点からわが国の現行学校法制、とりわけ生徒法制を眺めた場合、今日でもなおきわめて不備であり、重大な欠陥を包蔵していると言わなくてはならない。戦

前法制においてはともかく、現行法制上も、教育をうける権利（学習権・憲法26条1項）の憲法上の保障にも拘らず、生徒は学校法制上、「学習の主体」・学校の構成員としてよりも、なお依然として、「教育の客体」・学校営造物の利用者として位置づけられている〈受動的・消極的人間型としての生徒〉。学校法令（国法レベル）はこの面では懲戒や教務関係事項について定めるに止まっており、学校における生徒の法的地位ないし権利・義務については何ら語るところがないのである(6)。

　この点、たとえば、人格の自由な発達権、教育をうける権利、知る権利、信仰・良心・世界観告白の自由、意見表明の自由、異議申立て権、聴聞権などの諸権利や学校目的に沿った行動義務など、学校（教育）における生徒の基本的な権利と義務を法律上具体的に明記し〈公法上の法律関係としての学校関係〉、また生徒の積極的・能動的権利＝学校参加権（Schulmitwirkungsrecht）を制度的に担保するために、学校法制上の基幹的な組織原理の一つとして、学校教育運営における生徒の参加制度を擁するなど生徒法制を独自の法域として形成し整備している、ドイツの学校法制とは大きな違いを見せている(7)。

　しかもここで格別に重要なのは、ドイツにおいては、たとえば、学校における生徒に対する意見表明の自由保障や生徒の学校教育運営への参加制度は、上述したような学校の役割や学校教育の目的から必然的に求められる、と捉えられているということである〈教育上の要請としての生徒に対する基本権の保障と生徒の学校教育運営への参加制度〉。

　また親についても、現行の学校法制（国法レベル）は就学上の義務主体としてだけ措定しており（学校教育法17条など）、学校教育における権利主体ないしは積極的な責任主体として捉えてはいない。ほんらい始源的で第1次的な教育権者（Erziehungsberechtigte・ドイツでは教育権者といえば親だけを指す・筆者）である筈の親は（世界人権宣言26条3項、子どもの権利条約5条）、民法上はともかく（民法820条・監護および教育の権利義務）、学校法制上はもっぱら義務だけを課せられ（教育基本法10条1項など）、親に対する教育上の権利保障条項はいっさい存在していない、という法現実が見られている。日本国憲法の誕生によって「臣民の義務としての学校教育」から「国民の権利としての学校教育」へ教育法制構造は決定的な転換を遂げた筈であるが、こと「学校法制における親の地位」に関しては、依然として、「義務としての学校教育」が存続していると言っても差し支えない(8)。

以上、詰まるところ、ドイツの著名な行政法学者・O.マイヤーの至言「憲法は変われど、行政法は変わらず」(Verfassungsrecht vergeht, Verwaltungsrecht besteht)に準えれば(9)、「憲法は変われど、学校法制における生徒・親の法的地位は変わらず」と表徴してよいような法制現実が長らく続いてきた(きている)ということなのである〈日本国憲法の明治憲法的運用〉。

3　憲法への意思

　改めて書くまでもなく、憲法(constitution)は国家・社会の基本構造法であり、その価値原理と組織原理は実定法秩序・社会制度全体を貫いて規範的に拘束する。

　とすれば、わが国の学校法制と教育行政・学校教育運営の現実を基本的人権の尊重・自由主義・民主主義・法治主義・社会国家原則といった憲法の普遍基本法原理との係留・緊張において検証し、それを踏まえた構造を形成すること〈「憲法の規範力・内容を実現しようとする現実的意思＝「憲法への意思(Wille zur Verfassung)」・K.ヘッセ〉(10)、表現を代えると、わが国の学校法制を、規範概念としての自律的人間型を起点に、自由で民主的な社会的法治国家型のそれとして構築し運用することが、憲法上、強く求められているということである(11)。

（注）

(1) W.Kühn, Schulrecht in Preußen, 1926, S.22. A.Eisenhuth, Die Entwicklung der Schulgewalt und ihre Stellung im Verwaltungsrecht in Deutschland, 1931, S.39.

(2) いうところの「親の教育権」の法的構造について、詳しくは参照:拙著『学校教育における親の権利』海鳴社、1994年。ドイツにおける親の教育権に関する学説・判例・法制状況について、詳しくは参照:拙稿「ドイツにおける親の教育権の法的構造」『白鷗大学論集』第29巻、2015年、135頁以下。

(3) 拙稿「児童の権利に関する条約と学校教育・教育行政の有りよう」、日本教育行政学会編『日本教育行政学会年報』第22号、1996年、177頁以下。

(4) 佐藤幸治「未成年者と基本的人権」、『法学教室』1991年10月号、38頁。

(5) さしあたり、KMK, Zur Stellung des Schülers in der Schule, Beschl. v. 25. 5. 1973. Beschluß-Sammlung Nr.824. H.Avenarius/H.P.Füssel, Schulrecht, 8Aufl. 2010, S.27ff. J.Rux/N.Niehues, Schulrecht, 2013, S.224ff.

(6) 拙稿「教育法制における親と子の地位」、『日本教育法学会年報』第26号、有斐閣、1997年、58頁以下。

ただ自治体法レベルにおいては近年、2000年に制定された川崎市の子どもの権利条例がその例であるが、条例によって（学校における）子どもの権利を法制化する動きが見られ始めている。

(7) さしあたり、参照:F.R.Jach, Schulverfassungen und Bürgergesellschaft in Europa, 1999, S.253ff. H.Avenarius/H.P.Füssel, a.a.O., S.329ff.

J.Rux/N.Niehues, a.a.O., S.145ff.

(8) 近年、わが国においてもいわゆる「親の学校教育参加」が公教育運営上の現実的な政策課題とされるに至った。そしてとくに2000年代に入って、この領域における政策と制度現実はかなり急ピッチな展開を遂げつつある。たとえば、2004年には学校運営協議会が制度化され、その委員に親が含まれることとなった（地方教育行政法47条の5）。また2007年には教育委員に親を含めることが義務化された（同法4条5項）。

しかしこのようなコンテクストにおいて、わが国にあっては「親の教育権」、したがってまた「親の教育参加権」という権利の存在がまったくと言ってよいほど意識されておらず、語られることもないという現実が見られている。「親の教育権なき親の事実上の学校教育参加」なのである。親の公教育運営への参加をめぐる政策動向と制度現実について、詳しくは参照:拙著『教育の自治・分権と学校法制』東信堂、2009年、255頁以下。

(9) O.Mayer, Deusches Verwaltungsrecht, 3Aufl. Vorwort, 1924.

(10) K.Hesse, Grundzüge des Verfassungsrechts der Bundesrepublik Deutschland, 1995, S.17.

(11) 以上のような理論的アプローチについて、参照:松下圭一『市民自治の憲法理論』（岩波新書）、1975年。同『転型期日本の政治と文化』岩波書店、2005年。同『市民立憲への憲法思考―改憲・護憲の壁をこえて』生活社、2006年。

第1章
公法上の特別権力関係論・学校部分社会論と生徒の法的地位

第1節　明治憲法下における法状況

1　公法上の特別権力関係論

　明治憲法下においては、①公法上の勤務関係、②公法上の営造物利用関係、③公法上の特別監督関係、それに④公法上の社団関係は、行政法学説・判例上まず例外なく、「公法上の特別権力関係」（öffentlich—rechtliches besonderes Gewaltverhältnis）だと解された。ドイツ語のテクニカル・タームからも知られるように、それは、ドイツ公法学理論のほとんどそのままの直移入・借用であった。

　たとえば、美濃部達吉は、特別権力関係とは「特別の法律原因に基づき当事者の一方が相手方に対し一定の範囲において命令し強制する権利を有し、相手方はこれに服従する義務を負う二主体間の法律関係を謂ふ」と定義し、このような特別権力関係においては、「権力者は単に特定の行為・不行為・給付を要求し得るだけではなく、一定の範囲に於いて包括的な権力を有し、其の権力の及ぶ限度においては不特定な作為・不作為を命令し及び時としてはこれを強制し得る権利を有する」(1)と述べている。

　ところで、いうところの公法上の特別権力関係論は、19世紀後半、ドイツ立憲君主制下において生成し、P.ラーバントやO.マイヤーなどによって全体的法秩序の下で体系的に構築された。それは、ドイツ公法学に伝統的な行政の内部・外部二分論を前提とするもので、立憲国家・法治国家的諸要請に対して、絶対主義的君主・行政部の命令権力を法治主義の範囲外に維持するために擬制された学説の産物である(2)。

　つまり、この理論は絶対主義的要請に応える法解釈論として、別言すれば、「法治国家における警察国家的孤島」(3)として、E・ホルストホフもいうように、「法治国家の間隙」（Lücke des Rechtsstaats）における「侵害行政としての高権行政」（Hoheitsverwaltung als Eingriffsverwaltung）と深く結合し、歴史的に、反法治主義的性格を強く担ってきた(4)。

具体的には、大きく以下の3点にこの理論の基本的メルクマールないし実益があった。すなわち、特別権力関係における特別権力の発動・行使は一般に一種の公権力の発動・行使とみなされ、一般権力関係におけるのとは異なり、

　①特別権力関係の内部においては「法律の留保の原則」(Grundsatz des Gesetzesvorbehalts)が妥当しない。つまり、特別権力主体は特別権力(命令権・強制権・懲戒権)の具体的な発動・行使に際して、法律上の根拠がなくても、必要に応じて、行政内部規則等により、特別権力服従者の権利を制限したり、義務を課すことができる〈法治主義原理の排除〉。

　②特別権力主体は特別に高められた権力主体として、権力服従者に対して包括的支配権を有する。特別権力関係内部においては、特別権力服従者は原則として基本的人権を主張しえないか、これに対する広範なコントロールを受忍しなくてはならない。

　つまり、特別権力主体は当該特別権力関係の設定目的を達成するために必要な範囲と程度において、各個の場合に具体的な法律の根拠なしに、権力服従者の基本的人権を制約することができる〈基本的人権に対する広範な制約〉。

　③特別権力関係内における措置・決定や処分などの権力行為は、たとえそれが重大な法的効果や権利侵害を伴うものであっても、特別権力関係内部規律行為として、原則として(特別権力関係からの排除処分である学生・生徒の退学処分や官吏の免職処分などは別として)、これに対しては裁判上の救済が及ばない〈裁判上の救済の排除〉。

2　公法上の特別権力関係としての学校関係

　旧法制下においては公立学校は「国の営造物」として位置づけられていたのであるが(5)、そのことと係わって重要なのは、学校営造物利用関係＝児童・生徒の在学関係は、通説・判例上、「営造物権力としての学校権力」(Schulgewalt als Anstaltsgewalt)が働く公法上の特別権力関係だと解されていた、ということである。通説を美濃部達吉の所論に代表させよう。こう述べている(6)。

　「公の営造物に於て其の提供する役務が単純な経済的の作用ではなく、教育感化等の倫理的性質を有するものである場合、例えば学校又は感化院に在っては、在学生又は在院生は教育感化の目的の為に必要な限度に於いて、学校又は感化

院職員の包括的な命令又は懲戒に服する義務あるもので、即ち一種の特別権力関係が成立するのである（この権力をAnstaltsgewaltと称する）」。

かくして、明治憲法下の通説・判例によれば、児童・生徒の学校関係＝学校営造物の利用関係は、以下のような法的構造をとることとなった。

児童・生徒は公立学校への入学でもって学校の権力領域に編入され、学校権力の包括的な支配権・命令権に服する。その関係は「特別に強化された権力関係」ないし「特別の服従関係」にほかならない〈就学義務による特別権力関係の設定〉。「被教育者たる身分を有するものは一般臣民として国権に服従するは勿論其以外に其身分による特別の服従関係を生ずるなり」(7)。

学校は学校権力——ここにいう学校権力は、児童・生徒に対する直接的学校権力と親その他の教育主体に対する間接的学校権力を含み、それは、学校の教育目的達成のための教育権力（Erziehungsgewalt）と、営造物の組織および利用関係の秩序づけのための営造物権力とを内容としていた——の一般的発動として営造物規則たる生徒規則・校則を定め、これにより、児童・生徒の基本的人権や自由を、各個の場合に法律の根拠なしに否定ないし制約できる。

すなわち、「学校ハ公安ヲ害セズ教育上必要ト認メタル範囲ニ於テ、憲法法律ノ一般的規定ト異ナル規則ヲ設ケテ生徒ニ臨ムモ不可ナク…学校ニ於テ之ヲ強制スルモ、敢テ違法ニアラズ」(8)と解され、また「学校…の如き倫理的役務を目的とする営造物に在りては、其の目的とする事業の性質上、其の命令権の範囲は一層広大であって、直接に学業に関する事項の外に、居住の自由を制限し(たり)…服装の自由を制限して一定の制服を着用することを命じる等、一般の生活行動にまで命令権を及ぼし得る」(傍点・筆者)(9)とされた。

事実、明治年代から昭和ファシズム期に至る校則（生徒心得）の実証研究によれば、当時の校則の特質として、以下の点が摘出されている(10)。

①学校生活における生徒の行動を細密に厳しく権力的に規定する秩序取締まり規範であった。

②生徒の行動のみならず内面にまで及ぶ禁止規定で、懲罰官僚主義によって貫かれていた。

③生徒に対する倫理規定と法規範が同一次元で羅列され、混淆されていた。

④学校生活だけでなく、校外・家庭生活をも規制対象としていた。

上記のような学校の人的規律権は、懲戒権によって担保されており、「教育・感化等、倫理的的な目的を有する営造物利用関係に於いては、営造物の作用として公法上の懲戒権がこれに伴ひ、其の規律に違反する者に対し、公法的性質の懲戒罰を課し得（た）」(11)。

また学校権力に基づく措置や決定は、特別権力関係内部規律行為として、行政行為の性質を有さない非法律的措置とされ、「法から自由な教育行政の領域」ないし「行政内部関係としての学校関係」におけるものとして、行政訴訟の対象とはならなかった。それは、「（特別）権力関係に於いて服従者をして訴訟に依り其の命令を争うことを得せしむることは、（特別）権力関係の秩序を紊る處が有るとする思想に基づいて居（た）」(12)のであった。

それに、そもそも、明治憲法下にあっては、行政裁判における概括的列記主義が採用され、行政訴訟事項は「租税及手数料ノ賦課ニ関スル事件」など5事項に限定されていたから、学校における教育上の措置・決定や懲戒処分については、たとえそれが「行政庁ノ違法処分ニ依ル権利ノ毀損」に該当する場合でも、裁判で争えない仕組みになっていたのである（「行政庁ノ違法処分ニ関スル行政裁判ノ件」明治23年、法律第106号）。

以上、要するに、明治憲法下における学校関係は、「命令関係および特別権力関係としての学校関係」(Schulverhältnis als Ordnungs-und besonderes Gewaltverhältnis)として(13)、法から自由な絶対的学校権力の一方的規律下に置かれていたのであり、生徒（親）はこれに対しなんらの防御権も有さず、ほとんど無権利客体でしかなかった、と断じることができよう。学校教育領域においては、明治憲法下の基本権「法律ノ範囲内ニ於ケル臣民ノ権利」（第2章）さえも確認されていなかったのである(14)。

「明治憲法下の特別権力関係理論は、当時の絶対主義天皇制下の実定法構造によく適応していた」(15)のであった。

3　治安警察法による生徒の政治活動の禁止

上述のように、旧法制下においては、公立学校在学関係は「特別に強化された権力関係」・「特別の服従関係」＝公法上の特別権力関係とされ、学校は生徒に対して学校権力にもとづく包括的支配権を有し、しかもそれは校外における生活行動にま

で及んでいたのであるが〈法から自由な学校権力による包括的な人権規制〉、基本的には同じようなコンテクストにおいて、生徒は警察権力による強力な人権規制にも服していた。

すなわち、集会・結社・多衆運動の取り締まりを目的として明治33（1900）年に制定された治安警察法は、団結権や同盟罷業権の制限を規定するなど（17条）、本来、労働者を対象とする法律であったが、学生や生徒もその規律対象としていた。同法は「政事上ノ結社ニ加入スルコトヲ得」ざる者として、官公私立学校の教員、学生、生徒および未成年者などを列挙するとともに、「未成年者ハ公衆ガ会同スル政談集会ニ会同シ若ハ其ノ発起人タルコトヲ得ス」と規定して（5条）、政治的な集会・結社と係わっての未成年者の権利を全面的に否定し、しかも違反者に対しては刑罰を科していた（22条）。「治安法規・警察法規の対象としての生徒」という位置づけである(16)。

こうした法体制はその後半世紀以上にわたって続いた。治安警察法が廃止されたのは、第2次大戦後、教員や学生に対して「政治的、公民的、宗教的自由ヲ含ム各般ノ事項ノ自由討議ヲ許容」した連合国軍最高指令部覚書（昭和20〈1945〉年10月22日）を受けて出された、昭和20年11月21日の勅令638号によってであった(17)。

第2節　日本国憲法下における法状況

1　特別権力関係論の過剰と拡大

既述したように、明治憲法下においては、学校営造物利用関係＝児童・生徒の在学関係は公法上の特別権力関係＝特別の支配・服従関係とみなされ、その結果、生徒は「法から自由な学校権力」（rechtsfreie Schulgewalt）の包括的支配権の前にほとんど無権利客体でしかなかった。

上記にいわゆる公法上の特別権力関係論は、日本国憲法施行（1947年）後もかなりの間教育界を風靡した。それどころか、教育行政法的な「学校特別権力関係論」においては、生徒の在学関係や教員の勤務関係だけでなく、「教育行政における包括的支配権——特別権力関係」(18)という設定で、学校の組織・権限関係を含む公立学校管理関係全体が公法上の特別権力関係とされるに至り、伝統的理論の「過剰と拡大」すら行われてきたのであった。

ところで、いうところの公法上の特別権力関係とは、行政法学上、「一般権力関係

（一般支配関係）に対し、公法上の特別の原因に基づき、公法上の特定の目的に必要な限度において、包括的に一方が他方を支配し、他方がこれに服従すべきことを内容とする関係をいう」(19)と定義される。

　そして現行憲法下においても、公務員の勤務関係、受刑者の刑務所収容関係および国公立学校の在学関係が、こうした特別権力関係だと見なされてきた。国公立学校の在学関係を公法上の特別権力関係と解する実益は、大きく、次の3点に集約できる。

　①学校当局は「特別に強められ、高められた権力主体」として、生徒に対して包括的支配権を有する。学校内においてはもとより、学校教育と直接・間接に関係した生活領域においては、特別権力服従者である生徒は原則として基本的人権を主張しえないか、これに対する広範なコントロールを受忍しなくてはならない〈学校における生徒の基本的人権に対する広範な制約〉。

　②学校教育関係には法治国家原理＝「法律の留保の原則」が妥当しない。学校当局は法律上の根拠がなくても、必要に応じて、教育上の措置を決定し、また校則等により生徒の権利を制限したり、義務を課すことができる〈学校教育関係における法治国家原理＝「法律の留保の原則」の適用排除〉。

　③学校の懲戒権の行使や教育上の措置・決定は、たとえそれが生徒にとって重大な法的効果を伴うものであっても、特別権力関係内部規律行為として、これに対しては裁判上の救済が及ばない〈学校の措置・決定に対する裁判上の救済の排除〉。

　上記の①・②をより具体的にいえば、次のようになる。

　「学生・生徒となるということは、特定の目的のために必要な限度においては、発せられる命令に服従するということを包括的に一般的に同意しているのである。したがって、そういう法律関係においては、……一々の学校当局の指示に、一々法的根拠がなくても指揮、監督でき、また指示、命令することができるという関係になるのである」。

　「学校の廊下を走ることを禁じ、下駄ばきで教室に入ることを禁じ、生徒の長髪を禁じ、制服を着用することを命じ、在校中の私用外出を禁じ、……これらの禁止や命令に違反した者に対し、懲戒処分をすることができるのは……以上の法理に基づく」(20)。

2　学校特別権力関係論の克服

　それでは、このような公法上の学校特別権力関係論の当否はどうであろうか。主

要には以下に摘記する理由により、現行教育法制下においては、この理論はもはや容認されうる余地はなく、全面的にその存在を否定されるべきものと断じてよいであろう。

①すでに言及したように、いわゆる公法上の特別権力関係論は、行政権優位の憲法体制下の19世紀ドイツに生まれたもので、それは、民主的・法治国家的な要請に対して、絶対主義的君主・行政部の命令権力を法治主義の範囲外に維持するための理論装置として擬制されたものであった。つまり、この理論は絶対主義的要請に応える法解釈論として、「侵害行政としての高権行政」と深く結合し、歴史的に、反民主主義的・反法治主義的性格を強く担ってきたものなのである[21]。だからこそ、明治憲法下の絶対主義的な実定法構造によく適合しえたのであった。

しかし、日本国憲法は国民主権を基盤に、徹底した人権尊重主義と法治主義の原理を採っており、絶対主義的・権力主義的色彩が濃厚で反民主的な特別権力関係論は、こうした憲法体制と原理的に相容れないと言わなければならない[22]。

②旧法制下の学校特別権力関係論は、国家の学校教育独占を背景に、国家的事務としての学校教育は国家権力作用＝公権力の行使であるとの前提に立ち、国公立学校の在学関係を権力関係だとみなしてきた。

けれども、現行法制下ではこうした国家権力的教育観は維持されえず、学校教育関係は教育主権による規律に服してはいるものの、その基本は法律関係とみられなくてはならない。それに、国公立学校在学関係だけを特別権力関係とし、私立学校のそれとは異質なものとして構成するのも論理的に十分説得的ではない。両者は、その本質において、法的には同質なものとして理解すべきなのである[23]。

③現行法制下においては、生徒は学校内にあっても基本的人権の主体として存在しており――言い換えると、憲法の人権保障条項は原則として学校・生徒にも直接的に適用され、教育行政機関や学校は「憲法からの自由」を有してはいないということ――、その基本権は学校に対する積極的・能動的な権利として機能すると同時に、生徒の権利・自由領域への学校の介入に対する防禦権として働き、こうして学校における生徒の法的地位を基礎づけ保障することになると解される。

また、親も子どもの学校教育について自然権的基本権としての「親の教育権」を憲法上享有しており、教育という営為の本質上、この親の権利は学校においても強くその発現を求めることになる[24]。

とすれば、学校特別権力関係論が説くように、生徒や親を学校における無権利客体とみなし、教育行政機関や学校が「憲法から自由な権力領域」を掌握することは、もはや到底認められないと言うべきであろう。

たしかに、学校は教育運営に際し生徒に対して一定範囲の包括的な教育権能をもっているが、しかしそれは特別権力的な包括的支配権ではなく、私学と共通する教育上の一般条項的な権能にほかならないと見るべきものなのである。そして、学校教育関係においても、生徒が基本的人権を享有しているということを踏まえたうえで、学校がその包括的な教育権能によって、生徒のいかなる基本的人権を、いかなる根拠から、どの程度制約しうるかを具体的に明らかにすることこそ重要だといえよう。

なお、ここで特別権力関係論の母国ドイツにおける学説・判例状況を瞥見しておきたいと思う（詳しくは参照：第Ⅱ部2章3節）。

ドイツにおいては、1950年代以降、基本法が謳う民主制原理・法治国家原理の観点から、特別権力関係論一般に対する批判が強まり(25)、1960年代後半の段階で、学説上、否定論が優位に立つに至った。

そして、1972年、連邦憲法裁判所は伝統的に公法上の特別権力関係とされてきた刑務所収容関係について、「囚人の基本的人権もまた法律によってのみ、あるいは法律に基づいてのみ制約されうる」と判示して(26)、この理論に対して最終的に「死刑判決」を言い渡したのであった。

この判決をうけて、1974年、今度は連邦行政裁判所が、以下のように判示して(27)、学校関係における特別権力関係論を全面的に否定し、今日に至っている(28)。

「基本法20条3項が定める法治国家原理および20条2項が謳う民主制原理は、立法者に、基本権が重要な意味をもつ領域においては、本質的な決定は立法者自らがなし行政権に委ねてはならないことを義務づける。

法治国家原理は、公権力をそのあらゆる発現において、明確な権限規定と機能分化によって法的に拘束することを要請する。民主制原理は、あらゆる生活領域の秩序が、国民によって選任された立法機関の意思決定に基づかなければならないことを求める。基本権行使の領域においては、立法者は、国家の形成の自由に委ねられた法領域を自ら画さなければならない。……

……このことは学校制度の規律についても妥当し、立法者は学校制度の本質的なメルクマールはこれを自らが確定しなくてはならない。…学校関係は教育行政によ

って充足されうる法律から自由な領域であるとする、学校関係の特別権力関係への伝統的編入ならびに慣習法は、基本法の効力下においては、もはや容認するわけにはいかない」。

第3節　学校部分社会論と生徒の法的地位

1　「部分社会」の法理

　いわゆる「部分社会」論は、米内山事件に関する最高裁判所決定（昭和28年1月16日）において田中耕太郎裁判官が少数意見として表明した「法秩序の多元性」論に端を発する。

　それは、要するに、「国家なる社会の中にも種々の社会、例えば公益法人、会社、学校、社交団体、スポーツ団体等が存在し、それぞれの法秩序をもっている」もので、それらの「特殊的法秩序」と「国家法秩序即ち一般的法秩序」との関係をどのようなものにするかは、国家が「公共の福祉の立場から決定すべき立法政策上の問題である」というものであった(29)。

　こうした考え方はやがて最高裁によって採用されることになる。村議会議員の出席停止の懲罰が争われた事案で、最高裁（昭和35年10月19日判決）は、「自律的な法規範をもつ社会ないしは団体に在っては、当該規範の実現を内部規律の問題として自治的措置に任せ、必ずしも、裁判にまつを適当としないものがあり」、本件の如きはまさにそれに当る、との見解を示した(30)。

　その後、最高裁（昭和52年3月15日判決）は、富山大学単位不認定事件において、上記昭和35年判決を引用し、「大学は、国公立であると私立であるとを問わず……一般市民社会とは異なる特殊な部分社会を形成しているのであるから、……一般市民法秩序と直接の関係を有しない内部的な問題は右司法審査の対象から除かれるべきものである」(31)と判示した。

　ここにおいて、いうところの「法秩序の多元性」論は「部分社会」論として結実・完成したわけである。

　かくして、下級審の判決例も含めると、今日までに地方議会、宗教団体、工場自治会、弁護士会、政党、労働組合、それに国・公・私立の学校がこの法理によって説明されている。

2 学校部分社会論批判

上述のように、いわゆる「学校部分社会」論は昭和52年の最高裁判決以来のものであるが、近年、多くの校則裁判でこの理論が援用される傾向にある。

たとえば、修徳高校パーマ校則事件に関する東京地裁判決（平成3年6月21日）はこう述べている(32)。

「団体は、その結成目的を達成するため、当該団体自ら必要な事項を定め、構成員等当該団体内部を規律する権能を有する。高等学校もまた、高校は、生徒の教育を目的とする団体として、その設置目的を達成するために必要な事項を学則等により一方的に制定し、これによって在学する生徒を規律する包括的権能を有するものと解され(る)」。

またバイク禁止校則事件に関する千葉地裁判決（昭和62年10月30日）も、大要、つぎのように判じている(33)。

「学校は生徒の教育を目的とする『特殊な部分社会』であり、そこでこの目的を達成するために、教育上の広範な裁量権と生徒に対する包括的な規律権を有している。したがって、これらの権能にもとづく措置・決定は、一般市民法秩序と直接関係する場合や、重大な権利の侵害が問題となっている場合は別として、学校の内部関係における自律的措置であり、これに対しては原則として司法審査は及ばない」。

ここで重要なのは、いうところの「部分社会の法理」が学校に援用されることで、学校教育関係への法治主義原則の適用排除、学校の生徒に対する包括的な規律権＝生徒の基本的人権に対する広範な規制権、および学校の広範な教育裁量権とそれに基づく措置・決定に対する司法審査の排除が導かれ、伝統的な学校特別権力関係論の実定法的効果が実質的に存続せしめられている、ということである。

なるほど最高裁が判じているように、「一般市民社会とは異なる特殊な部分社会」が存在し、そして、そこにおいては独特な法秩序が形成されうる余地が存しよう。

問題は、「憲法との係留関係」を示さないままに、しかも「部分社会」というような一般的・抽象的概念からア・プリオリに、そこにおける法治主義原則の適用排除、基本的人権に対する広範な制約ならびに措置・決定に対する司法審査制限を一律に導いていることである。ひとくちに「部分社会」といっても、たとえば、政党や労働組合と学校ではその目的やレーゾン・デートル（存在意義）を大きく異にしており、同日に論じることはできない。

いうところの「部分社会」の自律的権能によって、いかなる基本的人権が、いかなる根拠から、どの程度規制されうるか。そこにおける措置や決定に裁判上のコントロールが及びうるか。肯定の場合は、その範囲と強度はどうなるか。これらの事柄は、それぞれの社会・団体の目的や存在理由・性格に即して、個別に判断されるべきであろう(34)。

このような観点からは、いうところの「学校部分社会論」にはつぎのような難点があり、これに与するわけにはいかない。

①学校は教育運営上一定範囲の包括的権能をもっているが、しかしそれは一般条項的な権限(generalklauselartige Befugnis)という意味においてである。この権能は、その行使に際して法治主義原則はもとより、生徒の基本的人権や親の教育権によっても制約をうけ、「法から自由な一方的かつ包括的な規律権」ではありえない。

②学校の生徒に対する包括的権能は学校目的＝学校に付託された教育責務を達成するために容認されているものであるが、学校の役割＝学校教育の目的は、既述したように、端的にいえば、児童・生徒を「自律的で成熟した責任ある市民」「自由で民主的な主権主体・能動的な政治主体」へ育成することにある。こうして「人格の完成を目指し」(教育基本法1条)、「基本的人権の自律的な行使主体と民主的な主権主体への教育」を任とする学校においては、基本的人権は格別に重要な意味をもち、より強くその発現を求めることとなる〈人格の完成および自律的・民主的人間形成のための不可欠な条件としての学校における生徒に対する基本的人権保障〉。

③学校関係は「教育行政機関や学校の任意の処分に委ねられた領域」ではなく、「学校法制上の法律関係」であり(参照:第2章3節)、法律関係である以上、それに係わる紛争は原則として司法権の対象となると解すべきである〈司法権から自由な学校教育権の否定〉。

④私学の役割や存在意義とかかわって、「私学の自由」(Privatschulfreiheit)を憲法上の基本権として享有し——いわゆる「憲的自由」として憲法による保障を受けていると解される(35)——、また「結社の自由」条項(憲法21条1項)の適用のある私学と、国公立学校を「部分社会」として同列視することはできない。

なお、上述したような学校部分社会論は民主的法治国家を標榜する諸外国、とくに公法上の学校特別権力関係論の母国ドイツにおいては見られておらず、わが国の学説・判例に特有な法理論である、ということを付言しておこう。

（注）

(1) 美濃部達吉『日本行政法』〈上巻〉有斐閣、1936年、132頁。

(2) 詳しくは参照:室井力『特別権力関係論』勁草書房、1968年、239頁以下。

(3) F.Rehmert, Verwaltungsgerichtliche Probleme des Schulrechts, DÖV, 1958. S.437.

(4) E.Forsthoff, Lehrbuch des Verwaltungsrechts, 9 Aufl. 1966, S.123-124.

(5) 松浦鎮次郎『教育行政法』東京出版社、1912年、416頁。

(6) 美濃部達吉『日本行政法』〈上巻〉、135頁。

(7) 禱苗代『日本教育行政法述義』清水書店、1906年、43頁。松浦鎮次郎、前掲書にもこうある。『営造物ノ種類ニ依リテハ之ヲ使用スル者カ特別ノ服従関係ニ立ツコトアリ。之ヲ営造物権力関係ト謂フ。例エハ官公立学校ニ入学スル者カ学校ノ規律ニ従(フカ如キ)』(316頁)。

(8) 大山幸太郎『日本教育行政法論』目黒書店、1912年、752頁。

(9) 美濃部達吉『日本行政法』〈下巻〉有斐閣、1904年、644-645頁。

(10) 高野桂一「生徒心得の生成過程と今日的役割」、『季刊教育法』55号、エイデル研究所、1985年、21-23頁。

(11) 美濃部達吉『日本行政法』〈下巻〉、646頁。

(12) 美濃部達吉『日本行政法』〈上巻〉、139頁。

(13) H.Heckel/P.Seipp, Schulrechtskunde, 4 Aufl, 1969, S.364.

(14) 関連して、以下のことにも言及しておかなくてはならない。

明治憲法下においては、学校教育は国家の権力作用・公権力の行使と解され、権力的行政作用については、絶対主義的天皇制に強められた「国家無責任の原則」が支配していた。判例はもとより、学説もこの原則を認めてあやしまなかった。こうして旧法制下においては、学校教育活動や教員の懲戒権の行使などに伴って、教員の故意または過失により、児童・生徒の権利が不法に侵害されても、親(児童・生徒)は国・地方公共団体の不法行為責任はもとより、加害教員の個人責任も問えないこととなっていた。それはまさに、穂積八束のいわゆる「立憲法治」以前の前近代的・封建的法状況であったというほかない。

ちなみに、「神権学派」と名付けられた穂積八束でさえ、当時の法状況を批判して、こう述べている。「今若シ行政官ガ職務執行ニ際シ法ニ反シ権利ヲ侵害シ一個人ニ損害ヲ加フルコトアラバ之ニ対スル救済ノ途ナカルベカラズナリ然ラザレバ何ゾ立憲法治ノ実アラン」(『官吏ノ職務上ノ過失ニ因ル賠償責任』・新報73・明治30年、今村成和「国家補償法」有斐閣、1957年、47頁より引用)。

(15) 室井力、前出、340頁。

(16) 有倉遼吉編『教育と法律』新評論、1964年、146-47頁。

(17) 神田修・寺崎昌男・平原春好編『史料・教育法』学陽書房、1973年、300-301頁。

(18) 木田宏『教育行政法』良書普及会、1957年、27頁以下。

(19) 田中二郎『行政法総論』有斐閣、1967年、224頁、同『要説行政法(新版)』弘文堂、1974年、39頁。

(20) 今村武俊『教育行政の基礎知識と法律問題』第一法規、1966年、14頁、16頁。

(21) E.Forsthoff, Lehrbuch des Verwaltungsrechts, Bd.1, 1966, S.123.

(22) 同旨:佐藤幸治『憲法(第三版)』青林書院、1995年、430頁。栗城壽夫・戸波江二『憲法』青林書院、1995年、144頁。野中俊彦・中村睦男・高橋和之・高見勝利『憲法I(第4版)』有斐閣、2006年、232頁など。

(23) 同旨:原龍之介『公物営造物法(新版)』有斐閣、1994年、421頁。兼子仁『教育法(新版)』有斐閣、1978年、401頁。

(24) 「親の教育権」について、詳しくは参照:拙著『学校教育における親の権利』海鳴社、1994年。

(25) 代表的な論稿としては、C.H.Ule, Das besondere Gewaltverhältnis, In:VVDStRL（1957）, S.133ff. H.Krüger, Das besondere Gewaltverhältnis, In:VVDStRL(1957), S.109ff.

(26) BVerfG. Beschl. v. 14. 3. 1972, In: JZ（1972）, S.357.

(27) BVerwG. Beschl. v. 15. 11. 1974, In: SPE 1976 IAI S.61.

(28) ドイツにおける特別権力関係論をめぐる今日的理論状況については、参照:H.Maurer, Allgemeines Verwaltungsrecht, 13.Aufl. 2000, S.115ff. H-U, Erichsen(Hrsg.), Allgemeines Verwaltungsrecht, 11.Aufl. 1998, S.121ff. I.v.Münch, StaatsrechtII, 5.Aufl. 2002, S.274ff.

(29) 佐藤幸治「部分社会論について」、『判例タイムズ』455号、2頁。

(30) 最高裁判所判決・昭和35年10月19日『判例時報』239号、20頁。

(31) 最高裁判所判決・昭和52年3月15日、兼子仁編『教育判例百選』〈別冊ジュリスト28号〉、90頁。

(32) 東京地裁判決・平成3年6月21日『判例時報』1388号、3頁。

(33) 千葉地裁判決・昭和62年10月30日『判例時報』1266号、81頁。

(34) 参照:佐藤幸治『憲法(第3版)』青林書院、1995年。樋口陽一『憲法』創文社、1994年、181頁。戸波江二『憲法(新版)』ぎょうせい、1998年、435-436頁。

(35) 「私学の自由」について、詳しくは参照:拙著『憲法と私学教育―私学の自由と私学助成』協同出版、2014年、43頁以下。

第2章
民主的法治国家の原理と生徒の法的地位

❧ 第1節　民主的法治国家と学校 ❧

　かつてドイツにおいて長年に亘って学校法学研究をリードしたH.ヘッケルは、1960年代の末、以下のように唱導した。

　「学校法の今日的中心課題は、基本法にいう民主的・社会的法治国家の原理を学校においても浸透・定着させることにある。とくに生徒および親の法的地位を学校に対して確立することによってである。こうして、従来、法から自由な教育行政の領域（rechtsfreie Raum der Schulverwaltung）に委ねられてきた学校関係に、法秩序の内部において、それにふさわしい場を保障することが肝要となる」(1)。

　これは、当時のドイツにおける学校法制とその運用実態およびこれに係わる学説・判例の欠陥を厳しく指弾したものであるが、この指摘はまさしく正鵠を得ており、今日のわが国にも基本的にはそのまま妥当すると言えよう。学校における生徒の法的地位の確立や学校教育における親の権利と責任の明確化という観点からは、その実現のための必須かつ不可欠の前提として、殊のほか重要だと言わなくてはならない。

　学校教育関係＝生徒の在学関係は、従前のように、「法から自由な特別権力関係」ないし「行政内部関係としての学校関係」として、教育行政機関や学校による一方的な規律対象とされるべき領域ではない。

　また今日判例上ひろく支持されているように、「部分社会としての学校」ないし「教育専門機関としての学校」における内部関係として、その形成と規律がもっぱら「法から自由な学校の包括的規律権・教育専門的な裁量権」に委ねられるべき事柄でもない。それは、かつてヘッケルが説いたように——今日のドイツでは、学説・判例上は言うに及ばず、実定法制上も「学校関係は…公法上の法律関係（öffentlich-rechtliches Rechtsverhältnis）である」（たとえば、バーデン・ビュルテンベルク州学校法23条1項）と明記されるに至っている——、「法的に秩序づけられた社会関係」＝「学校法制上の法律関係」として構成されなくてはならない。

　言葉を換えれば、日本国憲法が謳う民主的法治国家の原理は（したがってまた自

由主義の原理も）、学校にも当然に推し及ぼされなくてはならないということである〈日本国憲法の学校への適用＝自由で民主的な法治国家秩序への学校の編入〉。

それは、主要には、つぎのような理由による。

①明治憲法下とは異なり、日本国憲法下においては、生徒は学校内にあっても基本的人権の主体として存在しており、また親も子どもの学校教育について自然権的基本権としての「親の教育権」——憲法13条が保障する「幸福追求権」の保護法益に当然含まれている。くわえて、いわゆる「憲法的自由」の一つとして憲法による保障を受けていると解される(2)——を有している。これらの基本権は学校に対して積極的かつ能動的な権利として働くと同時に、その侵害に対しては防禦権としても機能するから、生徒・親と教育行政機関や学校との間には相互的な権利・義務が存していると解される。

②学校教育は子どもの人間的な成長発達、将来の進路や職業選択、したがってまた人生的幸福にもきわめて大きな影響力をもっている。なかでも学校（教員）が行う入学・進級・卒業決定、退学・停学などの懲戒処分、障害児学級への指定、成績評価や試験の合否決定、指導要録・内申書への記載内容などについては、とくにそうだと言えよう。

たしかにこれらの措置や決定は「教育上の措置・決定」ではあるが、しかし同時に生徒ないしは親の法的地位や権利領域に触れ、権利侵害性を伴う「法的行為」（Rechtsakt）でもある。学校においてなされる措置や決定には、この類の「法的（教育）行為」が決して少なくはないのである。

③かくして学校教育をめぐっては生徒、親、国・地方公共団体・学校法人・教員、さらには地域住民などの法主体の権利・義務が複雑に交錯し、相互的な法的緊張関係をなしているのであり、したがって、それは当然に法的に秩序づけられた社会関係として構成されなくてはならない。「社会あるところに法あり」という法諺があるが、「学校社会」も決してその例外ではありえない。

くわえて、「法から自由な学校」（rechtsfreie Schule）は憲法がよって立っている民主主義や自由主義という基本理念・価値と相容れないということも、「学校の法化」を求めずにはおかない。

④憲法26条1項は「すべて国民は、法律の定めるところにより、……ひとしく教育を受ける権利を有する」と規定して、「教育立法における法律主義」・「法律による教育

行政の原則」を確立している。と同時にこの条項は、教育に関する重要事項は国民代表機関を通して「法律」で規定することを要するという、「教育における法治主義原理」一般を憲法上表明したものと解され、したがって、それは当然に「学校の法治主義化」を求めることになると見られる。

　⑤学校の役割や学校教育の目的からくる要請もある。すでに言及したように、自由で民主的な社会的法治国家における学校の役割・目的は、端的に言えば、「自律的で成熟した責任ある市民への教育」・「自由で民主的な主権主体・能動的な政治主体への教育」にあると言えよう。そのためには、まず学校それ自体が自由で民主的でなくてはならない〈学校における民主主義の確立要請〉。自らが不自由で反民主的な学校＝「管理された学校」（verwaltete Schule・H.ベッカー）において、どうして「自由・自律的で民主的な市民への教育」が可能であろうか(3)。

第2節　「学校の法化」と生徒の法的地位

　さて、それでは、こうした学校への法治主義原理の適用要請は、具体的には、どのような法的効果を伴うことになるのか。

　第1に、学校教育関係や学校内部における生徒・親の法的地位、権利や責任の具体的内容を法令上規定し、他方これとの関連で、学校が生徒の教育について、いかなる範囲でどの程度の権限を有するかを、可能なかぎり法的に明確化することが求められる〈学校教育権の範囲と限界の画定〉。

　しかもこの場合、これらについての「基本的ないし本質的な事項」は、文部科学省令や教育委員会規則、ましてや校則などではなく、教育主権上の決定＝国民総体の教育権能による決定として、国民代表機関＝「国権の最高機関」（憲法41条）である国会が「法律」によって自ら確定しなくてはならない〈国民代表議会への留保＝教育における国民主権の確保〉。この面において、現行の学校法制はほとんど語るところはなく、その規律は広範に教育行政権ないしは各学校に委ねられており、あまりにも不備だとの謗りを免れえない。後に厳しく批判する「文部科学省通知による高校生の政治的権利の制限・剥奪」もその例である。

　この点、たとえば、「法治国家における学校」（Schule im Rechtsstaat）の原理を基軸に据えたドイツの学校法制とは際立った違いを見せている(4)。

42

第Ⅰ部　高校生の法的地位と政治的権利

なお、何がいうところの「基本的ないし本質的な事項」に当たるかであるが、これについてはドイツ連邦憲法裁判所の理論的創造にかかる「本質性理論（Wesentlich-keitstheorie）が、その判断基準としてきわめて有用であると思われる（参照：第Ⅱ部2章4節）。

　すなわち、同憲法裁判所によれば、社会制度としての学校教育が国民に対してもつ意味に鑑み、このように重要な生活領域に対しては「法律の留保の原則」が推し及ぼされなくてはならないということを前提に、先ず「法治国家・民主主義原理が、立法者に、学校制度における本質的な決定は立法者自らがなし、教育行政に委任してはならないことを義務づける」とされる。そして「（学校教育のように）基本権が重要な意味をもつ領域にあっては、"本質的（wesentlich）"とは、一般に基本権の実現にとって本質的ということを意味する」(5)。

　第2に、上述したところと関連するが、学校は法律によってのみ、または法律上の根拠に基づいてのみ、生徒・親の法的地位や基本的な権利ないし自由に触れるような措置や決定を行なうことができる、ということになる〈学校の措置・決定に対する「法律の留保の原則」の妥当〉。

　くわえて、この場合、「相当性の原則」が遵守されなくてはならない。

　すなわち、上記のような性質をもつ措置や決定を行うに際しては、学校は、①当該目的を達成するのに相応な措置（適当性）、②可能なかぎり生徒や親に不利益を与えないような措置（必須性）、③それによってもたらされる利益が、トータルとして、不利益を凌駕するような措置（均衡性）、を講じなくてはならない義務を負うことになる。このことは、とりわけ懲戒処分や生徒の進路を強く規定するような教育措置・決定について妥当する(6)。

　第3として、生徒・親の法的地位や権利領域に触れる学校の措置や決定＝法的行為に対しては、当然に裁判所の救済が及ぶということが帰結される。学校・教員の違法な教育権限行使や濫用がありうる以上、このことは当然であろう。生徒や親は教育行政・学校側の任意な処分に委ねられた無権利客体ではないのである。

　第4として、直接には民主制の原理から、同時にまた「民主主義への教育」「民主的な主権主体への教育」という学校の役割や学校教育の目的が要請するところにより、「民主的な制度としての学校」ないし「学校における民主主義」の実現が求められることになる。そしてここで重要なのは、この原理は学校における「生徒の自治・自律的活

動」や生徒・親の学校教育運営への参加・協同権を呼び起こすということである(7)。民主制とは、本来、意思決定過程への成員の参加・成員による自発的な秩序形成を、その制度理念としている筈だからである。

第3節　法律関係としての学校教育関係

　上述のように、現行法制下においては、学校教育関係は学校(国・地方自治体・学校法人)と生徒および親との間の法律関係として、換言すれば、これら法主体間の相互的な権利・義務関係として構成することが必要となるわけであるが(8)、法的により正確には、それは、以下のような特殊な属性をもつ法律関係だと解されえる。

1　教育主権に根幹を規定された法律関係

　公教育制度の組織・編成・運用に関する一般的形成権ないし規律権は、司法、課税、警察等に関する権能と同じく、国家の主権作用に属していると解される(9)。「教育主権」(Schulhoheit)と称せられるべき国家的権能である。

　改めて書くまでもなく、日本国憲法は「国民主権の原則」に立脚しているから〈憲法前文〉、ここにいう公教育制度に関する国家主権=教育主権の主体は国民全体ということになる。つまり、教育主権とは主権者たる国民が総体として有している公教育についての権能のことにほかならない(10)。

　この教育主権(国民の教育権力)は、現行の国民代表制・議会民主制下にあっては、憲法構造上、現実には、「国権の最高機関」(憲法41条)である国会をはじめ、内閣、裁判所その他の国家機関〈地方自治体も含む、以下同じ〉が、主権者である国民の信託に基づき、国民に代わって、これを分担し行使することになっている。

　この点、ドイツにおいて、学説・判例上はもとより、実定法上も、いうところの教育主権が別名「国家に付託された教育責務」(Erziehungsauftrag des Staates)と観念され、それは「機能十分な公教育制度を維持する国家の義務」と捉えられているゆえんである(11)。

　上記にいう「教育主権」には当然に学校教育関係の基本の確定も含まれている。

　つまり、学校関係は学校と生徒・親との間の相互的な権利・義務関係であるとは言っても、その根幹は教育主権=国民総体の教育権能によって規律されているというこ

とである。このことは、国公立学校のみならず、私学についても妥当する。

　実際、現行法制を見ても、私学の公教育機関としての位置づけと相俟って（教育基本法6条1項）、学校教育の基本を定めている教育基本法・学校教育法等の公教育法令は国立・私立を問わず原則として等しく適用されるところとなっている〈学校教育関係の国公立学校と私学との基本的同一性〉。

　ただ、改めて書くまでもなく、公立学校は行政組織法上、地方自治体の「公の施設」（権利能力なき非独立的営造物）として（地方自治法244条1項）、公行政の組織・権限関係のなかに位置している──だから、たとえば、公立学校生徒に対する懲戒処分は行政処分であり、抗告訴訟の対象となる（行政事件訴訟法3条1項）。私学生徒に対するそれは私法上の法律行為として民事訴訟の対象──。

　一方、私学は「私学の自由」を憲法上享有していると見られ〈「憲法的自由としての私学の自由」〉(12)、また「私的自治の原則」・「契約の自由の原則」といった私法上の基本原則の適用もあり、こうして教育主権によるコントロールが国公立学校の場合よりも縮減・弱化しているという違いはある。

　以上、詰まるところ、学校教育関係は、国公・私立のいずれにおいても、教育主権の規律をうけた公教育法関係＝学校法制上の法律関係であることを基本とし、ただ私学におけるそれは私法関係をベースとしている、ということである(13)。

2　親の教育権の委託を内包した法律関係

　英米においては「親代わりの原理」（principle of in loco parentis）という判例上の法理が存しているが、その事実から端的に窺えるように、「親の教育権」の観点からは、学校教育は親の教育権の委託に基づいていると捉えられる。子どもの教育は、元来、自然的教育権者である親の基本的な権利であり、義務に属しているが（参照：ワイマール憲法120条＝「子を教育して、肉体的、精神的および社会的に有能にすることは、親の至高の義務かつ自然的権利（oberste Pflicht und natürliches Recht der Eltern）である（る）」）、現代においては親ひとりでそれを全うすることはとうてい不可能であり、そこで「子の福祉・利益」のために、親はその教育権・教育責務の一部を学校教育に委託している、という把握である。

　むろん、学校教育は親からの教育委託だけで成り立っているわけではない。現行憲法下においては、公教育制度に関する一般的形成権は教育主権、つまり主権者

である国民総体の教育権能に属しており、かくして公教育制度は、その法的構造において、国民一般の信託〈憲法前文〉を基盤としているということは、先に書いたところである。

けれども、欧米の教育史を紐解けば知られるように、現代公教育制度は、教育が親や私学設置者など私人の私的自治〈教育における私的自治〉に委ねられていた、19世紀中葉までの私教育制度を胎内に包摂して生成した。それは、主要には、近代国家における国民的統一の必要と資本主義の発達に伴う国民の教育的資質の向上という要請を契機として成立したもので、したがって、そこにおいては、従来の私教育の原理は、公教育法制の基本原理〈教育をうける権利の保障・義務制・無償性・中立性・世俗主義〉によって大幅な修正をうけるに至った。

しかし「(私)教育の自由」・「親の教育権」・「私学の自由」の憲法上の保障などに裏打ちされて、「教育の私事性原則」は今日の公教育制度においても基層に位置し、公教育法制上の基底的原理の一角をなしていると見られるのである。その典型例として、親の教育権・私教育の自由の伝統の根強い西欧においては、義務教育の制度原理として、現行法制上、「就学義務」(Schulpflicht)に代えて、親の側に「学校に代わる私教育の自由」(家庭義務教育)〈私教育による教育義務(Unterrichtspflicht)の履行〉を法認している国が少なくない、という事実をあげることできるであろう。

上記のことをここでのテーマに引きつけて言えば、要するに、学校教育は、その制度的根幹は教育主権による形成領域に位置しながらも、同時に親の教育権の委託によって成立している、というアスペクトをも擁しているということである。

この点、たとえば、ドイツのノルトライン・ウエストファーレン州憲法が、「その子どもの教育を決定する親の自然権は、教育・学校制度の基盤を形成する」(8条1項)と規定し、またヘッセン州憲法が「教育権者(親を指す・筆者)は教育制度の形成に参加する権利(Recht, die Gestaltung des Unterrichtswesens mitzubestimmen)を有する」(56条6項)と明記しているのも、こうした公教育認識によっていると見てよい。

なお、学校教育の法的基盤構造が上述のように捉えられることによって、以下のような法的効果が導かれることに留意を要する。

①国・地方自治体・学校は親の教育権を努めて尊重し(子どもの権利条約5条)、学校教育は可能な範囲内で、できるだけ多数の親意思を反映して運営されなくてはならない。

②親は「始源的教育権の委任者」たる資格において、公教育運営に参加し、これを共同で形成し、また「親の教育権の受任者」に対して教育上の要求や要望を提出する権利をもつ(14)。

(注)

(1) H.Heckel, Schule und Schulverwaltung als Aufgabe der Verwaltungspolitik, In:DÖV (1968), S.372.

(2) いうところの「親の教育権」の法的構造について、詳しくは参照:拙著『学校教育における親の権利』海鳴社、1994年、55頁以下。

(3) H.Becker, Quantität und Qualität-Grundfragen der Bildungspolitik, 1968, S.147ff.

(4) 民主的法治国家の原理を踏まえた現在ドイツの学校法制状況について、詳しくは参照: Deutscher Juristentag, Schule im Rechtsstaat, BdI, Entwurf für ein Landesschulgesetz, 1981.

(5) J.Schwabe(Hrsg.), Entscheidungen des Bundesverfassungsgerichts, 1994, S.187-188. BVerfG Beschl.vom 21, 12, 1977.
いうところの「本質性理論」については以下が詳しい:J.Staupe, Parlamentsvorbehalt und Delegationsbefugnis. Zur Wesentlichkeitstheorie und zur Reichweite legislativer Regelungskompetenz, insbesondere im Schulrecht, 1986, S.103ff. H.Heussner, Vorbehalt des Gesetzes und Wesentlichkeitstheorie-Aus der neueren Rechtsprechung des Bundesverfassungsgerichts zum Schulrecht, In:H.Avenarius u.a.(Hrsg.), Festschrift für Erwin Stein, 1983, S.111ff.

(6) H.Avenarius/H.P.Füssel, Schulrecht, 8Aufl. 2010, S.495ff.

(7) 同旨:I.Richter, Schule, Schulverfassung und Demokratie, In:RdJB(1987), S.254ff. H.Avenarius/H.P.Füssel, a.a.O., S.29.

(8) J.Staupe, Schulrecht von A-Z, 2001, S.244.

(9) H.Avenarius/H.P.Füssel, a.a.O., S.182.

(10) 主権観念について詳しくは参照:佐藤幸治『日本国憲法と「法の支配」』有斐閣、2003年、18頁以下。

(11) M.Bothe, Erzieungsauftrag und Erzieungsmaßstab der Schule im freiheitlichen Verfassungsstaat, In:VVDStRL (1995), S.17.

(12) 「憲法上の基本権としての私学の自由」について、詳しくは参照:拙著『憲法と私学教育—私学の自由と私学助成』協同出版、2014年、47頁以下。

(13) 同旨:E.Stein/M.Roell, Handbuch des Schulrechts, 1992, S.263.

(14) 詳しくは参照:注(2)拙著、109頁以下。

第3章
子どもと基本的人権

第1節　子どもの人権主体性と人権に対する包括的制約

　基本的人権(fundamental human rights)とは、「人間性からいわば論理必然的に生ずる権利」、「人間がただ人間であるということにのみもとづいて、当然に、もっていると考えられる権利」をいう⑴。この権利は、人間の尊厳の理念に基づいて、各人に当然認められるべき基本的な生活上の利益ないし要求を法益とし、したがって、それは憲法上の保障の下におかれるものである。実際、日本国憲法も「国民は、すべての基本的人権の享有を妨げられない」(第11条)と明記している。

　この憲法条項にいう「国民」には、子どもも当然に含まれる。それは、基本的人権が人間が人間として当然にもっている権利という以上、必然的な帰結である。子どももまた法的人格を有し、憲法が保障する基本的人権の享有主体であり、決して大人の掌中にある「無権利客体」(rechtloses Objekt)ではないということ、この点に関しては、子どもの権利条約〈1989年11月20日国連総会採択、国内発効・1994年5月22日〉を俟つまでもなく、憲法学説上、これまでもほぼ一致して認められてきたところである⑵。

　ただ、そうは言っても、この子どもの人権主体性がそれ自体として正面から取りあげられ、学説・判例上確認されたのは、比較的近年に至ってのことである。わが国においては、宮沢俊義「憲法Ⅱ」(初版・1959年)が「少年の人権」に別途言及したのが、これに関する最初の憲法学的論述だとされており⑶、また欧米においても1960年代の終り頃になってからのことである。

　ちなみに、たとえばアメリカにおいて、子ども(生徒)の人権主体性がフォーマルに確認されたのは、ティンカー事件に関する連邦最高裁判決(1969年 Tinker v. Des Moines Independent School District)によってであり⑷、またドイツでは1968年の連邦憲法裁判所決定によってである。同憲法裁判所はこう宣明している⑸。

　「子どもは基本権の主体として自ら国家の保護を求める権利を有する。子どもは基本法1条1項と2条1項の意味における、固有の人間としての尊厳ならびに固有の人格の発達権をもつ存在なのである」。

さて、以上を前提としたうえで、問題なのはその先である。

前述のとおり、従来、憲法学の通説も子どもの人権主体性は抽象論としては原則的にこれを認めてきたのであるが、しかし引き続いてこう述べる。「しかし、人権の性質によっては、一応その社会の成員として成熟した人間を主として眼中に置き、それに至らない人間に対しては、多かれ少なかれ、特例を認めることが、ことの性質上、是認される場合もある」(6)。「少年につき、一般に基本的人権の内容とされる自由が制限されることがあっても、その制限が…合理的に相当と認められる程度におけるものであるかぎり、その基本的人権をおかしたことにはならない」(7)。

詰まるところ、従来、憲法学の支配的な見解によれば、「『成年制度』を観念することによって、未成年者は保護・教育の対象になりこそすれ、『人権』の現実の行使には一般的に成年者とは違った大幅な制約があることが当然視」されてきた(8)、ということである〈過度のパターナリスティックな規制〉。

たしかに日本国憲法は「公務員の選挙については、成年者による普通選挙を保障する」と書いて、「成年制度」の存在を前提としており(15条3項)、また現行法制上も、子どもの人権に対しては、様々な法域で各種の制約がくわえられている。①そもそも子どもを権利主体としては認めない例として、18歳未満（男）・16歳未満（女）の婚姻の禁止（民法731条）、15歳未満の児童が労働者となることの禁止（労働基準法56条）、喫煙・飲酒の禁止（未成年者喫煙禁止法・未成年者飲酒禁止法）、18歳未満の未成年者が成人向け雑誌などを読むことの禁止（青少年保護条例）、などがあり、また②子どもの人権主体性は認めながらも、その行使につき親による同意などの制限が付されている自由や権利としては、婚姻の自由（民法737条）、職業を選択し営む自由（民法823条）、居住・移転の自由（民法821条）、裁判をうける権利（民事訴訟法49条）、財産権（民法824条）などが挙げられる。

なるほど子どもは人格上、身体上発達途上にあり、権利行使の前提をなす判断能力（意思能力）もまた形成途上にある。そこで、子どもの保護・健全育成、取引の安全の確保、社会秩序の維持などの観点から、子どもの人権に対して上記のような規制がなされたとしても、その限りではそれなりに合理的であり、原則的には肯定されえよう。

子どもと成人とではその基本的属性に差異がある。「等しからざるものを等しく扱うのは、悪平等である。違ったものをその違いにふさわしく違って扱うことこそが、正義で

ある。子どもは、おとなと違った扱いをすること、保護を与えることが、正義にかなうという面がある」(9)。すべての生活領域で子どもへの差別（成人と子どもとの「二重の基準」）を廃止し、子どもに成人と同等の権利を保障するよう主張する、いわゆる「子ども解放論」(10)には与するわけにはいかない。

けれども、そのことは十分に了解したとしても、これまで憲法学の通説は「成年制度」という観念を媒介することによって、子どもの人権に対する制約をあまりにも安易に、しかも一括して一般的に正当化してきた傾向があるのではないか。そこにおいては「成年制度」が一種のマジック・ワードと化し、現実には子どもは一律に憲法の人権保障から遮断され、「憲法から自由な、法治主義原理の及びえない空間」に追いやられてきた憾みはないであろうか。

第2節　子どもの人権へのアプローチ

子どもは人格的にも身体的にも発達段階にある存在である。したがって、その権利の有りようが、人格的に独立し身体的にも成熟をみた成人と異なる面があるのは当然である。

けれども、このことから直ちに、つまり、子どもが子どもだからという理由で、ア・プリオリに基本的人権の享有を妨げたり、その行使について広範な規制に服する、と帰結するのはいかにも短絡的で、そこには思考の省略がある、と批判されなくてはならない。そうではなく逆に、子どもは子どもであるがゆえに、子どもにふさわしい独特な仕組みと特殊な方法をもって、基本的人権を享受し行使しうるように配慮される必要がある、と捉えるべきである。子どもの権利条約もまさにこのような思想に立脚していることは、ここで改めて書くまでもないであろう。敷衍して言えば、この条約が歴史的な意味をもつのは、そこに盛られた権利のカタログもさることながら、従来、ともすれば「保護・教育と規制」の対象とされてきた子どもを、独自の人格をもつ存在として捉え、おとなとは違う子どもという視点から──教育思想史上にいわゆる「子どもから」(Vom Kind aus)──その権利の有りようを総点検し体系化した、人権宣言であるからである(11)。

くわえて、ひとくちに子どもと言っても様々な発達段階があり〈判断能力・成熟度の程度〉、また人権保障の受益者および有りようは、すべての基本的人権について一様ではなく人権の種類や性質によって異なるべきもの、と解される。ドイツの権威ある基本

法コンメンタールの記述を借用すれば、「基本権の主体が誰であるかは、基本権一般についてではなく、具体的なケースにおいて、ただ個々の基本権についてだけ確定されうる」(12)ということである。

　この点、近年に至りようやく憲法学説にも、「今後残された問題は、人権の性質に従って区分されるそれぞれの人権について、同じく未成年者といっても心身の成熟によって区分される年齢に応じて、いかなる人権の制約が許容されるかということを具体的に検討することである」(13)との認識が見え始めたことは、遅きに失したきらい無きにしも非ずだが、「子どもを憲法に係留する」という観点からは、ともあれ積極的に評価されなくてはならない。

　それでは具体的に子どもの人権はどのようなディメンションに位置し、いかなる法的構造をもつことになるのか。この課題に接近するためには、以下のような多面的かつ多角的なアプローチが入用とされる、と考える(14)。

1　基本的人権の享有能力と行使能力

　ドイツにおいて学説上有力な支持を得ているアプローチであるが(15)、子どもの人権を語る場合、基本的人権の主体たりうる能力（基本権享有能力・Grundrechtsfähigkeit）にくわえて、「基本的人権を自ら行使しうる（してもよい）能力」（基本権行使能力・Grundrechtsmündigkeit）という概念を措定し──この概念はさらに原則として自己決定と自己責任においてその基本権の行使を可能ならしめる「全的な基本権行使能力（volle Grundrechtsmündigkeit）と、基本権の行使に際してなお親の教育権などによる一定の制約を伴う「限定的な基本権行使能力」（beschränkte Grundrechtsmündigkeit）に区分できる──、この能力の存否と強度を、後述するような様々な角度から、個別かつ具体的に見定めていくという手法が必要とされよう。子どものいかなる権益が、いかなる基本的人権によって保護されるかということと、そうした保護法益を子ども自身が憲法上の権利として自律的にこれを主張しうるか、という問題を区別して考察する必要があるということである。

　ちなみに、この基本権行使能力という概念はH.クリューガーが1956年の論文で初めて用いたものであるが、親の権力＝子どもに対する人的支配権としての親権（ドイツ民法1627条）と学校における公法上の特別権力関係によって、子どもの民法上・公法上の法的地位が強く規定されていた当時のドイツにおいて、クリューガーはこの概

念に依拠して、子どもの人格的自律と自己決定権を導出し定礎しようとしたのであった。親の教育権との関係で、こう書いている(16)。「基本的人権のうちのあるものは、明らかに、民法上の成人とは無関係に年少者自身によって行使されうる。場合によっては、教育権者の意思に反してもである」。

2 基本的人権の種類・性質の如何

すでに言及したように、ほんらい人権保障の受益者および有りようは基本的人権の種類や性質によって異なるべきもの、と解される。そうだとすれば、子どもについて、いうところの基本権行使能力の存否および強度を、それぞれの基本的人権について個別に検討するという作業が求められる筈である(17)。その際、この脈絡においては、当該人権が、①人間としての存在それ自体にかかわる人権か（生命・自由・幸福追求権〈憲法11条〉など）、②選択の自由を内実とする権利か（表現の自由〈憲法21条〉など）、③それ自体として法律効果の発生を目的とする権利か（財産権〈憲法29条〉など）、などが重要な指標ないし基準となろう(18)。

3 子どもの年齢・成熟度の如何

自明のことだとも言えるが、「人格がより成熟し発展するについて、……基本権行使能力も発達する。未成年者がより年長になり、より成熟すればするほど、彼等は自己の基本権を自ら行使する自由領域をより広範に要求することができる」(19)との一般原則が存していよう。

通常、権利の行使は一定の判断能力を前提とするが、それは未成年期を通して徐々に形成されるものであって、成年に達すると突如として獲得されるというものではない。また権利を保障するということは、それによって生ずる責任効果を原則として本人に帰属せしめることを意味する。未成年期において次第に自己の責任を自覚させ、「自律的で成熟した責任ある市民」へと準備するためにも〈自律の助長促進〉、子どもの年齢・成熟度に応じて段階的に、権利を保障し責任を問い、それを拡大・強化していくという筋道が不可欠だと言える。

表現を代えれば、「人権の保障を『成年制度』によって割り切ってしまうのではなく、人格的自律の具体的展開としてできる限り連続的に捉えなければならない」(20)ということである。

そしてこの場合、上述のような観点からすると、通説・判例上、民法上の責任能力（民法712条）が認定され、また刑事責任年齢としても法定（刑法41条）されている14歳前後の年齢段階は、（限定的な）基本権行使能力の取得とその尊重要請という面でも、一般的には一つの目安とされてよい。

　事実、ドイツにおいては、公立学校での宗教教育への参加やその宗派についての決定に関し、子どもの宗教教育に関する法律（Gesetz über die religiöse Kindererziehung v. 15. Juli 1921）が、つぎのような定めを置いている（2条・5条）。

　すなわち、子どもが、①10歳未満の場合は、これに関する決定権は親にある（親の単独決定権）。②10歳以上12歳未満の間で、宗派を変更する場合には、親は子どもの意見を聴かなければならない（子どもの聴聞権）。③12歳以上14歳未満にあっては、親は子どもの意思に反して従前とは異なる宗教教育を指定してはならない（子どもの拒否権）。④14歳以降は、親の意思に反してでも、子ども自身が単独で決定できる（子どもの自己決定権）――これを「宗教上の成熟」（Religionsmündigkeit）と称する――(21)。

　またドイツでは学説・判例上はもとより(22)、現行学校法制上も生徒は学校において政治的な生徒団体を結成し活動することができるとされているのであるが、その場合、生徒の年齢を満14歳以上と明記している学校法も見られている。たとえば、ニーダーザクセン州学校法（1998年）によれば「メンバーが満14歳以上の生徒団体は、学校において、特定の政治的、宗教的ないし世界観的な方向性を打ち出すことができる」（86条2項）とされている。

　なおアメリカでも、アーミッシュの親が宗教的信念に基づいて就学義務を拒否したケースで、連邦最高裁判決（ヨーダー事件・1972年）におけるダグラス裁判官の反対意見は、「このようなきわめて重要な教育問題については、子どもが14歳ないし15歳であれば、（親だけで決定するのではなく・筆者）、子どもにもその見解を聴聞される機会が与えられなければならない」と指摘している(23)。

4　対象となる事柄や権益の如何

　先に紹介したドイツにおける宗教教育への参加決定をめぐる仕組みがこの範例に属するが、また本書のテーマである「高校生の政治活動」とも大いに関係するが、たとえば、「思想・良心・信教の自由」といった、いわゆる「高度に人格的な事柄」

(höchstpersönliche Angelegenheiten)を保護法益とする基本的人権については、事の本質上、そうではない人権の場合よりも、子ども自身の意思や要望ないし自律的な決定がより尊重されなくてはならない、との命題が導かれよう(24)。

　また子どもの家族法上の身分・地位に触れ、もしくはこれらに重大な影響を及ぼす事柄についても原則として同じことが妥当しよう。ちなみに、この点は現行法制もすでに確認しているところであり、たとえば養子縁組や遺言能力に関し、民法は未成年者であっても満15歳になれば権利行使能力を賦与している(民法797条・961条)。

5　生活領域・法域の如何

　そもそも基本的人権のもつ意味や重要度は、当該生活領域・社会関係ないし団体の目的や性格、さらには機能などの如何によって違いがあると解される。

　この点、たとえば、学校教育関係＝学校法域は基本的人権が格別に重要な意味をもつ生活領域・法域だと目される(25)。教育は高度に人格的な、またすぐれて価値にかかわる営為であること、学校教育の目的は、直截に言えば、児童・生徒を「自律的で成熟した責任ある市民」へと育成することにあること〈自律と責任への教育〉、学校教育関係においては、子どもは児童・生徒としてより強化された義務関係に立つこと(26)、などがその理由である。

　ここでは、「『人権』は個人の自律を尊重することを基礎とし、その自律の尊重は現実の自律というよりは、むしろ自律に対する能力にかかわるものと捉え、憲法の保障する『基本的人権』もそのような観点から理解すべき」(27)だということを押さえておきたい。

6　家族の自律性・親の教育権との関係

　自然的な生活共同体である家族は国家に先行する社会の基礎単位であり、そこにあって親は、親子という自然的血縁関係にもとづく「親族上の原権」(familiäres Urrecht)ないし「親としての自明の権利」として、その子に対して始源的な教育権を有している。この自然の所与と親の教育権の自然法的な権利性から、子どもの教育に対する第一次的な権利と責任は親にあり(世界人権宣言26条3項、子どもの権利条約18条1項)、国、地方自治体、学校(教員)などは親のこの権利および「家族の連帯と自律性」を尊重しなくてはならない、ということが帰結される。

こうして子どもの人権は公権力など第三者との関係（対外部関係）と、親との関係（家族内部関係）においては、その強度が異なることになる。具体的に言えば、子どもがすでに基本的人権の行使能力を有している場合、当該人権の行使に際して、公権力など第三者による規制的介入は原則として認められないが、「子どもの最善の利益」（子どもの権利条約3条）を旨として、同時にまた親の教育責任の重さと親の教育権の発現要請に根拠づけられて、親によるそれはなお許されることもありうるということである。満16歳に達した子どもの、全的にプライベートな——ほんらい学校の権限と責任が及ばない——範域におけるバイク乗車（道路交通法88条1項）の許否が、その例である。

∽ 第3節　子どもの人権の内容 ∽

　子どもは、人間として、したがって成人と共通に享受している基本的人権のほかに、子どもであるがゆえに子どもだけに特別に保障されている人権＝子ども固有の人権も有している。「（親によって）養育される権利」（子どもの権利条約7条）や各種の「保護される権利」（同条約17条・19条など）がこうした権利の例である——子どもは、たとえば乳幼児を例にとれば判然とするように、その身体的・精神的未熟さのゆえに、親などおとなによって養育され、保護され、援助をうけるのでなければ、生存することも人間的に成長発達することもできない。この未熟性とおとなに対する依存性という子どもの本質的属性から、いうなれば自然法的由来をもつ基本的人権として、これらの権利が導かれる。その意味で、子ども固有の権利とは、子どもの人間としての生存と発達にとって「根元的で基底的な権利」ないしは子どもの人権の「基礎をなす権利」と捉えられよう——。また、例えば「教育をうける権利」（学習権・憲法26条1項）のように、権利主体は子どもに限られないが、子どもであるがゆえに殊更に重要な意味をもつ基本的人権も認められる。

　かくして子どもの人権の対象や内容もまた広範かつ多岐にわたっているが、ここではその具体的内容をいちいち列挙することは割愛し、憲法および子どもの権利条約による子どもの人権の保障内容に関し、以下のことだけを確認的に指摘するに止めたい(28)。

　①憲法第3章は「国民の権利及び義務」と題して各種の基本的人権を掲げてい

るが、そこに列挙されている基本的人権の保障内容は、原則として——当該人権について子どもが基本権行使能力を有しているか否かはともかく——、子どもにも及ぶ〈憲法の人権条項の子どもへの直接適用〉。

②子どもの権利条約の主要な制定目的は、発展途上国の子どもの人権環境を改善することにあるが、わが国にとっても重要な意味をもつ条項が多い。「差別の禁止・権利の平等保障」(2条)や「子どもの最善の利益の確保」(3条)など、国家の義務履行における一般原則を確認したうえで、「意見を表明する権利」(12条)をはじめとして、そこに列挙されている権利のカタログが「子どもの人権」の主要な内容をなしていることは、改めて書くまでもない。

③子どもの権利条約に盛られている権利のなかには、たとえば、「思想・良心の自由」(14条1項)や「表現の自由」(13条1項)のように、すでに憲法によって保障をうけている基本的人権も存している。これらの人権の第一次的な法的根拠は憲法の当該条項であり〈憲法の優先的適用〉、子どもの権利条約は子どもに直接引きつけて加重的にこれを保障したもの、と解される。なお子どもの権利条約が各種の市民的自由や手続的権利の保障に当たり、子どもの自律と自己決定の尊重を原則的建前としていることは、憲法の解釈運用にとっても重要である、ということをここで付言しておこう。

④憲法典が掲げる権利リストにしても、子どもの権利条約が列挙している権利のカタログにしても、子どもにかかわる人権をすべて網羅しているわけではない。そこに明記されている、いわゆる「有名の権利」のほかにも、包括的基本権としての「幸福追求権」(憲法第13条)から補充的に導出される「無名の、子どもの人権」がなお存在している、ということが重要である。その例としては、たとえば、家族の形成・維持にかかわる事柄についての子どもの自己決定権を挙げることができよう。

ちなみに、指導的な憲法学説が説くところによれば、「『幸福追求権』とは、人格的自律の存在として自己を主張し、そのような存在であり続ける上で必要不可欠な権利・自由を包摂する包括的な主観的権利」であり、「各個別的基本権規定によってカヴァーされず、かつ人格的生存に不可欠なもの」(29)が、なおこの権利によって保障される、とされている。

（注）

(1) 宮沢俊義『憲法Ⅱ（新版）』有斐閣、1976年、77頁。

(2) さしあたり、伊藤正己『憲法（第3版）』弘文堂、1995年、200頁。小嶋和司『憲法概観（新版）』有斐閣、1975年、59頁など。

(3) 宮沢俊義『憲法Ⅱ（初版）』有斐閣、1959年、241-242頁。この「宮沢憲法」はまさしく先駆的な学説であるが、その後今日に至るまで、わが国の憲法学は子どもの人権の問題にあまり理論的関心を示さず、これに関する本格的な研究はほとんど存在していないように見える。こうした憲法学研究の怠慢・貧困と、たとえば、伝統的にわが国で見られてきている「法から自由な学校」（rechtsfreie Schule）＝学校による生徒の基本的人権の広範な規制というネガティブな学校現実とは決して無関係ではない、と考える。

(4) Tinker v. Des Moines Independent Community School District, 1969, in, S. M.Davis / M. D. Schwartz, Children's Rights and the Law, 1987, p.57.

(5) BVerfG, Beschl. v. 29. 6. 1968 In: RdJB（1994）, S.491.

(6) 宮沢俊義、前出書、246頁。

(7) 高辻正己『憲法講説』良書普及会、1980年、172頁。

(8) 佐藤幸治「未成年者と基本的人権」、『法学教室』1991年10月号、38頁。

(9) 奥平康弘『憲法―憲法が保障する権利』有斐閣、1993年、45頁。

(10) アメリカにおける「子どもの権利」運動については、参照：米沢広一「『子どもの権利』論」、佐藤幸治・初宿正典編『人権の現代的諸相』有斐閣、1990年、42頁以下。

(11) 参照：奥平康弘、前出、44頁。

(12) I.v. Münch/P. Kunig, Grundgesetz-Kommentar, 6Aufl. 2012, S.38.

(13) 中村睦男『憲法三十講』青林書院、1984年、37頁。

(14) 同じような観点から、佐藤幸治教授もつぎのように指摘している。「この問題はいろいろな角度から検討しなければならない課題で、従来のようにともすれば未成年者だからと機械的・画一的に割り切るのは適切でないというべきであろう」（樋口陽一・佐藤幸治・中村睦男・浦部法穂『註釈日本国憲法』〈上巻〉青林書院、1991年、196頁）。

(15) たとえば、W.Roth, Die Grundrechte Minderjähriger im Spannungsfeld selbstänger Grundrechtsausuübung, elterlichen Erziehungsrechts und staatlicher Grundrechtsbindung, 2003, S.11ff. E.Stein, Staatsrecht, 14Aufl. 1993, S.217. I.v.Münch/P.Kunig（Hrsg.）, a.a.O. S.38-S.40. M.Roell, Die Geltung der Grundrechte für Minderjärige, 1984, S.23ff. H.Avenarius, Kleines Rechtswörterbuch, 1992, S.216など。

　ちなみに、I.v. Münch/P.Kunig（Hrsg.）, a.a.O.S.38-S.40.によれば、Grundrechtsfähigkeitとは、「基本権の主体たりうる自然人ないしは法人の能力」、Grundrechtsmündigkeitとは「基本権を自律的に行使してもよい自然人の能力」とそれぞれ定義され、両者の区別は民法上の権利能力と法律行為能力の区別にパラレルであるが、同一でないとされる。

　しかし一方でこうした区分に批判的な見解も見られる。たとえば、ヘッセは、「未成年者は基本

権の享有と行使において一般的に制約されるのであり、基本権享有能力と基本権行使能力の区別は憲法上根拠づけられない」と述べる(K.Hesse, Grundzüge des Verfassungsrechts der Bundesrepublik Deutschland, 1995, S.130. 同旨:B.Pieroth/B.Schlink, Grundrechte Staatsrecht II, 26Aufl, 2010, S.33ff.

(16) H.Krüger, Rechtsausübung durch Jugendliche (Grundrechtsmündigkeit) und elterliche Gewalt, In:FamRZ (1956), S.331.

なお参照、U.Fehnemann, Über die Ausübung von Grundrechten durch Minderjärige. In:RdJ(1967), S.281ff. M.Roell, Grundrechtsmündigkeit—eine überflüssige Konstruktion, —In:RdJB(1988), S.381ff.

(17) 同旨、さしあたり、M.Franke, Grundrechte des Schülers und Schulverhältnis, 1974, S.16-S.21. E.Stein, Das Recht des Kindes auf Selbstentfaltung in der Schule, 1967, S.28 など。

(18) 以上について参照、佐藤幸治『憲法(第3版)』青林書院、1995年、412頁。
A.Bleckmann, Staatsrecht II- Die Grundrechte, 1997, S.140ff. U.Fehnemann, Die Innehabung und Wahrnehmung von Grundrechten im Kindesalter, 1983, S.35.
I.v.Münch/P.Kunig, a.a.O. S.42-S.43.

(19) H.Heckel/P.Seipp, Schulrechtskunde, 5Aufl. 1976, S.259.

(20) 佐藤幸治、前出『法学教室』、39頁。

(21) 詳しくは、参照、T.Kipp, Die religiöse Kindererziehung nach Reichsrecht, in, Festgabe der Berliner Juristischen Fakultät für Wilhelm Kahl, 1923, S.3ff. W.Raack/R.Doffing/M.Raack, Recht der religiösen Kindererziehung, 2003, S.220ff.

なおドイツにおいては14歳未満をKindと称し、満14歳から満18歳の成年に至るまでをJugendlicherと呼称して、用語上も14歳が区切りをなしている。

(22) さしあたり、H.Avenarius/H.P.Füssel, Schulrecht, 8Aufl.2010, S.483.
J.Rux/N.Niehues,Schulrecht,5Aufl., 2013. S.165.

(23) Wisconsin v.Yoder, 1972, in, D.Schimmel/L.Fischer, The Civil Rights of Students, 1975, pp.133-134.

(24) 戸波江二『憲法(新版)』ぎょうせい、1998年、151頁に「思想、信仰等の子どもの精神作用については、とくに子どもが自我を確立する13、14歳を境として、子どもの自主的判断が十分に尊重されなければならない」とあるのも、だいたい同旨に読める。

なおE.シュタインによれば、本文で言及した子どもの宗教教育に関する法律5条から、宗教に関してだけはでなく、「これと類似した、あらゆる個人的な性質(persönliche Charakter)の事柄については、満12歳以降は子どもの意思に反して現存の関係が変更されてはならない、との一般原則が導かれる」という(E.Stein Das Recht des Kindes auf Selbstentfaltung in der Schule, 1967, S.32.)。

(25) 同旨、H.Avenarius/H.P.Füssel, a.a.O., S.30. T.Ramm, Bildung, Erziehung und Ausbildung als Gegenstand von Grundrechten, in, Festschrift für Erwin Stein, 1983, S.239.

(26) クリューガーも「未成年者が特別な義務領域(besonderes Pflichtenkreis)に位置しているかぎり、そこにおいては基本権行使能力をもつ」と述べ、その例として、学校関係と労働関係を挙げている(H.Krüger, a.a.O. S.18)。また同じ趣旨からフランケも、学校領域における子どもの人権行使能力を肯定する(M.Franke, a.a.O. S.18)。

(27) 佐藤幸治「子どもの『人権』とは」、『自由と正義』38巻6号、1987年、9頁。

(28) 詳しくは参照:拙稿「子どもの権利条約と学校教育」(1)(2)、『教職研修』教育開発研究所、2006年2月号、143頁以下、3月号、144頁以下。

(29) 佐藤幸治、前掲書、448頁。なお同旨、種谷春洋「生命・自由および幸福追求権」、芦部信喜編『憲法II、人権(1)』有斐閣、1984年、138頁。芦部信喜『憲法学II、人権総論』有斐閣、1994年、344頁。

第4章
学校における生徒の基本的人権と基本的義務

第1節　基本的人権の主体としての生徒

　序章で述べたように、わが国においては今日に至るもなお「憲法から自由な生徒法制」と称してよいような現実が見られているのであるが、「民主的法治国家における学校」という視座からは、とうていこれを看過するわけにはいかないであろう。

　この点、つぎのような一市民からの投書(1)は、上記のように表徴される旧来の学校現実の一端をリアルに摘出し、その問題性を鋭く的確に衝いていると言えよう。「人権無視生む憲法より校則」というタイトルで、こう記されている。

　「中学生のころ、私を含む大部分の生徒が、憲法は未成年者には適用されないと思っていた。……本当にそう信じていた。

　丸刈りの強制や体罰は、憲法で保障された基本的人権を侵害するものではないか、との問いに、教師は『権利とは決められた義務を果たした後に、初めて与えられるものだ。納税、勤労の義務を果たしていないお前らに、権利を口にする資格はない。子どもにとっては校則が憲法であり、法律だ。校則を守ることを考えろ』と言った。

　理路整然と言われると、それが世の中の常識でルールなのだと思ってしまう。憲法上の人権は……子どもにはないものだと、疑うことなく信じていた。憲法が施行されて50年にもなるというのに、いまだに、どうして憲法より校則を優先させるのか。……憲法はだれにでも例外なく適用されるという、常識以前のことを説かねばならないのが、この国の現実なのである」。

　ここで改めて、以下のことを確認しておかなくてはならない。

　すでに言及した通り、今日、子どももまた法的人格（Rechtspersönlichkeit）を有し、憲法が保障する基本的な諸権利・自由の享有主体であることは自明なことであるが、これらの基本権や基本的自由は学校内においても原則的に妥当し、それは学校に対して積極的かつ能動的な権利として働くと同時に、その侵害に対しては防禦権としても機能することになる、ということである。

　表現を代えれば、憲法の「人権規定は実定法秩序全体を指導する最高の価

値」(2)として、学校教育関係にも原則的に適用され、したがって、子どもの権利条約（国内発効・1994年5月22日）を俟つまでもなく、生徒は学校内にあっても基本的人権の主体として存在している、ということにほかならない〈学校における生徒の人権主体性〉。

くわえて、親も子どもの学校教育について自然権的基本権としての「親の教育権」を憲法上享有していると解されるから（既述）、親もまた自らの「親の教育権」に根拠づけられて、ないしは子どもの権利の代位者・擁護者たる資格において、学校教育における権利・責任主体として位置している、ということも併せてここで確認しておきたいと思う〈「束ねられた権利」〈gebündelte Rechte〉として学校・教育行政機関に向けられた生徒の人権と親の教育権〉(3)。生徒の人権と親の教育権は、学校（教育行政機関）の教育権能と緊張・相互規制関係に立ち、学校において生徒と親の法的地位を保障することとなるのである(4)。

ちなみに、子どもの権利条約の国内発効を直接の契機としてではあるが、教育法制・教育行政学界においても近年に至って漸く、「これまでの学校では、児童は校門をくぐる際に、権利・義務といった俗世間的な衣を脱ぎ捨てて裸で入（る）……というイメージが強かった。しかし、これからの学校では、児童は権利・義務といった衣をつけたままで校門をくぐる。しかもこの衣には親権という太いひもが付いている。……これからの学校では、教師と児童あるいは学校と家庭の間に権利─義務関係を基盤とした新しい教育関係の構築を図らなければならない」(5)との認識が見え始めた。高く評価されて然るべきだと考える。

なお、上述の「学校における生徒の人権主体性」は、欧米の学校法制（論）にあっては、今日ではすでに自明視されており、たとえば、ティンカー事件に関するアメリカ連邦最高裁判所判決（1969年）は、こう判じている(6)。

「学校という環境の特殊性に照らしても、修正第1条の諸権利は教員ならびに生徒に妥当する。生徒も教員も、言論ないし表現の自由という彼等の憲法上の権利を校門の所で脱ぎ捨てはしないということは、殆ど議論の余地はない」。

「禁止された行為が、学校活動に求められる適切な規律の確保要請を実質的かつ相当に（materially and substantially）妨げることが証明されない限り、かかる禁止は認められない」。

「われわれのシステムにおいては、公立学校は絶対主義の飛び地であってはな

らない。学校職員は生徒に対して絶対的な権力を有するものではない。生徒は学校においても、学校外におけると同じく、わが憲法の保障の下にある人間（persons under our constitution）なのである。彼等は州が尊重しなければならない基本的な権利を享有している。それはあたかも、生徒が州に対する義務を遵守しなければならないのと同様である」。

「われわれのシステムにおいては、生徒は単に州が選択した事柄だけを伝達される、閉ざされた施設の受動的客体（closed-circut recipients）と見なされてはならない。……生徒の言論を規制することが、憲法上確たる根拠をもつものとして、特に立証されない限り、生徒は自己の見解を表現する自由をもつ」。

またドイツのもっとも権威ある学校法学書にも、つぎのような記述が見えている(7)。

「法律関係としての学校関係から、生徒は学校の客体ではないということが導かれる。"学校は生徒のために存在している（Die Schule ist um des Schülers willen da)"(8)。たとえ彼等がなお未熟で（法的に）無能力者であり、洞察力に欠け、我儘であるにしてもである。生徒はその人間の尊厳において（基本法1条1項）、また基本的人権の主体として尊重されなければならない。……なかでも生徒の人格の自由な発達権（基本法2条1項）が特に重要な意味をもつ」(9)。

第2節　学校における生徒の権利の種類・内容

このように、今日、生徒は学校内においても基本的人権を原則的に享有しているのであるが、それでは、生徒は学校において、あるいは学校教育とかかわって、具体的にどのような権利や自由を有しているのか。憲法や子どもの権利条約など現行法制上明記されている具体的権利や法的権利にくわえて、比較教育法制史上に、また学校関係における生徒の権利保障の条理解釈上に裏づけがあると見られるものを含めると、主要には、以下のような各種の権利が「学校における生徒の権利」として予定されていると言えよう。

(1)生徒の基礎的権利・包括的権利

①個人として尊重される権利　②教育をうける権利（学習権・人格の自由な発達権）　③教育上平等な取扱いをうける権利　④幸福追求権　⑤人格権　⑥プライバシーの権利・自己に関する情報をコントロールする権利　⑦人格的自律権ないし自

己決定権　⑧知る権利・教育（行政）情報の開示請求権　⑨適正な手続的処遇を
うける権利（告知および聴聞の機会を得る権利）。

(2)生徒の消極的な権利

〈A〉生徒の自由権的基本権

　①思想・良心の自由　②宗教（信教）の自由　③集会・結社の自由〈生徒集会の
自由・生徒会（団体）結成の自由〉　④表現の自由　⑤言論・出版の自由〈生徒会新
聞の編集・発行の自由〉

〈B〉生徒の教育上の選択権および評価権

　①学校選択権　②教員選択権〈いわゆる問題教員を拒否する権利〉　③学校
や教員を「評価」する権利　④学校教育内容の選択権　⑤学校教育内容の一部
拒否権

(3)生徒の積極的な権利

　①教育の機会均等に関する請求権　②中立な学校教育を要求する権利〈インド
クトリネーションの禁止・イデオロギー的に寛容な学校を求める権利〉　③障害児の
特別の養護をうける権利　④障害児学校（学級）への指定についてアピールする権
利　⑤生命・身体の安全・健康を求める権利〈安全な教育をうける権利〉　⑥休息す
る権利・余暇をもつ権利・遊ぶ権利　⑦文化的生活および芸術に自由に参加する権
利　⑧学校（教員）や教育行政機関に対する教育（行政）上の措置要求権および
取消・変更要求権　⑨学校教育内容に関する要求権　⑩教育の条件整備要求権
⑪教職員人事・校務分掌に関する要望権　⑫教育上の助言や援助をうける権利
⑬学校の教育過誤責任（Educational Malpractice）を追及する権利　⑭学校や
教育行政機関の措置・決定に対する不服申立て権およびこれについて裁判上の救
済をうける権利　⑮不法行為に対する損害賠償請求権

(4)生徒の能動的な権利

　①学校教育運営への参加権・協同的形成権　②教育行政機関に対する請願権
③生徒会（団体）への参加権

第3節　学校における生徒の政治的基本権

　現行法制上、生徒が学校において、あるいは学校教育と係わって有していると見られる権利や自由は上記の通りであるが、これらの諸権利や自由のうち、本書のテーマである「高校生の政治活動」と係わっては、教育をうける権利（学習権・人格の自由な発達権）、幸福追求権、知る権利、教育上の平等権、人格的自律権などの基礎的権利・包括的権利や思想・良心の自由を前提としたうえで、なかでも下記の基本的人権が重要である。表現の自由（憲法21条1項）、集会の自由（同前）、デモンストレーションの自由（同前）、結社の自由（同前）、言論の自由（同前）、出版の自由（同前）および請願権（憲法16条）がそれである。これらの基本的人権は、生徒の政治活動に引きつけて捉えると、「生徒の政治的基本権」（politisches Grundrecht des Schülers）と称することができよう(10)。

　ちなみに、今日、ドイツにおいては、学説・判例上、生徒が学校においても各種の基本権や基本的自由を享有していることは自明視されているのであるが、1960年代末以降の学生・生徒による「大学・学校の民主化」要求運動の中にあって、生徒の意見表明の自由、学校内でビラを配布する自由、デモンストレーションの自由、生徒新聞を編集・発行する自由、生徒団体を結成する自由、生徒集会を開催する自由などの諸自由は、これを概念上「生徒の政治的基本権」として一括し、これらの基本権の内容と限界を、学校の役割や学校教育の目的との関係で、具体的に究明するというアプローチが採られているところである(11)。

　たとえば、生徒の意見表明の自由について言えば、基本法5条1項が保障する「自由な意見表明の基本権」（Grundrecht der freien Meinungsäußerung）を生徒が学校においても享有している、ということについて学説・判例上に異論はなく、それどころか現行学校法制も、ヘッセン州やノルトライン・ウエストファーレン州など7州の学校法が「生徒の意見表明の自由」を明記している。ちなみに、ヘッセン州学校法（1992年）によれば「生徒は学校において自己の見解を言語、文書、図画によって自由に表明し、流布する権利を有する」（126条1項）とされている。

　そして生徒のこの権利は「自由と民主主義への教育」、「自律への教育」、「成熟した責任ある市民への教育」、「寛容への教育」といった学校の役割や学校教育の目

的から必然的に要請されるものであり、したがって、学校は生徒のこの権利を奨励しなければならないとの立場に立っている。そして、このことを基本的な前提としたうえで、学校の教育責務遂行の確保や他の生徒の権利保護などとの関係で、たとえば、授業のボイコットを呼びかけるビラの配布は、校内においてはもとより、校外であっても許されないなど、生徒の意見表明の自由の内容やその限界を各個のケースに即して具体的に明らかにするという手法を採っているところである（参照:第Ⅱ部4章2節）。

∽ 第4節　学校における生徒の基本的義務 ∾

1　教育主権にもとづく憲法上の制度としての公教育制度

　欧米における公教育制度の成立史を紐解けば知られるように、公教育制度は、第一義的には、子どもの教育をうける権利の保障を規範原理としている。

　しかし、公教育制度は単に子どもの教育をうける権利だけに対応して制度化されているわけではない。また、いわれているように公教育制度には確かに「親義務の委託ないしは共同化」(12)というアスペクトがあるが、しかしそれだけで成立しているわけでもない。

　この制度は、教育主権＝「主権者たる国民が総体として有している公教育についての権能」に基づく憲法上の社会制度なのであり(13)、子どもや親の権利・義務といった個人権的ファクターにくわえて、国家的・社会的要請にも根ざしている、ということに留意を要する。敷衍していえば、公教育制度には国民国家・自由で民主的な社会的法治国家・産業国家の維持・発展や社会的な統合を旨としての「子どもの社会化」＝子どもを社会の基本的な価値秩序や規範体系に組み入れるという社会公共的な役割・機能も合わせて求められているということである〈教育主権による社会化の対象としての子ども〉。まさに「公」教育なのであり、だからこそ親以外の国民の負担にもかかる公費によって維持され、さらには学校教育の目的や基本的内容は、教育主権作用の一環として、つまりは主権者たる国民総体の教育意思によって決定されるべきこととなるのである。

　この点、経済法的観点からは、「子どもの社会化を制度化することは、公の事柄である。教育は、その配分が市場経済の法則に従うのではなく、公法によって規定されるべき公共財である」(14)と捉えられているゆえんである。

学校に引きつけていえば、学校は教育主権上の決定として、憲法が謳う理念や価値原理を踏まえ、教育基本法1条が措定する「人間型」に向けて、たとえば、高等学校にあっては、学校教育法51条が定める「高等学校教育の目標」に則って生徒を教育するように義務づけられている、ということである。

　かくして、「教育主権による社会化の対象としての生徒」という学校における生徒の法的地位に起因して、生徒について、下記のような教育主権上の義務が発生することとなる。

2　生徒の「学校の教育目的に沿った行動義務」

　上述したとおり、学校は教育主権上、教育基本法や学校教育法が設定している教育目的・課題を達成する責務を賦課されているのであるが、このことは、生徒は「教育主権による社会化の対象」として、学校がその教育責務を遂行できるように行動する義務を負っていることを意味する。

　学校は所定の目的を達成し、その任務を遂行するために、生徒に対して教育上一定範囲および程度の規律権を有している、と言い換えてもよい。実際、外国の学校法制には、この理を実定法上明記している規定例も見られている。たとえば、ドイツ・バイエルン州教育制度法（2000年）は以下のように書いている。

　「すべて生徒は学校の任務が遂行され、教育目的が達成されるように行動しなければならない。とくに生徒は授業に規則的に出席する義務を負う。…生徒は学校運営や学校の規律を乱すいかなることもしてはならない」（56条4項）。

　そしてここにいわゆる「学校の教育目的に沿って行動する義務」という生徒としての一般的義務から、主要には、以下のような具体的義務が派生することになると見られる。

　授業や学校行事への出席義務と学習義務、教育目的の実現・学校の秩序維持を旨とした学校の指示に従う義務、学校生活における規律保持・校則を遵守する義務、教育活動に対する妨害や他の生徒の権利を侵害するような行為をしない義務、健康診断をうける義務、学校の施設・設備を丁重に扱う義務、などがそれである(15)。

　ちなみに、この点について、ドイツの権威ある学校法学書にも次のような記述が見えている(16)。

　「生徒は学校がその任務を達成できるように行動しなければならない。生徒に対し

て授業への参加と学校の規律維持を義務づけることは、基本法によって保障された生徒の発達の自由（Entfaltungsfreiheit・基本法2条1項）を侵害するものではない。生徒が享有するこの自由は決して勝手気儘な行動の自由ではない。この自由は他者の権利、とりわけ他の生徒や教員の権利を侵害せず、また憲法秩序に抵触しない限りにおいて保障されるものである。学校の教育責務に関する法規定もまた、この憲法秩序に属する」。

　なお敷衍して書くと、学校における生徒の基本的人権保障とそれに対する規制根拠としての学校の役割・学校の教育目的との関係について、ドイツの有力な学校法学説が次のように述べていることは(17)、わが現行学校法制の解釈にとっても大いに参考になる。

　「生徒の意見表明の自由、プレスの自由、集会の自由などの基本権は、学校関係の内部においても妥当する。しかしここにいう学校関係は憲法上の固有の権能（教育主権・筆者）にもとづくものであるから、生徒のこれらの基本権は学校関係によっても制約を受ける。

　しかし教育行政機関や学校は、たとえば、校内における生徒新聞の編集・発行や生徒のデモンストレーションを禁止する場合に、単に学校の教育目的に依拠することはできない。生徒の基本権を制限するためには、第1に法律上の根拠が必要であり、第2に生徒の基本権と教育上の要請との衡量に際して、具体的な正当化事由が必要である。一般的かつ抽象的に学校の教育目的に依拠しての生徒の基本権制限は認められない」。

（注）

(1) 朝日新聞、1997年5月3日付け

(2) 戸波江二『憲法（新版）』ぎょうせい、1998年、160頁。

(3) H.Avenarius/H.P.Füssel,Schulrecht, 8Aufl. 2010, S.331.

(4) E.Stein / M.Roell, Handbuch des Schulrechts, 1992, S.54.

(5) 日本教育行政学会第30回大会の課題研究「児童の権利に関する条約と学校教育・教育行政の有りよう」における下村哲夫氏の提案:同学会年報22号、教育開発研究所、1996年、166-167頁。

(6) E.C.Bolmeier, Landmark Supreme Court Decisions on Public School Issues, 1973, pp.163-165。

(7) H.Avenarius/H.P.Füssel, a.a.O., S.329. 同旨:Ekkehart Stein, Das Recht des Kindes auf Selbstentfaltung in der Schule, 1967, S.37ff.

(8) F.Hennecke, Staat und Unterricht, 1972, S.125.

(9) 同旨:F.R.Jach, Schulvielfalt als Verfassungsgebot, 1991, S.59-S.61.

(10) J.Berkemann, Die politischen Rechte des Schülers, In:K.Nevermann/I.Richter(Hrsg.), Rechte der Lehrer, Rechte der Schüler, Rechte der Eltern, 1977, S.110. ders. Die politischen Rechte des Schülers, In:RWS(1974), S.11.

Deutscher Juristentag, Schule im Rechtsstaat, Bd1, Entwurf für ein Landesschulgesetz, 1981, S.258ff. S.262.

M.Sachs, Grundgesetz-Kommentar, 2007, S.1185.

ちなみに、ベルケマンは上記前者の論文において、生徒の政治的基本権（Die politischen Grundrechte des Schülers）として、意見表明の自由、プレスの自由、デモンストレーションの自由、結社の自由、請願権および基本法にもとづく生徒の学校参加を挙げ、それぞれについて論及している（a.a.O.S.110-S.122.）。

(11) J.Berkemann, a.a.O., In:RWS(1974), S.8ff.

Deutscher Juristentag, ditto.

D.Margies/H.Gampe/U.Gelsing/G.Rieger, Allgemeine Schulordnung für Nordrhein-Westfalen, 2001, S.349.

E.Stein/R.Monika, Handbuch des Schulrechts, 1992, S.259.

K.Nevermann, Reform der Schulverfassung, In:RdJB(1975), S.212.

(12) 堀尾輝久『現代教育の思想と構造』岩波書店、1971年、201頁。

(13) この点について、詳しくは参照:拙著『日本国憲法と義務教育』青山社、2012年、21頁以下。

(14) M.Baethge/K.Nevermann〈Hrsg.〉, Organisation, Recht und Ökonomie des Bildungswesens 1984, S.228.

(15) 参照:D.Margies u.a., Allgemeine Schulordnung für Nordrhein-Westfalen, 2001, S.29.

(16) H.Avenarius/H.P.Füssel,a.a.O., S.464-465.

(17) K.Nevermann/I.Richter(Hrsg.), Rechte der Lehrer,Rechte der Schüler, Rechte der Eltern, 1977, S.23. なお I.リヒターもこう述べている。「生徒の基本権は単に学校の目的に言及することで制限されてはならない。この基本権を制限するためには法律上の根拠と憲法上の正当化事由が必要である」(I.Richter, Art.7, In:R.Wassermann(Hrsg.), Kommentar zum Grundgesetz für die Bundesrepublik Deutschland Bd1, 1989, S.698).

第5章
「私学の自由」と生徒の政治的表現の自由

第1節　私学における生徒の人権保障

　西欧諸国の憲法とは異なり、日本国憲法には「私学の自由」（ないし「教育の自由」）を直接明文で謳った条項は見当たらない。しかし最高裁「学テ判決」（昭和51年5月21日）にもあるように、わが国においても、「私学の自由」はいわゆる「憲法的自由」として憲法による保障をうけていると解される〈憲法上の基本権としての「私学の自由」〉。それでは、このような「自由」を享有する私学において、生徒はその基本的人権をいかに確保し主張しうるか。

　これについて、一方には、たとえば、私立学校が生徒の信条を理由として教育上の差別待遇をしても、それは「私学の自治権」に属する教育問題であり、平等待遇や基本的人権の問題ではないとする有力な見解がある⑴。信条による教育上の差別待遇の禁止規定（教育基本法4条1項）は私立学校には適用されないというのである。こうした説に立てば、そもそも「私学の自由」を享有しいわゆる「私的自治」ないし「契約の自由」の原則が支配する私立学校においては、原則として、生徒の基本的人権は語りえないということになるのであろう。生徒の人権論の不在である。

　たしかに、私立学校が創学の精神や校風に基づいて教育を行い、独自の学内規律を設定することは、「私学の自由」として憲法上厚く保護されている法益であることは否みえない。しかし、それは、果たしてそこにおける生徒の人権を強く排除するほどに絶対的な保障をうけているものなのか。私学といえども「憲法からの自由」を享有している筈はなく、また現行教育法制が私学関係をなおも全面的に「私的自治」ないし「契約の自由」に委ねているとも解し難い。現行法制上、私立学校が「公的」教育機関として位置づけられていることが（教育基本法6条1項・8条、私立学校法1条）、決定的に重要である〈公教育機関としての私学〉。

　また他方においては、私立学校においても生徒の基本的人権の妥当性が否定される理由はなく、「教育目的の達成という根本目的を同じくしている公立学校と私立学校とで人権の適用に差異があってはならない」⑵とする立場がある。

70

第Ⅰ部　高校生の法的地位と政治的権利

しかし、こうした論旨を徹底させると、「私学の自由」を過小評価することにより、私学の存在意義そのものを否定することになりはしないか。生徒の教育をうける権利（憲法26条1項）には、宗教教育がその最たる例であるが、国公立学校では代替不可能なユニークな「私学教育をうける権利」も当然に含まれている筈である。それに、既述したように、「私学の自由」もまた憲法上の基本権に属しているということも決して無視されてはなるまい。

以上から知られるように、この問題は、要するに、「私学の自由」と生徒の基本的人権という二つの基本権が衝突した場合〈基本権の衝突ないし競合・Grundrechtskollision und Grundrechtskonkurrenz〉[3]、両者の共存を基本的前提として（現行教育法制もかかる立場を採っていると解される）、いかなる解釈原理に依拠して、どのように価値衡量するかということに帰着する。そして、それは、結局のところ、具体的な私立学校関係の法的性質・内容や生徒の人権に対する「制約の内容ないし程度を総合的に見て、そこでの表見的な人権侵害行為に合理的な理由があるかどうかを判断した上で決するより仕方がない」[4]のである。

この場合、一般的にいえば、「私学の自由」は生徒の基本的人権に原則的に優位することになると言えよう。昭和女子大学事件に関する最高裁判決（1974年）も述べているように[5]、私立学校は「建学の精神に基づく独自の伝統ないし校風と教育方針とによって社会的存在意義が認められ、学生（生徒）もそのような伝統ないし校風と教育方針のもとで教育を受けることを希望して当該大学（私学）に入学するもの」〈（　）内・筆者〉と一般的には推認されるからである。問題は、私立学校は「私学の自由」を根拠として、生徒の基本的人権をいかなる範囲において、どの程度まで制約できるかということにある。以下、これに関する主要な論点について考察を試みよう。

第2節　憲法の人権条項と私学

1　人権保障規定の第三者効力

そもそも憲法の人権保障規定は私立学校にも適用されうるのか。これは、憲法が保障する基本的人権は国家との間の「高権的関係」（hoheitliches Verhältnis）だけに限定されるのか、それとも私人相互の関係を規律する効力（いわゆる第三者効力・Drittwirkung）をも有するかという問題である。

この問題は、ドイツにおいてはワイマール時代以来、基本的人権の第三者効力の問題として、またアメリカにおいては「私的統治」(private government)の理論として、学説・判例上に活発な論議をよんできており、わが国でも近年憲法学における重要な論点の一つとされている(6)。

　これについて、わが国の学説・判例上には、大別してつぎのような三様の見解が見られている(7)。

　第1は、無効力説。これは、憲法の人権保障規定はもっぱら国家(公権力)と国民との間の関係のみに関するものであって、私人相互間には適用されないとするものである。この説によれば、憲法が明記している場合は別として、私人間における基本権侵害の問題は、法律によって解決されるべきだ、とされることになる。この説は、憲法はほんらい国家の組織と権力行使の法的基礎を定めたものであるという伝統的憲法観に立脚している。最高裁判所がこれに近い見解を採っており、たとえば、三菱樹脂事件判決(1973年)において、こう判じている(8)。

　「(憲法19条の思想・良心の自由条項は)、その他の自由権的基本権の保障規定と同じく、国または公共団体の統治行動に対して個人の基本的な自由と平等を保障する目的に出たもので、もっぱら国または地方公共団体と個人との関係を規律するものであり、私人相互の関係を直接規律することを予定するものではない」。

　学校法域では、修徳高校パーマ禁止校則事件に関する東京高裁判決(1996年)が、上記最高裁判決を引いたうえで、「私立学校である修徳高校の校則が憲法に反するかどうかを論ずる余地はない」と論断している(9)。

　第2は、直接効力説。これは、「憲法は、国の最高法規であって、公法の領域であると私法の領域であるとを問わず国の法全般にわたって適用されるべきものであるから、私人による基本権の侵害に対しても、これを私人による憲法違反として裁判等でこれを主張することができる」とするものである(10)。この説の根底には、現代憲法は国民の全生活にわたる客観的価値秩序であり、それは社会生活のあらゆる領域において全面的に実現されるべきだという新しい憲法観が横たわっている。この理論は下級審判決ではかなり採用されている。

　第3は、間接効力説(公序説)。この説によれば、基本的人権はほんらい国家権力に対する市民の防禦権(Abwehrrecht・対国家的公権)であり、したがって、その保障は私人間には直接には妥当しない。しかし、私人間の人権侵害行為に合理的な

72

第Ⅰ部　高校生の法的地位と政治的権利

理由がない場合には、憲法の人権規定を承けた民法90条の公序良俗規定に違反し無効となる、とされる。この説は私的自治・契約の自由という私法上の基本原理を維持しつつ、私法の一般条項や不確定法概念を基本的人権の価値内容で「意味充填」(Sinnerfüllung)することによって、基本的人権を保障した憲法の精神を私法関係に照射せしめようとするものである。通説はこの立場に立つ(11)。なお、人権の価値と一般条項との結合の仕方いかんにより、この説はさらに「積極的」間接効力説と「消極的」間接効力説とに分かれている。

2　人権保障規定の私学への適用

それでは、これらの諸説のうちのいずれが妥当であろうか。憲法学上の一般論はさて措き、ここでのテーマに即しての現行教育法制下における解釈論としては、「積極的」間接効力説が原則的に妥当であると考える。それは、以下の理由による。

①私立学校の教育関係について直接効力説を採りえない最大の理由は、それは「私学の自由」(私的自治)を破壊し、私学の社会的存在意義を根底から否認する結果を招来するのではないかという点にある。すでに確認されたように、私学の存在およびその自由は現行憲法体制によって強く擁護されているのである。とすれば、国家権力による規制ならば当然に違憲であるような人権に対する制約でも、そこにおいては「私学の自由」に根拠づけられて容認される場合もありうるといわなければならない。くわえて、そういう私学を選択する自由もまた憲法で保障された基本的人権であるということも、直接効力否定の有力な根拠となしえよう。

②かといって、「私学の自由」を不当に過大評価して、私立学校の教育関係には憲法の人権保障規定の効力はまったく及ばない(無効力説)とすることもできない。それは、私立学校の法的性質に起因する。

私人間における人権に対する制約の許容限度は、換言すれば、ある種の私的行為が人権侵害行為として憲法上の基準の適用をうけるか否かは、それが行われる団体の性格によって一様ではないと考えられる。すなわち、一般的にいえば、「私的」ないし「個人的」任意加入団体においては原則として人権はかなり大幅に制限できるが、強制加入団体や「公的」ないし「社会的」任意加入団体においては、広範囲に及ぶ強度な人権規制は肯認されえないと言わなければならない。

それでは、私立学校の場合はどうか。たしかに私学は、基本的には、私的発意と自

73

第5章　「私学の自由」と生徒の政治的表現の自由

己責任に基づいて設置・経営されているものではあるが、現行法制上、純然たる私的団体としては位置づけられていない。教育基本法や私立学校法は私立学校にも「公の性質」（教育基本法6条1項・8条）や「公共性」（私立学校法1条）を強く要求しており、これに対応してその教育・経営管理事項にかなり広範な規制を加えているのである。旧法制下におけるのと異なり、私立学校設置主体を「学校法人」とすることによって法人機構の「公共性」の昂揚をはかっていることなどがその顕著な例である。このような私立学校の「公共性」に徴すると、そこにおいては、合理的な理由を欠く人権侵害行為は憲法によって排除されると解するのが妥当であろう(12)。

　なお、以上の点に関連して、アメリカにおける「私的統治」ないし「国家行為」（state action）の理論は大いに参考になると思われる。これは、「ある種の私的行為を種々の解釈技術によって国家化し、広汎に憲法の規制に服せしめる判例理論」であるが(13)、近年、この理論を私立学校にも援用して、そこでの人種差別や退学処分への憲法の直接適用を認める判例や学説が有力となっているのである。

　すなわち、教育のもつ高度の公的性格・私立学校の果たす公的機能（public function）を第1次的な根拠とし、これに加えて、財政援助・租税免除その他国から認められた特権、国によるコントロールの範囲と程度、私学に関する制定法の有無とその内容等の事情を総合的に考慮した場合、私立学校と国との密接性はきわめて強いと判断されるから、私立学校は国のagentとみなすことができ、したがって、憲法的規律に服するというのである(14)。

　私立学校法制に差異があるとはいうものの、上記のようなアメリカの判例理論のわが国私学関係への援用の可否は検討に値しよう。

　しかし、いずれにしても、上述したところとこの判例理論とはその根本趣旨において異なるところはないと言ってよい。

　以上が、私立学校については間接効力説が妥当だとされる主要な理由であるが、それを更に「積極的」間接効力説たらしめる根拠として、つぎの2点を挙げることができる。

　一つは、憲法が標榜する社会国家理念からくる要請である。生徒の「教育をうける権利」はこの理念の具体的顕現の一つであり、したがって、「私学の自由」と「生徒の基本的人権」との価値衡量にあたっては、この理念が後者を強く支援することになる。

　二つは、教育機関の特質に基づく要請である。教育機関としての私立学校におい

ては、その本質上、生徒に対しても基本的自由・人権が可能なかぎり保障されなければならない〈民主的自由への教育・自律への教育・人権への教育〉。

こうして、私立学校においても、その性質および目的に合理的な関連性のない生徒の人権規制は、憲法の人権規定によって意味内容を充填された民法（90条）ないし教育法上の公序良俗規定（ことに教育基本法4条1項の「教育上の差別禁止」）を媒介として排除されることになる。しかも、この場合、人権の価値を公序良俗規定に積極的に導入することが求められているのである。

なお以上と係わって付言すると、わが国が1994年に批准した子どもの権利条約は、批准・公布により、そのまま国法を形成して国内法関係にも適用をみている。そこで私学教育法関係において、権利条約が保障している各種の実体的権利・手続的権利と、憲法上の基本権である「私学の自由」との効力関係如何という問題が生じるが、ここでは憲法と条約との効力関係について、憲法学の通説および判例は憲法優位説に立っている(15)、ということだけを確認するに止めたい。

3 生徒の基本的人権の種類との関係

上述のように、私学への人権規定適用の可否に関しては、積極的間接効力説が妥当なのであるが、ただそれはあくまで一般的な原則を確認しているにすぎない。私学における生徒の人権規制の可否・その強度については、規制の対象とされている基本的人権の内容・性質・機能に即した個別的な検討がさらに求められることになる。

そしてその場合には、規制された生徒の人権が憲法が直接適用を前提としている権利〈児童虐待の禁止・奴隷的拘束からの自由等〉かどうか、生徒の人格的自律にとって重要な人権〈思想・良心・信教・表現の自由等〉かどうか、などが特に考慮されなければならないであろう(16)。

このうち、後者について敷衍すると、まず「思想・良心の自由」（憲法19条）と「信教の自由」（20条1項）については憲法の直接的効力が認められると解される。思想・良心・信教の自由は純粋に個人の内心に関する本源的な基本権であって、他の精神的自由権に比して著しく強度の不可侵性を保障（絶対的な保障）されているからである。それに、そもそもこれらの基本権については、本質上、基本権相互の衝突は生じえないと言えよう。

したがって、たとえば、先に引いた昭和女子大学事件におけるように、その学校の教育方針とはなじまないという理由で学生に「思想自体の改変」を要求することは憲法上とうてい許されないというべきである(17)。この点について、同事件に関する第1審判決は間接効力説の立場で、学生の思想に対する大学側の寛容は法的義務であると説示したが、この判旨は憲法の精神を法律に強く反映させようとしており、結果的には直接効力説とさほど異なるところはない。

また「表現の自由」(憲法21条1項)についても同じく憲法の直接的効力が認められると解される。表現の自由は個人の人格の形成・発達にとって、つまりは学校においては格別に重要な生徒の基本的人権の一つであり、また生徒が将来、自ら政治に参加するために不可欠の前提をなす基礎的権利だからである。憲法学の支配的見解によれば、表現の自由は人権体系の中でも「優越的地位」を占め、したがって、この自由を制限する法令等の合憲性は、厳格な基準によって判定されなければならない、とされている所以である(18)。

こうして、私立学校においても、生徒は「政治的表現の自由」、つまりは政治的基本権を原則として享有しており、「私学の自由」に依拠しての生徒のこの権利に対する規制は、厳格に必要やむを得ない場合に限られることになると言えよう。たとえば、宗教的私学においてマルクス主義的色彩を濃厚に帯びた政治活動を行なうような場合など、当該私学の存在意義や建学の理念に基づく傾向性と本質的に相容れないような政治活動、学校の教育秩序を相当程度に乱し、学校としての教育責務の遂行に深刻なダメージを与えるような政治活動などに対する規制が、その例として挙げられよう。

他方、上記以外の生徒の基本的人権は「私学の自由」によってその効力は相対化され、憲法上の内容がそのまま私学関係に適用されることはないと言えよう。これらの基本権が「私学の自由」との関連でどの程度の相対化をみるかは、私学入学契約の設定目的や在学関係の法的性質に照らしながら、ケース・バイ・ケースのプラグマティックな評価によって個別具体的に決するほかない。これについての一般的基準を定立することは不可能である。

敢えていえば、入学に際しての合意の有無は決定的基準たりえないこと、「私学の自由」の本質的内容を侵害する具体的危険の存在が必要であり、抽象的危険をもってはたらないこと、等を挙げることができよう。

なお、上述したところと係わって、私立駒場東邦高校生退学処分事件（1972年）における下記のような原告側主張は、基本的には支持されてよい。

「憲法19条はあらゆる思想をもつことの自由を保障し、また21条はその表現方法として集会、デモに参加する自由、ビラなどを配布する自由を保障している。さらに憲法14条は特定の思想、信条により個人を差別してはならない旨を定めている。このような基本的人権は単に成人のみを対象としたものではなく、未成年者といえども保障されるべきことはいうまでもなく、またこれらの規定は公の秩序として私人間にも適用されるべきは当然である」。「高校生も卒業すれば多くの者がただちに社会に出て働くことになるし、成年にも近いのであるから、高校時代にこそ将来真に社会の担い手となるよう政治教育をしっかり行うことが必要であり、そのためには、むしろ校外の政治的集会やデモへの参加を認め、そこでの行動から政治社会の具体的問題を体得できるようにすることが必要である」（『判例時報』683号39頁）。

第3節　私学在学関係の法的性質

生徒が私立学校に入学し在学する関係は、生徒・親と学校法人との契約に基づいている。この契約の内容は各私学の学則等によって一様ではないが、私立学校は生徒に所定の教育サービスを提供し、生徒・親はその対価として授業料その他を納付する義務を負うことをその基本的な内容としている（教育契約〈Unterrichtsvertrag〉ないし学校契約〈Shulvertrag〉）(19)。

ただ、このように私学在学関係の基本が契約関係として把握されるとしても、問題は、それがどういう性質の契約関係であるかということである。その性質の理解いかんによって、私学と生徒との間の法関係にかなりの差異が生じることになるからである。

これについて、私学在学関係を純然たる私法上の契約関係と解する説がある。たとえば、近畿大学学生除籍処分事件に関する大阪地裁判決（1965年）はこう述べる(20)。

「学生が私立大学に入学を許可されたことによって大学と学生の間に生ずる法律関係は私法上の在学関係と解せられるところ、学生は入学に際し、学生たる権利義務を有する地位の喪失ないし復活に関し、大学所定の規則に従うことを承認したものとみるのが相当である」。

このような見解に立てば、私学在学関係の設定・形成には民法がストレートに全面適用され、そこにおいては「私的自治」ないし「契約の自由」の原則が大幅かつ強度に働くことになるのであろう。この結果、生徒（親）の立場がかなり不利になることはいうまでもない。

たとえば、授業料を滞納すれば（債務不履行）、学校側は直ちに民法541条の法定契約解除権を行使して当該生徒を除籍できる、などがその一例である。

しかし、このように私学在学関係を単なる私法上の契約関係とみるのは誤りであろう。先にも触れたように、現行教育法制は「私学の公共性」に基づいて私立学校にも広範な公教育法的規律を加えており、そこにおける法律関係の形成をトータルに契約の自由に委ねているわけではない。それに現代法においては公法と私法の区別そのものがすでに相対化しており、こうした動向のなかで「教育法」は「教育と教育制度に特有な法論理」を有する「特殊法」として、伝統的な公法にも私法にも属さない独自の領域をなしていると見られるのである(21)。したがって、私学在学関係には民法が一般法として妥当することは勿論であるが、事柄の性質によっては、教育法制論による民法の適用除外や修正適用もありうると解されよう。

だとすれば、私学在学関係をあえて公法・私法の伝統的二元論に範疇づける必要はなく、それは教育主権＝公教育法による規律を多分にうけた、委任・請負類似の「特殊契約としての教育契約関係」として把握するのが妥当だと考える(22)。

この点、私学法が相対的に独自の法域を形成しているドイツにおいても、私学在学関係（Privatschulverhältnis）は「その効力が公法上の条件に規律されている、私法上の契約関係である」(23)と捉えられているのが参考になる。

このように、私学在学関係は公教育法的規律下の特殊契約関係として捉えられるのであるが、その具体的法内容の確定はなおも原則的には「契約の自由の原則」の下におかれていると解される。

この「契約の自由の原則」は「各人が自己の意思に基づいて自由に契約を締結して私法関係を規律することができるとする原則」であって、一般にその内容として次のような自由を含んでいるとされる。契約を締結すると否との自由、相手方選択の自由、契約内容の自由および契約方式の自由である(24)。ただこの原則は、現実には、私立学校の優位を法的に確保する機能を果たすことになり、くわえて、学校教育の本質に起因して、学校側に生徒に対する一定程度の包括的権能が認められるから、

私学在学契約は附合契約的色彩を濃厚に帯びることになる。「私学の自由」がこれをさらに補強し、こうして私立学校は生徒（親）との関係においてかなり優位な地位に立ち、たとえば、既述したように、独自の学内・生徒規律を設定できることになる〈独自の教育的校風を形成する自由〉。

第4節　私学における生徒懲戒と教育的裁量

　現行法制上、学校懲戒処分は「教育上必要があると認めるとき」（学校教育法11条）に、しかも「教育上必要な配慮」（同法施行規則26条1項）をしてなされうる「教育的懲戒」と本質規定されている。

　この教育的懲戒は教育の自律性と専門技術性に由来して、「学内の事情に通暁し直接教育の衝にあたるものの合理的な裁量に任すのでなければ、適切な結果を期しがたい」（昭和女子大学事件に関する最高裁判決・前出）から、原則として、それは懲戒権者たる校長の教育的裁量事項に属していることは否みえない。具体的には、懲戒処分を発動するかどうか、懲戒処分のうちいずれを選択するかどうかについてである。とりわけ、私学においては、このような教育の特質にくわえて「私学の自由」が保障されているところから、この教育的裁量権は国・公立学校の場合に比して原則的にはより広範に認容されていると言えよう。

　とはいっても、この場合、懲戒処分は在学契約上の法律行為として生徒に対する権利侵害性（私学において学習する自由・教育をうける権利の侵害）を伴うものであるから、たとえ私立学校であってもそれが懲戒権者の全面的な自由裁量事項に属していると見るわけにはいかない。「私学の公共性」とかかわって、私学の在学関係に対しても「拡張された法治主義」[25]が適用されると解すべきだからである。そうだとすれば、生徒懲戒に際しての裁量権の性質・範囲・限界は、換言すれば、それがいかなる範囲でどの程度にまで司法審査に服するかは、一方における「教育的懲戒性」と他方における「権利侵害性」とを個々の処分内容に即して具体的に比較考量しながら見定めていかなければならないと言えよう。

　このような観点からすると、たとえば、昭和女子大学事件に関する控訴審判決（東京高裁昭和42年4月10日）におけるように、退学処分についてまで懲戒権者に大幅な自由裁量領域を認めることは甚だ疑問だと言わなければならない。学校教育法施行

規則26条3項は退学事由を具体的に4項目だけに限定しており、したがって、各種懲戒処分のうちから退学処分を選択することは懲戒権者の自由裁量に委ねられているわけではなく、法の羈束をうけているのである。この点に関しては国・公・私立学校間に差異は存しないから、私立学校においてもそれはいわゆる「法規裁量」に属していると見るのが相当なのである。このような実定法的根拠にくわえて、退学処分は生徒の「私学において学習する自由」・「教育をうける権利」の剥奪行為として著しく強度の権利侵害性を帯びていること、またそれは、学校からの排除処分であっていわゆる「教育的懲戒性」がきわめて稀薄であること等も、退学処分を法規裁量処分たらしめる有力な根拠となろう。

こうして私学においても、退学処分の要件適合性につき懲戒権者が判断を誤った場合には違法となり、それに対しては当然に司法的救済が保障されることになる。ただ、法規裁量性の度合いには差異があるから（自由裁量と法規裁量とは截然と概念的に区別できない）、退学処分の場合でも裁量権の行使に際してなおも「私学の自由」が機能する余地のあることは否定できない(26)。

なお、以上を踏まえたうえで、原則として私学の裁量に委ねられていると解される事柄であっても、①学校が事実誤認に基づいて処分をしたり、②常識的にみて著しく不合理な内容の判断をしたとき、たとえば、軽微な規律違反行為に対し不相応に過酷な懲戒処分（退学処分）をしたり〈比例原則違反〉、特定の生徒をいわれなく差別し不利益な扱いをしたり〈平等原則違反〉するのは、裁量権の限界を越え、違法となる。また、③表面上は適法に見えても、不公正な動機や教育目的以外の目的で、懲戒処分をすること〈他事考慮〉はもちろん許されることではない。たとえば、成績・素行の不良を表面上の理由としつつ、実は学校に対する批判を封じる目的で、学校の施設費や授業料を云々した生徒に対し転校を強要するがごときは(27)、裁量権の濫用であり、違法である(28)。

つぎに、懲戒処分の手続についての問題がある。具体的には、いわゆる適正手続（due process of law）の要請が私立学校における懲戒権発動の要件とされうるかということである。

これについては、学校教育法令に生徒の懲戒処分手続に関する定めがないこともあって、旧来の通説・判例は、上述のように、生徒懲戒は懲戒権者としての校長の「教育的見地にもとづく自由裁量」に属すると解してきた。こうした立場からは当然に「学

則に特別の規定があるか、あるいは慣行のある場合を除き、処分に先立ち、被処分者たる生徒の弁明をきくか否かは、処分権者たる校長の裁量にまかされていると解される」（大阪地裁・昭和49年3月29日判決）と論結される。

けれども、「私学の自由」によって補強された教育裁量権を有する私立学校においても、退学・停学などの懲戒処分や出席停止措置のような「生徒の法的地位・権利領域に強く触れる」措置・決定を行う場合には、生徒（親）に対する事前の聴聞は必須的要件をなしていると言える。つまり、こうした手続をとらずになされた処分は、学校の手続的義務が果たされていないものとして、手続的違法を帯びて無効ということになると言えよう。それは、主要には、下記のような理由による。

①今日の憲法学・行政法学の支配的見解および判例によれば、憲法31条の適正手続条項は刑事手続に関してだけではなく、行政手続にも準用ないし適用されると解されているが(29)、その趣旨はひろく「公教育機関としての私学」関係にも妥当し、かくしてこの条項は私学における懲戒手続にも準用されると解される。

②子どもの権利条約は子どもに対して意見表明権を保障し（12条1項）、くわえて、この権利を手続的に担保するために聴聞をうける権利を保障している（同条2項）。「実体法上の権利としての意見表明権」と「手続上の権利としての聴聞権」の保障である。それは生徒の「適切な手続的処遇をうける権利」と称されようが、もとよりこの条約上の権利は私学における懲戒手続にも妥当し、この面での「私学の自由」を強く覊束することになる。

∽ 第5節　宗教的私学の特殊性 ∽

以上、「私学の自由」と生徒の基本的人権にかかわる主要な論点について若干の考察をくわえたのであるが、そこにおいては宗教との関連は一応視野の外におかれていた。つまり、以上に述べたことは原則的にはあくまで「私立学校一般」についてであって、したがって、それが「宗教的私立学校」にもそのまま妥当するかどうかは更なる検討が必要とされよう。

思うに、「私学の自由」を根拠としての生徒の基本的人権に対する規制の許容限度は、宗教的私学と非宗教的私学とでは異なると解される。

すなわち、特定の強烈な宗教的スローガンを建学の精神や独自の教育方針として

いる宗教的私学においては、非宗教的私学におけるよりも、かかる規制はより広範にかつより強く容認されると言えよう。つまり、宗教的私学においては、事柄の性質によっては、上述したところにプラスして生徒の人権規制を行っても、それは必ずしも違憲・違法とはならないということである。このことは、生徒懲戒に際していわゆる教育的裁量論が働く余地についても妥当する。

　なぜなら、「宗教的私学の自由」は「信教の自由」（憲法20条1項）をその第1次的な根拠としており、したがって、それ自体、国家の非宗教性または政教分離の原則という憲法上の基本原則によって根拠づけられているからである。それはまた、具体的にも、憲法20条3項の反対解釈（私学における宗教教育・宗教活動の自由の保障）によって根拠づけられているところでもある。さらに、歴史的には「私学の自由」の基本的実質はまさに（親の宗教教育の自由に対応した）「宗教的私学の自由」に他ならなかったということも、これを支援する論拠たりえよう(30)。

　とはいっても、実際問題としては、宗教的私学と非宗教的私学とを峻別することはできないし、また前者における宗教性の度合にも濃淡が存するから、この問題は一律には処理しえない。結局のところ、当該私学がどの程度の宗教的支配に服しているかは、法人寄附行為・学則・財源的基盤・組織編制・教育課程・伝統や慣習などを総合的に検討したうえで、個々のケースに即して具体的に判断する他ないであろう。

（注）

(1) 田中耕太郎『教育基本法の理論』有斐閣、1969年、191頁。

(2) 戸波江二『憲法（新版）』ぎょうせい、1998年、163頁。

(3) この問題について詳しくは参照:A.Bleckmann, StaatsrechtII—Die Grundrechte, 4Aufl. 1997, S.473ff.

(4) 宮沢俊義『憲法II（新版）』有斐閣、1976年、249頁。

(5) 最高裁判決・昭和49年7月19日『判例時報』749号、4頁。

(6) 芦部信喜『憲法学II人権総論』有斐閣、1994年、279頁以下。なおドイツの学説状況について詳しくは参照:H.J.Papier, Drittwirkung der Grundrechte, In:D.Merten/H.J.Papier(Hrsg.), Handbuch der Grundrechte in Deutschland und Europa, 2006, S.1331ff.

(7) さしあたり参照:佐藤幸治『憲法（第三版）』青林書院、1995年、435頁以下。

(8) 「私法関係と基本的人権—三菱樹脂事件」、長谷部恭男・石川健治・宍戸常寿編『憲法判例百選I（第6版）』有斐閣、2013年、24頁以下。

(9) 東京高裁判決、平成8年7月18日、「朝日新聞」1996年7月19日付け。

(10) 初宿正典『憲法2（基本権）』成文堂、1996年、169頁。

(11) さしあたり、野中俊彦・中村睦男・高橋和之・高見勝利『憲法I（第4版）』有斐閣、2007年、243頁。

　　なおドイツにおいても、連邦憲法裁判所のいわゆる「リュート判決」〈Luth-Urteil v. 15. 1. 1958〉以来、通説・判例は間接効力説に立っているとされる（さしあたり、B.Pieroth/B.Schlink, Grundrechte-StaatsrechtII, 26Aufl. 2010, S.49.）。

(12) 参照:佐藤幸治、前出、440頁。

(13) 芦部信喜『現代人権論』有斐閣、1977年、23頁。

(14) 同前、33頁。

(15) さしあたり、浦部法穂『憲法学教室』日本評論社、2009年、365頁など。判例では、たとえば、日米安保条約に関する砂川事件最高裁判決（昭和34年12月16日『判例時報』208号、10頁）など。

(16) 参照:戸波江二、前出、161頁。

(17) 同旨:中村睦男「私学助成の合憲性」、芦部信喜還暦記念『憲法訴訟と人権の理論』有斐閣、1994年、450頁。

(18) 以上、参照:樋口陽一・佐藤幸治・中村睦男・浦部法穂『憲法II』青林書院、1997年、4頁以下。佐藤功『日本国憲法概説』学陽書房、2004年、223頁以下。芦部信喜・高橋和之補訂『憲法（第5版）』岩波書店、2011年、170頁以下。

(19) 参照:P.Gilles/H.Heinbuch/G.Counalakis, Handbuch des Unterrichtsrechts, 1988, S.145ff.

(20) 大阪地裁判決、昭和40年10月22日、兼子仁・佐藤司『判例からみた教育法』新日本法規、1977年、234頁。同旨:俵正市『改正私立学校法』法友社、2006年、37頁。

(21) 参照:兼子仁『教育法』有斐閣、1978年、7頁以下。

(22) この点について詳しくは参照:拙著『学校教育における親の権利』海鳴社、1994年、121頁以下。

(23) E.Stein/M.Roell, Handbuch des Schulrechts, 1992, S.263.

(24) 杉村敏正・天野和夫編『新法学辞典』日本評論社、1993年、253頁。

(25) 成田頼明「私立大学学生の在学関係とその退学処分の要件」、『法律のひろば』(17巻3号)、26頁。

(26) 近年、東京都においては私立中学を退学して公立中学校へ転入する生徒が増加傾向にあり(2004年度・359名)、そこで2005年3月、東京都公立学校校長会は東京私立中学高等学校協会に対し「安易な退学処分の自粛」を申し入れた〈毎日新聞・2005年3月15日付け〉。また神奈川県では「私立高、生徒処分、県立の260倍」という現実が見られている(朝日新聞・2006年9月23日付け)。果たして、これらのケースがいうところの「私学の自由」のコンテクストに位置づくものであるかどうかは、個別具体的な検討に俟つ他ない。

(27) 私立中学の転校強制事件・神戸地裁判決・平成元年5月23日『判例時報』1342号、120頁。

(28) 参照:原田尚彦『行政法要論(全訂第7版)』学陽書房、2012年、152頁。

(29) たとえば、樋口陽一・佐藤幸治・中村睦男・浦部法穂、前出書、280頁。兼子仁『行政法総論』筑摩書房、1986年、74・78頁。

(30) 詳しくは参照:拙著『憲法と私学教育―私学の自由と私学助成』協同出版、2014年、43頁以下。

第6章
高校生の政治活動と文部科学省の見解

∽ 第1節　文部科学省（文部省）見解の概要 ∽

1　1969年通知以前の見解

1−1　文部次官通牒「教職員及学生生徒ノ政治運動及選挙運動ニ関スル件」（1946年1月17日）

　すでに言及したように、明治憲法下において生徒の政治的権利を全面的に否定した治安警察法〈明治33（1900）年〉は、第2次大戦後、1945年11月21日の勅令638号によって廃止された。

　しかしその直後の1946年1月17日、文部省は「教職員及学生生徒ノ政治運動及選挙運動ニ関スル件」と題する文部次官通牒を各学校長および各地方長官宛に発出した。この通牒は、治安警察法の廃止によって教職員および学生・生徒の政治的な結社への加入の途が開かれ、また衆議院議員選挙法の改正によって、多くの学生・生徒が新たに参政権を取得するに至ったという状況下において出されたものであるが、そこには次のように記されていた[1]。

　「治安警察法廃止セラレ教職員及学生生徒ノ政治上ノ結社加入ハ差支ナキコトト相成タルモ之ニ伴フ政治運動ハ其ノ本務ヲ逸脱セザルベキハ固ヨリ各其ノ職分ニ鑑ミ公正清純タルベキコト

　特ニ学校内ニ於ケル教職員及学生生徒ノ政談演説若ハ特定政党、特定者ノ支持ヲ至推薦行為等（文書ニ依ルモノヲ含ム）ハ厳ニ之ヲ禁止スルコト

　但シ右ハ学校内ニ於ケル学生生徒等ノ政治ニ関スル自由討議ヲ禁ズルモノニ非（ズ）」。

　この通牒は学校内において生徒が政談演説をしたり、特定政党・特定者の支持行為等をすることは厳しく禁止しているが、しかし生徒が政治的な結社に加入したり、学校において政治に関して自由に討議することは可能だとしていることは、注目される。

　なおこの文部次官通牒は各学校長を直接の名宛人としているが、それは「旧制度の下では、『国ノ教育』ということで（国や文部省と地方公共団体・学校の・筆者）すべ

てが繋がり、法令を要せず指揮監督も調査や報告の聴取も自由にできていた」(2)という、戦前法制下における教育行政運用を依然として踏襲したものである。

1−2　衆議院教育基本法案委員会における高橋文部大臣の答弁

　1947年、衆議院の教育基本法案委員会において、教育基本法8条(政治教育)に関する審議において、学生・生徒の政治活動について質問をうけた高橋文部大臣は、この問題について下記のように答弁している(3)。

　「思想の自由を尊重するので、学生が特にある特殊の思想、あるいは政見を研究することは、もちろん自由であるし、又進んでこれを運動に移すことも、決してこれを禁止しないのであるが、教育の目的を達成するため、及び学園の秩序を維持するため一定の制限のあることはいうまでもない。この制限がいかなる限界を有するものであるかについては、各段階の学校によってそれぞれ差別があると考える。この点の判断は、一に学生そのものの自覚と、学校長、学校当局の判断に任せられるべきものと考える」。

　この文部大臣答弁については、つぎの点を確認しておきたいと思う。①学生・生徒の「思想の自由」や政見を「研究する自由」を尊重したうえで、それを運動に移す自由＝政治活動の自由も肯認している。②ただ学生・生徒の政治活動の自由には「教育目的を達成するため」および「学園の秩序を維持するため」に一定の制限が伴うとしている。③その制限がどの程度にまで及ぶかは、学校段階によって違いがあるが、その判断はもっぱら学生・生徒の自覚と校長(学校)に任せられるべきものとの立場を採っている。

1−3　文部次官通達「学生の政治運動について」(1948年10月8日)

　この通達において文部省は、旧教育基本法8条2項の「学校は…政治的活動をしてはならない」を根拠規定として、「学校は政治的中立性を確保しうる学園の秩序を維持しなければならないから、かかる秩序を乱すような学校内の政治的活動は許されるべきではない」とし、「いかなる限度で学校内の政治的活動を容認すべきかは、学校の性格、学生の年齢などを考慮して、それぞれの学校において決定せられるべき教育行政上の問題である」との見解を示している(4)。

　ここでは、学校の政治的中立性を定めた旧教育基本法8条2項が学校における学

生・生徒の政治活動制限の根拠規定とされていること、学校の政治的中立性を乱さないような学生・生徒の政治活動は学校内においても認容されること、そしてこの場合、どのような政治活動が学校の政治的中立性を乱すことになるのかの判断を各学校に委ねていることが重要である。

なおこの通達が出された翌年の1949年に学校教育法施行規則（文部省令）が改正され、学生・生徒の懲戒退学処分事由として「学校の秩序を乱し、その他学生又は生徒としての本分に反した者」が追加された（13条3項、現26条3項）。これにより、学生・生徒の政治活動は懲戒退学処分の対象とされることとなった。

1−4　文部次官通達「高等学校生徒に対する指導体制の確立について」 （1960年6月21日）

この通達は、日米安全保障条約の改定をめぐって熾烈な反対闘争が展開されていた1960年に出されたもので、このような時代状況を背景に、高等学校に対して「外部からの不当な勢力に乗ぜられて生徒会や生徒などが政治活動にまきこまれないよう」に、「生徒の指導体制を確立」するように求めたものである(5)。

ここでは生徒の政治活動が学校による生徒指導の対象になることが明確に示されていると言える。

1−5　初等中等教育局長通達「高等学校生徒会の連合的な組織について」 （1960年12月24日）

この通達は上記文部次官通達と同じ1960年安保の年に出されたもので、「生徒会活動は…学校生活を豊かにすることを目的として、学校の教育課程として行われるべきもの」であるから、生徒会の「全国的または地域的な連合組織などを結成したり、それに参加することは、教育上好ましくない」と述べている(6)。

1953年の京都公立高等学校生徒会連絡協議会の結成を皮切りに、1950年代、高知、東京、神奈川、福岡など11都道府県において高校生徒会連合が結成され、授業料値上げ反対運動、高校全員入学制を守る運動、勤評処分撤回運動などを積極的に展開した。また1958年には「民主教育擁護のために―勤務評定反対、教育予算増額。安保改定阻止、廃棄のために。学園民主化のために」をスローガンに掲げて、全国高校生徒会連合の結成が呼びかけられた(7)。このような状況下にあって発

出されたのが上記の通達である。

2 文部省見解「高等学校における政治的教養と政治的活動について」(1969年10月31日)

この文部省見解は、文部省筋によれば、1969年当時「大学紛争の影響を受けて一部の高校生徒の間に違法・暴力的な政治的活動や授業妨害・学校封鎖などの事例が発生したことに対処するため、高校教育での政治教育のあり方についての統一見解を示したもの」とされる(8)。わが国の学校法制史上初めて高校生の政治活動について本格的に言及したもので、その内容は、第1「高等学校教育と政治的教養」、第2「高等学校における政治的教養の教育のねらい」、第3「政治的教養の教育に関する指導上の留意事項」、第4「高等学校生徒の政治的活動」から成っている。本書のテーマの関係上、ここでは第4「高等学校生徒の政治的活動」に限り、その概要を記すと以下のようである。

まず「生徒の政治的活動が望ましくない理由」として、次のように述べている。「学校の教育活動の場で生徒が政治的活動を行うことを黙認することは、学校の政治的中立性について規定する教育基本法第8条第2項に反する…から、これを禁止しなければならない」ことは当然であるが、「とくに教育的な観点からみて生徒の政治的活動は望ましくない」として、つぎのような理由を挙げている。

①生徒は未成年者であり、民事・刑事上、成年者とは異なった扱いをされており、また選挙権などの参政権も与えられておらず、「国家・社会としては未成年者が政治的活動を行うことを期待していないし、むしろ行わないよう要請している」。

②「心身ともに発達の過程にある生徒が政治的活動を行うことは…特定の政治的な立場の影響を受けることとなり、将来広い視野に立って判断することが困難となるおそれがある」から、「生徒が特定の政治的影響を受けることのないよう保護する必要がある」。

③「生徒が政治的活動を行うことは…政治的教養の教育の目的の実現を阻害する恐れがあり、教育上望ましくない」。

④「生徒の政治的活動は、学校外の活動であっても、何らかの形で学校内に持ちこまれ…他の生徒に好ましくない影響を与える」。

⑤「現在一部の生徒が行っている政治的活動の中には、違法なもの、暴力的なも

の」があり、「このような活動に参加することは…不測の事態を招くこと」になりやすく、「生徒の心身の安全に危険があること」。

⑥「生徒が政治的活動を行うことにより、学校や家庭での学習がおろそかになるとともに、それに没頭して勉学への意欲を失ってしまうおそれがある」。

つづいて文部省見解は「生徒の政治的活動を規制することについて」言及しているのであるが、その概要は以下のようである。

①基本的人権には公共の福祉の観点から制約が認められる。生徒は未成年者として高等学校教育を受ける立場にあり、「高等学校教育の目的を達成するために必要な限りにおいて、その政治的活動は…種々の制約を受ける」。

②教科・科目の授業はもとより、「クラブ活動、生徒会活動等の教科以外の教育活動も学校の教育活動の一環であ」り、生徒が「政治的活動の手段としてこれらの場を利用することは許され」ず、「学校が禁止するのは当然である」。「学校がこれらの活動を黙認することは、教育基本法8条2項の趣旨に反する」。

③「生徒が学校内に政治的な団体や組織を結成」したり、放課後や休日に「学校の構内で政治的な文書の掲示や配布、集会の開催などの政治的活動を行なうことは、教育上望ましくない」。とくに「教育の場が政治的に中立であることが要請されていること、他の生徒に与える影響および学校施設の管理の面」から、「学校がこれを制限、禁止するのは当然である」。

④放課後や休日に「学校外で行われる生徒の政治的活動は、一般人にとっては自由である政治的活動であっても」、生徒は「心身ともに発達の過程にあって、学校の指導のもとに政治的教養の基礎をつちかっている段階」であるから、「学校が教育的な観点から望ましくないとして生徒を指導することは当然」である。とくに「違法なもの、暴力的なものを禁止」することは勿論であるが、そのような可能性のある「政治的活動についても制限、禁止することが必要である」。

そして最後に文部省見解は「学校は、平素から生徒の政治的活動が教育上望ましくないことを生徒に理解させ、政治的活動にはしることのないようじゅうぶん指導を行なわなければならない」としたうえで、具体的に次の点に留意するように求めている。

①学校は平素から生徒との意思疎通を図り、生徒がその本分に反するような行動を行わないよう全教師が協力して指導に当たること。

②生徒が授業妨害、教室・学校封鎖などの学校の秩序を破壊するような行動を行うことは、「どのような理由があっても許されないことを生徒に認識させること」。「万一不測の事態が起こった場合には、学校は毅然たる態度で生徒にのぞむ」こと。

③「生徒の政治活動に対する学校の指導方針について保護者の理解と協力を求める」こと。

④学校による指導や制限・禁止にもかかわらず、「生徒が政治的活動を行なった場合」、懲戒処分などの「適切な措置を講ずることが必要である」。違法・暴力的な行動については、「常に厳然たる態度で適正な処分を行うべきであること」。

以上が「高等学校生徒の政治的活動」に関する1969年文部省見解の概要であるが、それを端的に概括すると以下のようになろう。

高校生の政治的活動は学校内においてはもとより、学校外においても認められない。その理由は大きく二つある。一つは、教育基本法8条2項（現・14条2項）が規定する「学校の政治的中立性」に抵触するからである。学校は生徒の政治的活動を禁止する義務を負っており、これを黙認することは教育基本法8条2項に違反する。

二つは、生徒の政治的活動は「教育的な観点から」望ましくない。生徒は心身ともに発達過程にあって、政治的教養教育を受けている段階にあり、特定の政治的影響を受けないように保護する必要がある。生徒の政治的活動は生徒自身の安全に対する危険を伴う恐れがあり、学習を疎かにさせ、他の生徒にも悪影響を与える。生徒は選挙権を有しておらず、国家社会としては生徒が政治的活動をしないことを要請している。

学校による指導や制限・禁止にも拘わらず、生徒が学校の内外を問わず政治的活動をした場合には、学校は懲戒処分をもって適正に対処すべきである。

3 文部科学省初等中等教育局長通知
「高等学校等における政治的教養の教育と高等学校等の生徒による政治的活動等について」（2015年10月29日）

この通知は、日本国憲法の改正手続に関する法律の改正（2018年6月21日以後に実施される国民投票から適用）および公職選挙法の改正（2016年6月19日施行）に伴い、満18歳に達した高校生等が国民投票の投票権と国政選挙・地方選挙の選挙権を有するに至ることに対処するために出されたものである。これにより、上記の1969

年文部省見解「高等学校における政治的教養と政治的活動について」は廃止された。

この通知の内容は、第1「高等学校等における政治的教養の教育」、第2「政治的教養の教育に関する指導上の留意事項」、第3「高等学校等の生徒の政治的活動等」、第4「インターネットを利用した政治的活動等」、第5「家庭や地域の関係団体等との連携・協力」から成っているが、前記1969年の文部省見解の場合と同様、第3「高等学校等の生徒の政治的活動等」についてだけその概要を記すと、以下のようである。

①今回の法改正は若い人々の意見を政治に反映させていくことが望ましいという意図に基づいており、今後は、「生徒が、国家・社会の形成に主体的に参画していくことがより一層期待される」。

②しかし、「学校は教育基本法14条2項に基づき、政治的中立性を確保することが求められていること」、学校は学校教育法や学習指導要領が定める「目的・目標等を達成するべく生徒を教育する公的な施設であること」、校長は学校の設置目的を達成するために、「生徒を規律する包括的な権能を有する」こと等により、「生徒による政治的活動等は…必要かつ合理的な範囲内で制約を受ける」ことになる。

以上を踏まえて通知は、生徒の政治的活動や選挙運動について学校が留意すべき事柄として、学校内と学校外のそれに区別し先ず前者について、下記のように述べている。

①「教科・科目等の授業のみならず、生徒会活動、部活動等の授業以外の教育活動も学校の教育活動の一環であり」、そこで生徒がこれらの「教育活動の場を利用して選挙運動や政治的活動を行うこと」は、教育基本法14条2項が規定する学校の政治的中立性の確保要請により、「これを禁止することが必要である」。

②放課後や休日であっても、学校内における選挙運動や政治的活動については、「学校施設の物的管理の上での支障、他の生徒の日常の学習活動等への支障、その他学校の政治的中立性の確保」の観点から、学校は「これを制限又は禁止することが必要である」。

つづいて放課後や休日に学校外で行われる生徒の選挙運動や政治活動について、以下の点に留意するよう求めている。

①生徒が学校外で行う選挙運動や政治的活動であっても、「違法なもの、暴力的

なもの、違法若しくは暴力的な政治的活動等になるおそれが高いものと認められる場合」には、学校は「これを制限又は禁止することが必要である」。

②「生徒が政治的活動等に熱中する余り、学業や生活などに支障があると認められる場合、他の生徒の学業や生活などに支障があると認められる場合、又は生徒間における政治的対立が生じるなどして学校教育の円滑な実施に支障があると認められる場合」には、学校はこれを「必要かつ合理的な範囲内で制限又は禁止すること」ができる。

③公職選挙法の改正によって、「満18歳以上の生徒が選挙運動をできるようになったことに伴い」、学校は「これを尊重することとなる」。その際、生徒が公職選挙法に違反することがないよう、学校は「公職選挙法上特に気を付けるべき事項などについて周知」する必要がある。

④放課後や休日に学校外で行う選挙運動や政治的活動は、「家庭の理解の下、生徒が判断し、行うものである」。その際、「生徒の政治的教養が適切に育まれるよう、学校・家庭・地域が十分連携することが望ましい」。

以上が2015年の文科省通知の第3「高等学校等の生徒の政治的活動等」の概要であるが、この文科省通知と1969年の文部省見解を比較すると、下記のような相違が見られている。

①生徒と政治との関係について、1969年見解は生徒が未成年者であるという理由で、国家・社会は生徒が政治活動を行なうことを期待していないし、むしろ行わないよう要請しているとの認識を示していた。しかし2015年通知にあっては18歳選挙権制度の導入等により、生徒が国家・社会の形成に主体的に参画していくことが一層期待されるとの見方を示し、その基本的な認識において両者の間には顕著な違いが見られている。

②1969年見解においては、生徒の政治的活動は学校内においてはもとより、学校外にあっても認められないとされていた。しかし2015年通知は生徒の政治的活動を学校内と学校外のそれに区別し、学校内においては従前通り授業はもとより、生徒会活動、部活動等の活動においてもこれを禁止する必要があるとしているが、学校外の政治的活動については、違法・暴力的な活動になるおそれが高いなどの例外的なケースを除き、家庭の理解の下、生徒自身が判断し決定するものとの立場に立っている。

③生徒の政治的活動に対する規制の主要な根拠として、教育基本法が規定する学校の政治的中立性原理からの要請を挙げていることは両者に共通しているが、それとともに1969年見解で有力な根拠とされた「教育的な観点」からの要請という理由は2015年通知では強調されていない。

④それに代わって、2015年通知においては、学校は学校教育法等に所定の教育目的を達成すべき教育施設であり、校長はこの目的を達成するために生徒に対して包括的規律権を有している、ということが生徒の政治活動規制の有力な根拠として挙げられている。

⑤1969年見解においては、生徒が学校の内外を問わず政治活動をした場合、学校は懲戒処分でもって対処すべきであるとされていたが、2015年通知はこのような制裁措置には言及していない。

第2節　文部(科学)省見解の憲法・学校法学的評価
　　　　──文科省見解の違憲性

　以上、第2次大戦後、1946年から2015年までの間に出された「高校生の政治的活動」に関する文部科学省(文部省、以下・文科省)見解の概要を見てきたのであるが、果たしてこのような文科省見解は憲法・学校法学上、どのような評価を受けることになるのか。以下、主要な論点について、ドイツとの比較学校法学的視点を加味しながら、検討を進めていくこととしよう。

1　高校生の政治活動とは何か

　そもそもいうところの高校生の「政治的活動」とはどのような活動を指すのか。文科省通知で校内において行うことが禁止され、また、たとえば、愛媛県におけるように学校への届出が義務づけられている校外での「政治的活動」とは、具体的にはどのような活動をいうのか。

　これについて、文科省通知(2015年)は「政治的活動」を次のように概念規定している。

　「特定の政治上の主義若しくは施策又は特定の政党や政治的団体等を支持し、又はこれに反対することを目的として行われる行為であって、その効果が特定の政治

上の主義等の実現又は特定の政党等の活動に対する援助、助長、促進又は圧迫、干渉になるような行為をすることをいい、選挙運動を除く」。

つまり、文科省通知にいう「政治的活動」とは「特定の政治主義的・党派的な政治活動」を指すのであって、「非政治主義的・非党派的な政治活動」はこれに含まれていない。

とすれば、およそ特定の政治上の主義や党派性から自由な生徒の政治活動は、文科省通知が禁止する政治的活動には該当せず、したがって本来、学校内においても当然に容認されることになる筈である。たとえば、奨学金制度や私学助成制度の拡充、高校授業料の減免、子どもの貧困対策、発展途上国の子どもやシリア難民への支援、ブラックバイトやヘイトスピーチに対する規制強化、核兵器廃絶などを求めて、生徒が集会やデモに参加したり、校内においてビラの配布や署名・募金活動を行なう等の活動がこれに当たる。

しかし文科省通知は「政治的活動」を上記のように狭義に解しておきながら、現実には学校における生徒の非党派的・非政治主義的な政治活動も含めて、一括してこれを全面・一律に禁止するところとなっている〈学校における生徒の政治的権利の全面的否認・学校と政治との隔絶・生徒の非政治化〉。あまりにも粗雑かつ恣意的で非論理的な法的構成であるとの謗りを受けることになろう。

それに果たして、特定の党派的活動と非党派的な活動、特定の政治主義的活動と非政治主義的活動、さらには政治的活動と社会的活動、政治活動と政治学習などは、概念上はともかく、現実に截然と区別することが可能なのか。

たとえば、生徒が学校において「現代政治研究会」と称するサークルを立ち上げ、安保法制、沖縄の基地問題、福島の原発事故・原発政策、竹島・尖閣諸島・中国の海洋進出などの領土問題、中国・韓国をめぐる歴史認識や慰安婦問題、北朝鮮の核問題など今日のリアルな政治問題をテーマに研究を進め、その成果を学校内で発表・配布することは、禁止された政治活動に当たるのか。それとも教育基本法14条1項にいう「良識ある公民として必要な政治的教養」の涵養に資する「生きた政治学習」としてむしろ「教育上尊重されなければならない」活動なのか(9)。

いずれにしても、以下の検討に先立ち、①いうところの「高校生の政治活動」とは何かを一義的に明確にすることは現実にはきわめて難しい、②高校生の政治活動には、議会政治に制度的に参加するための選挙権の行使や選挙運動はもとより(満18

歳以上）、よりひろく憲法21条1項が保障する「集会、結社及び言論、…その他一切の表現の自由」や請願権（憲法16条）の行使などが包含されており、その具体的形態はきわめて広範かつ多岐に亘りうる、ということを確認しておく必要があろう。

なお関連して敷衍すると、今日、ドイツにおいては、生徒は学校外においては言うに及ばず、学校内にあっても各種の政治的権利を保障されているのであるが、たとえば、生徒が「デモンストレーションの権利」（基本法8条1項）を行使しようとする場合、当該デモの目的・対象が社会的・政治的に重要な事柄、とくに奨学金の削減など生徒と直接関係する教育政策上のテーマである場合には、授業時間中であっても生徒のデモへの参加に違法性はなく、それどころかこの場合、一定の条件下で、生徒はデモに参加するために「授業を欠席する権利」（Rechtsanspruch auf Beurlaubung vom Unterricht）を有すると解するのが学校法学の支配的な見解である(10)（詳しくは参照：第Ⅱ部4章5節）。

2　政治的基本権の主体としての生徒
―憲法の人権条項の学校・生徒への直接適用

先に見たように、1946年の文部次官通牒は学生・生徒が学校において特定政党や特定者の支持行為等を行うことは禁止していたが、しかし政治的な結社に加入したり、学校において政治に関して自由に討議することは可能だとしていた。また1947年の衆議院教育基本法案委員会における高橋文部大臣の答弁においても、学生・生徒の「思想の自由」や政見を「研究する自由」を尊重したうえで、一定の条件下ではあるが、それを運動に移す自由＝政治活動の自由を肯認していた。さらに1948年の文部次官通達にあっても、学校の政治的中立性を侵さないような学生・生徒の政治活動は学校内においても容認されていた。

しかし1969年の文部省見解では、学校内においてはもとより、学校外でも生徒の政治的活動は厳しく制限・禁止され、また2015年の文科省通知も、学校外の政治的活動については、一定の要件下で「家庭の理解の下、生徒が判断し、行うものである」としながらも、学校内のそれについては依然として制限・禁止する必要がある、との立場に立っている。

このように、生徒の政治活動に関する文科省見解は1969年のそれ以降大きく変更されているのであるが、この問題を考察するに当たっては、その基本的な前提として

改めて以下のことを確認しておかなくてはならない。

第4章第1節で既述したように、日本国憲法の「人権規定は実定法秩序全体を指導する最高の価値」として(11)、学校教育関係にも原則的に妥当し〈憲法の人権条項の学校・生徒への直接適用〉、こうして現行憲法下においては、生徒は学校外においてはもとより〈市民的権利・自由の主体としての生徒〉、学校内においても憲法が保障する基本的な諸権利・自由、本書のテーマに引きつければ、表現の自由(憲法21条1項)、集会の自由(同前)、デモンストレーションの自由(同前)、結社の自由(同前)、言論の自由(同前)、出版の自由(同前)、請願権(憲法16条)などの基本的人権=政治的基本権の享有主体として存在している〈学校における生徒の基本的人権・政治的基本権主体性〉。そして生徒が享有するこれらの基本的人権は文部科学省・教育委員会の教育行政権や学校の教育運営権と緊張・相互規制関係に立ち、学校において生徒の法的地位を保障することになるのである。現行憲法下においては、生徒は文部科学省・教育委員会や学校の「憲法から自由な包括的な規律権の下に置かれた無権利客体」ではないのである。学校における生徒の法的地位に関するこの基本原則を確認することが、憲法・学校法制上、決定的に重要である。

詰まるところ、生徒は学校外においてはもとより〈市民としての基本的人権・市民的自由の享有〉、学校内にあっても憲法21条1項が保障する各種の政治的権利を享有しており、確たる合理的な根拠もなく(後述)、これを全面的かつ一律に否認し剥奪する文科省見解・文科省通知は憲法21条1項とは相容れず、憲法違反であると評さなくてはならない。生徒が学校においても憲法上、政治的権利を有していることを基本的な前提としたうえで〈生徒の政治的権利の学校内における原則的妥当〉、これらの権利行使の限界を学校の教育責務の遂行確保、学校秩序の維持、他の生徒の権利の確保要請などとの関係で、各個のケースに即して具体的に究明するという手法をこそ採るべきなのである。

ましてや満18歳以上の生徒にあっては日本国憲法の改正手続に関する法律と公職選挙法という「国法」によって、国民投票の投票権や国政選挙・地方選挙の選挙権が保障され、また選挙運動を行うことも法認されているのである。文科省通知はこのような法的地位にある生徒に対しても、学校内における政治活動を全面的に禁止しているのであるが、すでに国法によって政治的権利を保障され、その政治的資格ないし政治的成熟度を公証されるに至っている生徒に対して、このような規制を加え

ることができるのか。果たしてそれを正当化するほどの十分に説得的で合理的な理由があるのか。また行政内部規則にすぎない文科省通知は「国権の最高機関」(憲法41条)である国会が制定した法律に優位するのか(参照:後述3)。

ちなみに、この点、ドイツにおいては、後に詳述するように(参照:第Ⅱ部第4章)、ドイツ基本法(憲法)の人権条項が学校・生徒にも原則的に直接適用されることは学説・判例上自明視されており——このことを確認的に明記している州学校法も存している——、こうして生徒が学校においても意見表明の自由、ビラを配布する自由、デモンストレーションの権利、生徒新聞を編集・発行する自由、生徒団体を結成し活動する自由、生徒集会を開催する自由など各種の政治的基本権(politische Grundrechte)=政治活動の自由を原則的に享有しているということを基本的な前提としたうえで、これらの自由の内容と限界を、学校の役割や学校教育の目的、学校における教育秩序の維持、他の生徒の権利の確保などとの関係で、具体的に究明するというアプローチが採られている。

この問題について文部省見解(1969年)は単に「基本的人権といえども、公共の福祉の観点からの制約が認められるものである」と述べているにすぎない。学校における生徒の人権主体性ないし生徒の政治的権利に関する基本的な認識において、文科省見解とドイツの常設文部大臣会議の見解や学校法制(学校法学)とは際立った違いを見せていると言えよう。

なおわが国の判例においては「学校における生徒の基本権主体性」を確認し、高校生の政治活動の自由=政治的基本権を原則的に肯認している判例が見られている。たとえば、東京都立高校生退学処分事件に関する東京高裁判決(1977年)はこの点について次のように判じている(12)。

「高等学校の生徒はその大部分が未成年者であり、国政上においても選挙権などの参政権が与えられていないが、その年齢などからみて、独立の社会構成員として遇することができる一面があり、その市民的自由を全く否定することはできず、政治活動の自由も基本的にはこれを承認すべきものである」。

また大阪府立高校生退学処分事件に関する大阪地裁判決(1974年)にもこうある(13)。

「高校生といえども一個の社会人として、国の政治に関心を持ち、自ら選ぶところに従って相応の政治活動を行なうことはもとより正当なことであって、…生徒の政治的自由を不当に抑圧するようなことがあってはならない」。

3 民主的法治国家原理と文科省見解
―文科省通知による生徒の人権規制の可否

　上述したところから知られるように、これまで文科省は高校生の政治的活動に関する見解を「通達」ないし「通知」という法形式で発出し、これによって高校生の政治活動を禁止または制限、つまりは高校生の「集会・結社・言論・表現の自由」(憲法21条1項)などの憲法上の基本的人権＝政治的基本権を規制し剥奪してきている。しかし、そもそも、文科省という一行政機関が、しかも通達・通知という行政内規によって、このような人権規制をすることができるのか〈行政内部規範である通達・通知による生徒の人権規制〉。基本的人権の尊重を旨とし、民主的法治国家を標榜する日本国憲法の基本原理との関係はどうなるのか。

　ちなみに、いうところの通達とは、行政法学の支配的見解が説くところによれば、「上級の行政機関がその監督権の一環として下級機関の権限行使を指図するために発する命令」である。「上級行政機関と下級行政機関の間で効力をもつ行政組織の内部的規範であり、行政組織の外部にいる国民に対しては直接法的効果を及ぼすものではない」。通達は「行政主体と国民との間の権利義務について規律する『法規』ではなく、行政組織内部での規範(いわゆる『行政規則』)たる性質をもつにすぎない」のである〈行政内部規範・行政規則としての通達〉(14)。

　すでに言及したところであるが、ここで改めて以下のことを確認しておきたいと思う。

　①日本国憲法が謳う民主的法治国家の原理、とくに「法律の留保の原則」は学校教育の領域にも当然に推し及ぼされなくてはならない〈日本国憲法の学校への適用＝自由で民主的な法治国家秩序への学校の編入〉。現行憲法下においては、公法上の学校特別権力関係論や行政の内部・外部二分論〈行政内部関係としての学校関係〉に依拠して、学校関係を「法から自由な教育行政の領域」(rechtsfreie Raum der Schulverwaltung)と見ることはもはや到底認められない。

　②教育主権上の決定は、そのもつ法的意味・重要度により、「基本的ないし本質的な決定」とこれを具体化するための「副次的決定」とにカテゴライズすることができ、このうち前者は法治国家・民主制原理にもとづき国民代表機関である国会が「法律」によって自ら確定することを要し〈国民代表議会への留保＝教育における国民主権の確保〉、文部科学省への委任、とりわけ包括的委任は認められない。

③いうところの「基本的ないし本質的な決定」とは、学校教育のように基本的人権が格別に重要な意味をもつ領域にあっては、「基本的人権の実現にとって基本的ないし本質的な決定」を意味する。

憲法21条1項が保障する「表現の自由」は個人の人格の形成・発達にとって、つまりは生徒の「人格の完成を目指（す）」（教育基本法1条）学校においては、格別に重要な生徒の基本的人権である。またこの自由は生徒が（将来・18歳未満）主権主体として自ら政治に参加するために不可欠の前提をなす基礎的かつ基幹的な政治的権利でもある。そこで、憲法学の支配的見解によれば、表現の自由は人権体系の中でも「優越的地位」を占め〈優越的地位の理論〉、したがって、この自由を制限する法令等の合憲性は、厳格な基準によって判定されなければならない、とされるところとなっている(15)。

こうして、このような法的特質をもつ高校生の「政治的表現の自由」(16)ないし政治的基本権を一律に規制し剥奪することは、まさに上記にいう教育主権上の「基本的ないし本質的な決定」に属する事柄と見られる。だとすれば、これについては当然に「法律の留保の原則」が妥当しなくてはならない筈であろう。高校生の「政治的表現の自由」ないし政治的基本権に対する法的規制は「法律」によることが憲法の要請するところであり、文科省通知によるそれは法治主義原理に違背し憲法上認められない、と解すべきこととなる。敷衍すると、高校生に対する政治的権利の保障の有無やその内容・強度の如何は、「行政内部関係としての学校関係における事柄」として、「文部科学省という一行政機関の任意な処分に委ねられた事柄」ではないということである。

上記のような文科省見解には先に厳しく批判した公法上の学校特別権力関係論的思考がなお根強く残存していると言える。いわゆる公法上の特別権力関係論は、19世紀後半のドイツにおいて、立憲国家・法治国家的な要請に対して、絶対主義的君主・行政部の命令権力を法治主義の範囲外に維持するために擬制された学説の産物である(17)、ということを、ここで改めて想起する必要があろう。

併せて、明治憲法下における基本的人権は「法律ノ範囲内ニ於ケル臣民ノ権利」（第2章）でしかなかったのであるが、このような憲法体制下においてさえ学生・生徒の政治活動に対する規制は治安警察法という「法律」に依っていたということを、改めて指摘しておきたいと思う。

なお上述した「文科省通知による生徒の人権規制」と法的には同じ脈絡に位置づく「文科省告示（学習指導要領）による日の丸・君が代の義務化」について、以下、若干付言しておこう。

　よく知られているように、1989年3月に告示された新学習指導要領＝文部省告示によって、入学式や卒業式などでの日の丸掲揚・君が代斉唱が義務づけられた。この義務化はとりわけ以下の点において、憲法・学校法制上、重大な疑義を孕むものであった。①「日の丸・君が代の法的根拠—文部省告示による国旗・国歌としての確認・指定の可否」、②「民主的法治国家原理との関係—文部省告示による義務化の可否」、③「学習指導要領の法的性質との関係—児童生徒・親に対する義務化の可否」、④「児童生徒・親の思想・良心の自由との関係—全員一律強制の可否」。

　その後、1999年8月に国旗及び国歌に関する法律が制定され、上記①は法的に解決されたが、しかし②-④は今日に至るもなおペンディングな課題に属している。ここで、②についてだけ端的にその結論を言えば、文科省告示である学習指導要領によって教員や児童・生徒に対して日の丸掲揚・君が代斉唱を義務づけることは、上述した「文科省通知による生徒の人権規制」と同じく、民主的法治国家原理に違背し、憲法上許されない、と言わなくてはならない。いうところの国旗・国歌法は国旗＝日の丸、国歌＝君が代を確認しただけの法律なのである⑴⑻。

4　高校生の政治活動に対する規制
—文科省見解における規制根拠の当否

　上述のように、文部科学省は1969年の文科省見解および2015年の初中局長通知において高校生の政治活動を（とくに学校内においては）厳しく制限ないし禁止してきているのであるが、その根拠ないし理由として次のような点を挙げている。

　①生徒が政治活動を行なうことは教育上の観点から望ましくない。②学校内における生徒の政治活動は学校の政治的中立性を定めた教育基本法14条2項（旧8条2項）に違反する。③学校は学校教育法等が定める教育目的にそって生徒を教育する施設であり、校長は学校の設置目的を達成するために、生徒に対して包括的規律権を有している。④生徒は未成年者であり選挙権を与えられておらず、国家・社会としては生徒が政治活動を行なわないよう要請している。⑤生徒は心身ともに発達過程にあり、特定の政治的影響を受けないよう保護する必要がある。⑥生徒が政治活

動に熱中する余り、学業や生活に支障をきたす。⑦生徒の政治活動は他の生徒に好ましくない影響を与える。⑧生徒の政治活動は生徒自身の安全に対する危険を伴う恐れがある。⑨学校施設の管理面から教育に支障が生じる。

　以下、文科省見解にいう主要な規制根拠について、その当否を検討していくこととしよう。

4－1　学校の役割・学校教育の目的と生徒の政治活動

　文科省見解によれば、生徒が政治活動を行うことは「教育上の観点から望ましくない」とされる。果たしてそうなのか。

　ここで重要なのは、そもそも学校の役割や存在意義は何処にあるのか、学校教育の目的は何かということである。それは、序章で既述した通り、自由で民主的な社会的法治国家においては、直截に言えば、生徒を「自律的で成熟した責任ある市民」・「自由で民主的な主権主体・能動的な政治主体」へと育成することにある、と言えよう〈学校の役割・責任としての「自律（社会的自立）への教育」・「自由と民主主義への教育」・「成熟した責任ある市民への教育」・「寛容への教育」〉。そのためには、むしろ文科省見解とは裏腹に「教育上の観点から」は生徒に対して政治的権利、とくに「政治的表現の自由」・「政治的意見表明の自由」を保障することが求められていると言える。既述した通り、「表現の自由」（憲法21条1項）は個人の人格の形成・発達にとって、つまりは生徒の「人格の完成を目指（す）」（教育基本法1条）学校においては、格別に重要な生徒の基本的人権に属しており[19]、またこの自由は生徒が将来、主権主体ないし能動的な政治主体として、自ら政治に参加するために不可欠の前提をなす基礎的かつ基幹的な政治的権利でもあるからである[20]。

　ちなみに、この点について、東京都千代田区立麹町中学校内申書事件に関する東京地裁判決（1979年）も下記のように判じている[21]。

　「教育の目的が生徒の人格の完成をめざし（教育基本法1条）、思想、信条により差別されるべきではない（同3条）とされていることにかんがみれば、公立中学校においても、生徒の思想、信条の自由は最大限に保障されるべきであ（る）」、「また、生徒の言論、表現の自由もしくはこれにかかる行為も、教育の目的にかんがみ最大限に尊重されるべきである」。

　参考までに、ドイツにおいても、学校における生徒に対する「意見表明の自由」保障

は学校の役割や学校教育の目的から必然的に要請される、と捉えられており、たとえば、常設文部大臣会議の「学校における生徒の地位」に関する決議（1973年）は、大要、以下のように述べている(22)。

「学校は生徒の自由な意見表明を奨励しなければならない。なぜなら、自由な意見表明は知識の獲得とその活用および責任ある市民への教育のために不可欠であるからである。獲得した知識の活用および自律的な判断への教育は討論による批判的な議論を要請する。

同様に、生徒の自由な意見表明は生徒の人格の発達、とくに創造力の発達に不可欠である。自由と民主主義への教育（Erziehung zu Freiheit und Demokratie）、責任ある市民への教育（Erziehung zum verantwortlichen Bürger）、寛容への教育（Erziehung zu Toleranz）は、生徒が自己の意見を自由かつ批判的に、しかし同時に他者の尊厳や信念を尊重しながら表明することを学ばなければ不可能である」。

くわえて、教育基本法14条1項は「良識ある公民として必要な政治的教養は、教育上尊重されなければならない」と書いている。そして権威ある教育基本法のコンメンタールによれば(23)、ここにいう「良識ある公民」とは「公民権の有無にかかわらず政治が自己の生活と密接不可分の関係をもっていることの認識の上にたって、自己の意思と判断とにより、…自己の政治的見解を明示的または黙示的に表現しうる能力を有し、これによって、正しい政治上の世論の造成と喚起とに貢献しうる能力を有する国民」をいうと解されている。このような「政治上の能動的地位にある国民」(24)の育成を期すには、生徒に対する「政治的表現の自由」・「政治的意見表明の自由」保障は、その不可欠の基礎的条件をなしていると言わなくてはならない。

この点、文科省見解にあっても「今後は、高等学校等の生徒が、国家・社会の形成に主体的に参画していくことがより一層期待される」とされているのである。

なお関連して付言すると、「自律への教育」「自由と民主主義への教育」「成熟した責任ある市民への教育」といった学校の役割・学校教育の目的は、生徒の「政治的表現の自由」を根拠づけるだけではなく、「学校における民主主義」や「生徒の学校参加」、さらには生徒会活動や新聞部・演劇部・各種研究会などの「サークル活動の自律性」を根拠づけることになる、ということは、学校法制上重要である。

いわゆる「生徒の学校参加」について言えば、たとえば、ドイツの学校法制においては1918年以来、公教育法制の基幹的な組織原理の一つとして位置づけられ、今

103

第6章　高校生の政治活動と文部科学省の見解

日に至っているのであるが、この制度は「学校における民主主義」（Demokratie in der Schule）の現実化と「生徒の自治・自律性」の育成・強化を旨として法制化されたのであった（詳しくは参照：第Ⅱ部5章）。いうところの「生徒の学校参加」はすぐれて教育的な制度なのである。

4-2　学校の政治的中立性と生徒の政治活動

　教育基本法14条2項は「法律に定める学校は、特定の政党を支持し、またはこれに反対するための政治教育その他政治的活動をしてはならない」と定めている。この条文の趣旨が学校の政治的中立性を確保することにあることは疑いを容れない。

　文科省見解によれば、生徒が学校において政治活動を行なうことは上記条項に抵触し認められない。学校は政治的中立性を確保しなければならないから、生徒の政治活動を禁止する義務を負っており、これを黙認することは教育基本法14条2項に違反するとされる[25]。

　しかし、教育基本法14条2項を素直に読めば、この条項を生徒の政治活動禁止の根拠規定と解することはできないと言わなくてはならない。上記条項は「政治教育」と銘打って「学校は、…政治教育その他政治活動をしてはならない」と書いており、政治教育を政治活動の主要な例と見ているのであり、その主体としては教員を予定しているのであって、生徒はこれに含まれないと解すべきだからである[26]。この条項は文字どおり「学校の教育活動が特定政党の支持反対にむすびつくような党派的政治活動と化してはならないという条理を確認したもの」であって[27]、教育法原理的には生徒の「政治的に中立な学校教育をうける権利」（憲法26条1項）に対応しているものである。

　実際、1949年に出された文部省通達「教育基本法第8条の解釈について」も、この点について、次のように述べていたのであった[28]。

　「（旧教育基本法第8条・筆者）第2項の趣旨は、学校の政治的中立性を確保するところにあります。もとより、ここに規定されているのは教育活動の主体としての学校の活動についてでありま（す）…教員が学校教育活動として、または学校を代表してなす等の行為は、学校の活動と考えられるのであります」。

　また1947年に刊行された文部省内・教育法令研究会「教育基本法の解説」も「本条（旧教育基本法8条・筆者）は学生生徒の政治運動については直接関係していな

い」と書いたうえで、学生生徒の「思想の自由」「政見を研究する自由」の尊重とそれを運動に移す自由＝政治活動の自由を肯認した、衆議院教育基本法案委員会における高橋文部大臣の答弁に言及しているのである(29)。

4-3　未成年者としての生徒と政治活動

　文科省見解は、生徒は心身ともに発達過程にあって、政治的教養教育を受けている段階にあり、特定の政治的影響を受けないように保護する必要がある〈保護・規制の対象としての未成年者＝高校生未熟論〉。生徒は未成年者であり、選挙権などの参政権も与えられておらず、「国家・社会としては未成年者が政治的活動を行なうことを期待していないし、むしろ行わないよう要請している」という。

　この見解は判例においても採用され、たとえば、私立駒場東邦高校事件に関する東京地裁判決（1972年）は下記のように述べている(30)。

　「生徒は未成年者であって法律上成年者とは違った扱いをうけているとともに、心身ともに発達の過程にある生徒が政治的活動を行なうことは、十分な判断力や社会的経験をもたない時点で特定の政治的な立場の影響をうけることになり、将来、広い視野に立って判断することが困難になるおそれがある」。

　「高校が政治的な集会やデモに参加することを禁止したのは、心身とも未成熟で十分な思考のできない高校生…未成熟者に対する教育上の配慮にもとづく相当な措置であると解される」。

　しかし、上記文科省見解のように、成年制度を観念することによって、未成年者に対する人権規制を安易に一括して一般的に正当化することは妥当ではない。そこにあっては成年制度が一種のマジック・ワードと化している、といっても過言ではない。

　繰り返して書くが（参照：第3章第2節）、通常、権利の行使は一定の判断能力を前提とするが、それは未成年期を通して徐々に形成されるものであって、成年に達すると突如として獲得されるというものではない。また権利を保障するということは、それによって生ずる責任効果を原則として本人に帰属せしめることを意味する。未成年期において次第に自己の責任を自覚させ、「自律的で成熟した責任ある市民」へと準備するためにも〈自律の助長促進〉、子どもの年齢・成熟度に応じて段階的に、権利を保障し責任を問い、それを拡大・強化していくという筋道が不可欠だと言える。

　表現を代えれば、「人権の保障を『成年制度』によって割り切ってしまうのではなく、

人格的自律の具体的展開としてできる限り連続的に捉えなければならない」(31)ということである。

　こうした観点から高校生を捉えると、高校生は通説・判例上、民法上の責任能力（民法712条）が認定され、また刑事責任年齢としても法定（刑法41条）されている年齢段階（14歳）をすでに超えており、政治的な権利や責任の面でもその年齢・成熟度に応じて相応の法的対応が求められていると言えよう〈政治的な制限的基本権行使能力（beschränkte Grundrechtsmündigkeit）の取得とその尊重要請〉。またそれは「自律への教育」・「自由と民主主義への教育」・「成熟した責任ある市民への教育」・「寛容への教育」・「主権主体・政治的責任主体への教育」といった学校の役割・学校教育の目的からの要請でもあろう。くわえてこの場合、基本的人権を自ら担い、自律的に行使できる主体＝基本的人権の自律的行使主体（Grundrechtsträger）の育成を任とする学校においては、その本質上、生徒の基本的人権は格別に重要な意味をもつということが、併せて考慮されなくてはならない。

　事実、ドイツにおいては、すでに書いたように、学説・判例上はもとより(32)、学校法制上も生徒は学校において政治的な生徒団体を結成し、活動することができるとされているのであるが、その場合、生徒の年齢を満14歳以上と明記している学校法も見られている。たとえば、ニーダーザクセン州学校法（1998年）には「メンバーが満14歳以上の生徒団体は、学校において、特定の政治的、宗教的ないし世界観的な方向性を打ち出すことができる」(86条2項)とある。

　こうして、高校生が未成年者であるということを理由に無条件かつ一律にその政治活動を規制し、政治的表現の自由を剥奪することは認められない、と言わなくてはならない。「未成年者も現社会に生きる人間であり、政治問題に関し表現活動を行なうことは人間としての生活の一部に当りうる」からである(33)。それに高校生の政治活動はリアルで具体的な政治学習の機会というアスペクトももっていよう。とすれば、「自己の政治的見解を明示的または黙示的に表現しうる能力」をもつ「良識ある公民」に向けて未成年者を育成するためには、こうした政治学習の機会はむしろ「教育上尊重されなければならない」（教育基本法14条1項）とさえ言えよう。

　ただいずれにしても、今回の公職選挙法の改正によって、国政選挙や地方選挙の選挙権を有し、それに伴い選挙運動をすることも可能になった満18歳以上の高校生については、学校内における政治活動に関しても、上述の規制根拠はもはや妥当し

ないこととなった筈である。

4−4　学校における生徒の「宗教活動の自由」保障との整合性

憲法20条3項は政教分離原則の一環として「国及びその機関は、宗教教育その他いかなる宗教的活動もしてはならない」と規定し、これを受けて教育基本法15条2項は「国及び地方公共団体が設置する学校は、…宗教教育その他宗教的活動をしてはならない」と書いて、「国・公立学校の宗教的中立性」の原理を確立している。

先に言及したように、文科省見解によれば、生徒が学校において政治活動を行なうことは「教科・科目の授業はいうまでもなく、クラブ活動、生徒会活動等の教科以外の教育活動」にあっても、「学校の政治的中立性」を定めた教育基本法14条2項＝「学校は…政治教育その他政治的活動をしてはならない」に抵触し認められないとされている。だとすれば、生徒が国・公立学校において宗教活動を行うことは「国・公立学校の宗教的中立性」を規定している上記教育基本法15条2項に違反し、政治活動の場合と同じく認められない、との法的帰結が導かれる筈である。

しかし、1949年に出された文部事務次官通達「社会科その他初等および中等教育における宗教の取扱について」は[34]、下記のように述べて、生徒は学校において「宗教団体を組織する自由」を有しており、そこで学校は生徒の宗教団体の活動に対しては、校内の他の生徒団体と同じように学校施設利用の便宜を図らなければならず、併せて教員がそうした宗教団体の顧問となっても差し支えないとの見解を示しているのである。

「3.国立または公立の学校の児童生徒の自発的宗教活動について

（イ）略

（ロ）中等学校生徒は、正規の授業時間以外の活動として自発的な宗教団体を組織することができる。

（ハ）学校はこの種の団体の活動に対しては、校内の他の生徒団体に与えられていると同様に、学校施設利用の便宜を与えなければならない。……

（ニ）生徒の宗教的団体は、教師を個人の資格において、顧問または会員として、その活動に参加することを請うてもよい」。

このように「学校の政治的中立性」条項（教育基本法14条2項）と「国・公立学校の宗教的中立性」条項（教育基本法15条2項）に関する文科省見解は際立った違いを

見せているのであるが、果たして両者の間の法的整合性はどうなるのか。上記文部事務次官通達は今日においてもなお依然として法的効力を有していると解されているのである(35)。

すでに確認した通り、現行法制下においては、生徒は学校内にあっても基本的人権の主体として存在しており、したがって、「信教の自由」(憲法20条1項)も当然に享有している。そしてこの生徒の「信教の自由」は、「内心における信仰の自由」、「宗教的行為の自由」および「宗教的結社の自由」をその内容として包含している(36)。

こうして生徒は、第1次的かつ直接には、そのもつ「信教の自由」に依拠して、同時に「集会・結社の自由」(憲法21条1項)にも補強されて、学校においても原則として宗教グループを組織して活動することができると解されるのであり、上記文部事務次官通達はこの理を確認したものと見るのが妥当であろう。教育基本法の「学校の政治的中立性」条項と「国・公立学校の宗教的中立性」条項が禁止しているのは、いずれの条文も「学校は…してはならない」と書いているところから知られるように、教育活動の主体としての学校(教員)による「政治教育その他政治的活動」ないし「宗教教育その他宗教的活動」であって、生徒によるそれではないことは判然としていよう。

5 学校における生徒の基本的義務と生徒の政治活動

第4章第4節で確認したように、学校は教育主権上、教育基本法や学校教育法が設定している教育目的・課題を達成する責務を賦課されているのであるが、このことは、生徒は「教育主権による社会化の対象」として、学校がその教育責務を遂行できるように行動する義務を負っていることを意味する〈学校の教育目的に沿った生徒の行動義務〉。

実際、ドイツのバイエルン州教育制度法(2000年)はこの理を明記して、次のように書いている(再掲)。「すべて生徒は学校の任務が遂行され、教育目的が達成されるように行動しなければならない。…生徒は学校運営や学校の規律を乱すいかなることもしてはならない」(56条4項)。

表現を代えると、学校は所定の目的を達成し、その任務を遂行するために、生徒に対して教育上一定範囲および程度の規律権を有している、ということである。

そしてここにいわゆる「学校の教育目的に沿った行動義務」という生徒としての一般的義務から、たとえば、教育目的の実現や学校の秩序維持を旨とした学校の指示

に従う義務、校則を遵守する義務など各種の具体的義務が派生することになる。

　以上の点について、文科省見解も、学校は学校教育法や学習指導要領が定める教育目的・教育目標に向かって生徒を教育する施設であり、校長は学校の設置目的を達成するために、生徒に対して包括的規律権を有しているから、生徒の政治活動は制約を受けることになると述べている。この限りにおいてはおそらく異論はあるまい。

　問題なのは、文科省見解が校長の生徒に対する包括的規律権から学校における生徒の政治活動の全面・一律禁止を導いていることである。

　すでに書いたように、生徒は学校においても憲法上「政治的表現の自由」を享有しており、そして生徒が享有するこの基本的自由は文部科学省・教育委員会の教育行政権や学校の教育運営権と緊張・相互規制関係に立っている。だとすれば、生徒が学校においても「政治的表現の自由」を有していることを前提としたうえで、校長がその有する生徒に対する包括的規律権によって、生徒のどのような政治活動を〈校長の規制権の範囲〉、どの程度〈校長の規制権の強度〉まで規制できるかを、学校の教育責務遂行への支障の程度や学校秩序の確保要請などを勘案して、各個のケースに即して具体的に明らかにすることが求められている、と言わなくてならない〈生徒の「政治的表現の自由」と学校の教育責務遂行との法益衡量〉。繰り返すが、現行憲法下においては、生徒はもはや文部科学省・教育委員会や学校の「憲法から自由な包括的規律権の下に置かれた無権利客体」ではないのであり、生徒の基本的人権は「文部科学省・教育委員会や校長の任意の処分に委ねられた事柄」ではないのである。

　それに上記にいう校長の包括的規律権とは、前もっていちいち個別・具体的に列記することができない「一般条項的な権限」という意味であり、先に厳しく批判した学校特別権力関係論における校長の生徒に対する「権力的な包括的支配権」とは大きく異なるということを確認する必要がある。文科省見解はこの点に関しても、なお依然として反民主主義的・反法治主義的な旧来の学校特別権力関係論に依拠している、と言っても過言ではない。

　以上を踏まえたうえで、学校における高校生の政治活動に引きつけて言えば、たとえば、1977年の東京都立高校生退学処分事件に関する東京高裁の事実認定にあるような、学校封鎖、校庭における携帯マイクを使ってのアジ演説、授業妨害、校長室

への乱入・占拠、卒業式阻止行動などは、上記にいう「学校の教育目的に沿った生徒の行動義務」に違反し、学校の秩序を乱し教育責務の遂行を妨げる行為として、学校がこれを規制できることは疑いを容れない。

　しかし、たとえば、校内において行われる生徒集会、討論会、署名・募金活動、ビラの配布などは、たとえそれが政治的色彩を帯びているものであっても、憲法の価値原理を踏まえ、一面的な党派的宣伝活動ではなく[37]、しかも平穏かつ平和裡に行われる限り、学校の秩序を乱し学校の教育責務の遂行に支障を及ぼす行為とは見られず、学校は原則としてこれらの政治活動を禁止することはできないと解すべきであろう。憲法21条1項は「集会、結社及び言論、…その他一切の表現の自由」を保障しており、これらの行為は当然にこの条項の保護法益に属しているからである。学校が規制できるのはあくまで憲法の価値原理に違背し、学校の秩序を乱し、学校の教育責務の遂行を妨げ、他の生徒の権利を現実に侵害するような生徒の政治活動だけである〈生徒の政治活動に対する規制根拠としての憲法の価値原理・学校の秩序維持・学校の教育責務の遂行の確保・他の生徒の権利の確保〉。

　また生徒が、先に引いた例に即していえば（参照：「はじめに」）、「現代政治研究会」のようなサークルを組織し、その研究成果を学校内で発表したり配布することは、広義の政治活動に当たるが、同時にそれは生きた政治学習の機会でもあり、学校はこれを禁止できないと言える。それどころか、生徒のこのような活動は「良識ある公民として必要な政治的教養」の涵養に資するものとして、教育基本法14条1項の要請するところにより、むしろ「教育上尊重されなければならない」とさえ言えよう。

　こうして、先に触れたように、1949年の文部事務次官通達は学校において生徒が「宗教団体を組織する自由」を容認し、「学校はこの種の団体の活動に対しては、校内の他の生徒団体に与えられていると同様に、学校施設利用の便宜を与えなければならない」と述べているが、上記のような生徒サークルにも同じことが妥当しよう。

　ここで以上述べたことと関連して、この法域におけるドイツの学校法学の通説および判例を端的に概括すると、以下のようになろう[38]（詳しくは参照：第Ⅱ部4章）。

　①生徒に対する「意見表明の自由」保障は、「自由と民主主義への教育」、「自律への教育」、「成熟した責任ある市民への教育」、「寛容への教育」といった、学校の役割や学校教育の目的から必然的に要請される。この自由は生徒の人間形成・人格の自由な発達に不可欠であり、学校はこの自由を積極的に奨励しなくてはならない。

学校が生徒の自由な意見表明を妨げることは、生徒の人格の発達を阻害することであり、学校に付託された教育責務に抵触する。このことを基本的な前提としたうえで、

②基本法5条1項が保障する「自由な意見表明の基本権」はもっとも重要な人権の一つであり、生徒は学校においても当然にこの基本権を享有している〈基本法の人権条項の学校・生徒への直接適用〉。そして生徒のこの基本権にはその保護法益として「政治的な見解を自由に表明する権利」＝「政治的意見表明の自由」および「政治活動の自由」が含まれている。

③生徒の自由な意見表明の基本権を制限するためには「法律」による根拠が必要であり、これに関する規制を教育行政機関ないし学校に包括的に委ねることはできない〈法治国家原理・「法律の留保の原則」の学校への適用〉。

④学校における生徒の意見表明の自由に限界を画する場合、その内容が「政治的なもの」か否かは判断基準とはなりえない。民主主義の精神における生徒の教育は政治的な事柄についてしっかりとした意見形成へと導くべきものであり、それは政治的な意見表明を通しての政治的な活動なしには達成されえないからである。政治的な意見表明に対してだけ特別な制約を課すことは許されない。

⑤生徒は学校内においても原則として政治活動の自由を享有している。しかしそれは基本法の価値原理・基本秩序や学校の教育目的に照応するものでなければならず、一面的な党派的宣伝活動であってはならない。

⑥学校が校内における生徒の政治活動を禁止ないし制限できるのは、それが「学校に付託された教育責務」(Erziehungs-und Bildungsauftrag der Schule)の遂行、秩序ある学校経営ないし「学校の平和」に深刻な影響を与える場合に限られる。

⑦生徒の政治活動に対して限界を画する場合、生徒は「若さにあふれる権利」(Recht auf jugendlichen Überschwang)を有しているということを考慮する必要がある。

⑧学校外における生徒の政治的な意見表明や政治活動については、教育行政機関や学校は原則としてこれに介入することはできない。ただ例外的に、たとえば、授業のボイコットを呼びかけるビラの配布のように、その影響が直接学校の教育活動に及び、学校に付託された教育責務の遂行を妨げるような行為はこれを規制することができる。

（注）

(1) 文部次官通牒「教職員及学生生徒ノ政治運動及選挙運動ニ関スル件」(1946年1月17日)、教育法令研究会『教育基本法の解説』国立書院、1947年、113-114頁より引用。

(2) 木田宏「指導行政の構造と理念」、日本教育行政学会編『日本教育行政学会年報』第5号、教育開発研究所、1979年、18頁。

(3) 教育法令研究会、前出書、119頁より引用。

(4) 有倉遼吉編『教育と法律』新評論、1964年、147頁より引用。

(5) 牧柾名「政治教育と政治活動」、『ジュリスト』(No.442)、1970年1月15日号、57頁より引用。

(6) 同前。

(7) 田久保清志「教育運動史からみた生徒参加」、喜多明人・林量俶・坪井由実・増山均編『子どもの参加の権利』三省堂、1997年、163-169頁。

(8) 学校教務研究会編『教務必携』ぎょうせい、2005年、50頁。

(9) この点と関連して、兼子仁・堀尾輝久『教育と人権』岩波書店、1977年、はこう述べている(286頁)。「政治活動は常に生きた政治学習の機会であるという意味をもっている」。

(10) H.Avenarius/H.P.Füssel, Schulrecht, 8Aufl. 2010, S.482. J.Staupe, Schulrecht von A-Z, 2001, S.56.

(11) 戸波江二『憲法(新版)』ぎょうせい、1998年、160頁。

(12) 東京高裁判決、昭和52年3月8日『判例時報』856号、26頁。

(13) 大阪地裁判決、昭和49年4月16日、兼子仁『教育判例百選(第3版)』有斐閣、1992年、26頁。

(14) 原田尚彦『行政法要論(全訂第7版・補訂2版)』学陽書房、2012年、38頁-39頁。同旨:藤田宙靖『行政法I(総論)』青林書院、2003年、285頁。兼子仁『行政法総論』筑摩書房、1986年、117頁。

(15) 以上、参照:樋口陽一・佐藤幸治・中村睦男・浦部法穂『憲法II』青林書院、1997年、4頁以下。佐藤功『日本国憲法概説』学陽書房、2004年、223頁以下。芦部信喜・高橋和之補訂『憲法(第5版)』岩波書店、2011年、170頁以下。

(16) 兼子仁・堀尾輝久『教育と人権』岩波書店、1977年、286頁。

(17) 詳しくは参照:室井力『特別権力関係論』勁草書房、1968年、239頁以下。

(18) 詳しくは参照:拙稿「学校教育における国旗・国歌の取扱いと生徒の思想・良心の自由」、『教職研修』教育開発研究所、1999年1月号。

なおこの論文は、文部省告示(学習指導要領)による日の丸=国旗、君が代=国歌の確認・指定と学校教育におけるその義務化を、憲法・学校法学の立場から厳しく批判したものであるが、この論文をめぐっては、当時、文部省から出向していた辰野広島県教育長や吉田国立教育研究所長(当時)などから介入があり、私は以後の『教職研修』誌上における連載を中止に追い込まれた。『季刊教育法』(121号、エイデル研究所、1999年)に江波遼「アメリカとドイツの国旗・国歌法制」という論文が掲載されているが、この論文はそのような状況下で止むなく私がペンネームで執筆したものである。

(19) ちなみに、この点と係わって、有力な教育法学説も次のように述べている。「生徒の校内政治活動

にも生きた政治学習の機会としての意味を否定できず、政治的表現行動にかかわることに伴う生徒等の人間的成長の問題を無視しえない」(兼子仁『教育法(新版)』有斐閣、1978年、412頁)。

(20) 以上、参照:樋口陽一・佐藤幸治・中村睦男・浦部法穂『憲法Ⅱ』青林書院、1997年、4頁以下。佐藤功『日本国憲法概説』学陽書房、2004年、223頁以下。芦部信喜・高橋和之補訂『憲法(第5版)』岩波書店、2011年、170頁以下。

(21) 東京地裁判決、昭和54年3月28日『判例時報』921号、18頁。

(22) KMK, Zur Stellung des Schülers in der Schule, Beschl. v. 25. 5. 1973. KMK-Beschluß-Sammlung-824.

(23) 有倉遼吉・天城勲『教育関係法Ⅱ』日本評論新社、1958年、116頁。

(24) 文部省内・教育法令研究会『教育基本法の解説』国立書院、1947年、115頁。

(25) 田中耕太郎『教育基本法の理論』有斐閣、1969年もこう書いている。「(学生が学内において)平隠に行動する場合においても学校当局としては学園の政治化を防止する教育基本法の精神に従って、政治的団体を容認してはならぬのである。

　　要するに学校当局が学生の政治的活動を学内において公認または黙認することは、教育基本法第8条第2項(現・14条2項・筆者)に違反する」(616頁)。

(26) 同旨:有倉遼吉編『教育と法律』新評論、1964年、146頁。

(27) 兼子仁・堀尾輝久『教育と人権』岩波書店、1977年、289頁。

(28) 文部省通達「教育基本法第8条の解釈について」(1949年6月11日)、有倉遼吉・天城勲『教育関係法Ⅱ』日本評論新社、1958年、119頁より引用。

(29) 文部省内・教育法令研究会『教育基本法の解説』国立書院、1947年、119頁。

(30) 東京地裁判決、昭和47年3月30日『判例時報』683号、39頁

(31) 佐藤幸治「未成年者と基本的人権」、『法学教室』1991年10月号、39頁。

(32) H.Avenarius/H.P.Füssel, a.a.O., S.483. J.Rux/N.Niehues, Schulrecht, 5Aufl., 2013, S.165.

(33) 兼子仁・堀尾輝久、前出書、286頁。

(34) 文部事務次官通達「社会科その他初等および中等教育における宗教の取扱について」(昭和24年10月25日)、学校教務研究会編『教務必携』ぎょうせい、2005年、75頁以下。

(35) 同前『教務必携』、73頁。

(36) さしあたり、佐藤幸治『憲法(第3版)』青林書院、1995年、490頁。

(37) 学校における生徒の政治活動が原則として容認されているドイツにおいても、たとえば、ベルリン州学校法(48条5項)やバイエルン州教育制度法(84条2項)が明記しているように、学校における一面的な党派的宣伝活動は禁止されるところとなっている。

(38) 以上、さしあたり、学説では、H.Avenarius/H.P.Füssel, a.a.O., S.480.
J.Rux/N.Niehues, a.a.O., S.158ff. J.Staupe, a.a.O., S.144ff. J.Meyer, Die Schule als rechtlicher Raum, 2004, S.58ff. T,Böhm, Grundriß des Schulrechts in Deutschland, 1995, S.8ff. Deutscher Juristentag, Schule im Rechtsstaat, Bd1, 1981, S.255ff.など。判例では、Bay. VerfGH, Urt. v. 27. 5. 1981, In:SPE, 420, Nr4. VG Hannover, Beschl., v. 24. 1. 1991, In:SPE, 420, Nr6.など。

第7章
校則による生徒の政治活動規制

第1節　校則と生徒の政治活動

　先に見たように、1969年の文部省見解「高等学校における政治的教養と政治的活動について」は、高校生の政治活動を学校内においてはもとより、学校外においても禁止し、学校に対してもこれを禁止する義務を課し、にも拘らず生徒が政治活動をした場合には、学校は懲戒処分をもって適正に対処すべきであるとしたものである。

　この文部省見解をうけて、全国の多くの高校が生徒の政治活動の禁止を校則で明記し、こうした状況下でこれに違反した生徒が懲戒退学処分をうけ、その取消しを求めて提訴するという「校則裁判」が起きることになる。

　たとえば、1970年に発生した私立駒場東邦高校生退学処分事件においては、政治的な集会やデモへの参加、学内における政治集会やビラの配布等を禁止した生徒生活規則に違反したという理由で生徒が退学処分に付された(1)。また1973年の東京都立高校生退学処分事件にあっても、学校内外における政治的集会の開催や参加について生活指導部による許可制を定めた「生徒心得」違反で、生徒が同じく退学処分をうけた(2)。

　その後、文部科学省は2015年の初等中等教育局長通知で、高校生の政治活動を校内と校外におけるそれに区別し、校外における生徒の政治活動は原則としてこれを容認するとの方針に転じたのであるが、しかし2016年1月に示した「高等学校等における政治的教養の教育と高等学校等の生徒による政治的活動等についてQ&A」において、校外の政治活動に参加する生徒に対して学校が届出制を敷くことは差し支えないとの見解を示した。

　これをうけて、朝日新聞社が2016年2月に全都道府県と政令指定都市計66の教育委員会を対象に調査したところ、「届出は不要」との方針を決定しているのは宮城県、大阪府、堺市など6自治体で、「判断は各校に任せる」が北海道、東京都、広島市など27自治体、残る33自治体は「検討中」または「未検討」との回答であったという(3)。

　しかし、調査では「判断は各校に任せる」と回答した愛媛県においては、2015年12

月に県教育委員会が「政治的活動等に対する生徒指導に関する校則等の見直しについて」と題する文書を配布し、そこにおいて校則の変更例を示し、学校への届出を要する事項として、従来の「海外旅行」、「地域行事への参加、キャンプ・登山等」などに加えて、「選挙運動や政治的活動への参加」を規定し、これについては「1週間前に保護者の許可を得てホームルーム担任に届け出る」、「18歳未満である場合には許可されない」、さらに「校内での選挙運動や政治的活動については原則禁止」とした規定例を提示したのであった。

そしてその後、この規定例を「参考」に、すべての愛媛県立高校（59校・特別支援学校、中等教育学校を含む）が2016年4月から校則を改訂し、生徒が校外において政治活動を行なう場合には、事前に学校へ届け出なければならないとされたのであった。校則による生徒の校内政治活動の禁止および校外政治活動の禁止（18歳未満）ないし学校への届出義務化である。

なお愛媛県教育委員会が提示した当初の校則変更例では、校外における生徒の政治活動について学校の許可制が採られていたとされる(4)。

果たして、このような校則による生徒の政治活動に対する規制は憲法・学校法学上、どのような評価を受けることになるのか。学校内規にすぎない校則で憲法によって保障された生徒の基本的人権＝「政治的表現の自由」・「政治的意見表明の自由」を剥奪ないし制限することができるのか。校則は憲法に優位するのか。肯定の場合、その根拠は如何に、等々。

以下、この問題に関する主要な論点について検討していくのであるが、それに先立ち、以下の事実をここで改めて想起しておかなくてはならない。

1980年代前半以降のいわゆる「管理教育」体制下において、生徒管理・罰則型校則が学校現場を支配し、違反者に対しては生徒指導の名の下での教員による暴行・傷害行為が日常的に行われた〈教員による生徒の暴力支配〉。教員暴力が原因で生徒が死亡したり（岐阜県立岐陽高校事件など）、自殺にまで追いやられるという悲惨な事件も発生した（同前高校女子陸上部員自殺事件）。また校門指導と称する校則の事務的・機械的運用で生徒が校門に頭部を挟まれ圧死するという痛ましい事件（神戸高塚高校校門圧死事件）も起きた(5)。

このような校則による広範かつ強度の生徒規制に対して〈学校の（暴力的な）生徒管理の肥大化と管理されすぎた生徒〉、各方面からこれを疑問視する声や厳しい批

判が相次いだ。それどころか、丸刈り校則裁判やバイク禁止校則裁判などがその例であるが、校則問題は教育界を離れて「生徒の人権裁判」ないし「教育における憲法裁判」としてその合憲・適法性が法廷で争われるまでに至ったのであった。

第2節　校則の法的性質と校則制定権の根拠

1　校則とは何か

ところでそもそも校則とは何なのか。

「社会あるところに法あり」という法諺があるが、「学校社会」もその例外ではなく、「学校のきまり」、つまりは生徒に向けられた「学校社会の法」である校則の歴史は、近代学校の生成とともにある。

事実、明治5（1872）年の学制の発布直後には校則はすでに存在したとされ、今日でも、ほぼすべての学校が校則を擁している。生徒心得、生徒規則、生徒規程などの名称はともかく、校則は歴史的にも、今日においても、生徒の行動を直接規律する法規範としての性格と、学校の教育目標・校訓や学校生活における生徒の心構えなどを定める、倫理規範ないし道徳規範としての性格を併せもっているのが通例である。

ただわが国においては伝統的に両者はとり立てて区別されることなく、「学校のきまり」として、漫然と一体的に捉えられてきたという現実がある。

けれども、学校法学の観点からは、いうところの校則をその規律事項・内容に即して、「法規範としての校則」と「倫理規範ないし道徳規範としての校則」に区別することが必須だと言わなくてはならない。改めて書くまでもなく、法規範はその実効性が一定の組織的強制力によって確保される強制規範であるのに対し、倫理規範（道徳規範）にはこのような強制力はなく、両者はその本質的属性を著しく異にしているからである。

表現を代えると、校則の内容を生徒に対して拘束力をもつ部分、したがって、その違反に対しては懲戒処分などのペナルティーを課してもよいものと、学校の教育目標や生徒としてのあるべき心構え、つまりは生徒自身の努力目標を示したもの、に仕分けする必要があるということである。

つぎに、生徒に対して拘束力をもつ「法規範としての校則」であっても、規律事項により、その法規範性には強弱がありうる〈学校によるコントロールの強度〉、ということに

も留意を要する。たとえば、学校への届出制は認められるが、学校による許可制を敷くことは許されないといったごとくである。

さらに、生徒の基本的人権や親の教育権との法的緊張において、学校は「法規範としての校則」によってどのような事柄を、どの程度まで規制することができるか〈校則による生徒規律の可能と限界〉、ということも重要な校則問題であるが、これについては後に改めて取り上げるので、ここでは立ち入らない。

2 校則の法的性質に関する最高裁判決
—政治活動規制校則の違憲性

校則の法的性質に関しては、学説は諸説が混在しているが、これについて「丸刈り・制服校則」に関する最高裁判決〈平成8年2月22日〉が、以下のような判断を示していることは重要であり、注目に値する。

すなわち、「頭髪の丸刈りや学校外での制服着用を定めた校則は憲法に違反する」として、兵庫県小野市内の小学校6年生の男子児童が、進学予定の市立中学校の校則の無効確認を求めた行政訴訟で、最高裁は、当該中学に入学していない原告には当事者適格がないとして児童の上告を却下したが、校則の法的性質について、こう判じているのである[6]。

「生徒の守るべき一般的な心得を示すにとどまり、個々の生徒に対する具体的な権利義務を形成するなどの法的効果を生ずるものではない」。

最高裁が判じているように、いうところの校則は「個々の生徒に対する具体的な権利義務を形成するなどの法的効果」をもつものではないとすれば〈校則の法規範性の否定〉、学校は校則によって、学校の内外を問わず、生徒の政治活動=〈「政治的表現の自由」という基本的人権・政治的基本権〉を剥奪ないし制限してはならない、ということが帰結される。

こうした見解に立てば、学校における生徒の政治活動を全面的に禁止し、また校外でのそれについて届出制を敷いている現行の校則は、生徒の憲法上の基本的人権を侵害し、違憲だということになる。最高裁は校則を法的拘束力をもたない生徒に対する指導基準=生活指導的校則と解しているということであり、この見解は有力な行政法学説が採るところでもある[7]。

3　校則制定権の法的根拠

　上述したような性格をもつ校則については、現行法制上、直接的な法令上の根拠は存在しない。いうところの「校則」は法令用語ではない、ということを押さえておこう。

　この点、学校の設置認可の申請または届出に際して必要とされ、修業年限、教育課程、学習評価、収容定員、入学・卒業、授業料、賞罰などを「必要的記載事項」とする「学則」〈学校教育法施行規則3条・4条〉とは異なる。

　それでは、学校はいかなる（法的）根拠にもとづいて校則を制定し、生徒を規律することができるのか。これに関しては従来、学説・判例上、大きく以下のような三様の見解が見られている。

〈1〉公法上の学校特別権力関係論

　公立学校の在学関係＝「公の施設」の利用関係は、特別に強められた学校権力が働く公法上の特別権力関係であり、そこで特別権力主体たる学校当局は、学校の設置目的を達成するために、各個の場合に法律の根拠がなくても、校則を定めて生徒を一方的・包括的に規律することができるとする、行政法学上の解釈論である。

　この公法上の学校特別権力関係論は、すでに言及した通り、明治憲法下においてはもとより、戦後も長い間わが国の教育界を風靡してきたのであるが、近年においても、たとえば、京都女子中学生標準服着用義務事件に関する京都地裁判決（1986年）は、以下のように述べて[8]、この伝統的な理論を踏襲している。

　「公立中学校における中学生の在学関係は、いわゆる公法上の特別支配関係（特別従属関係または特別権力関係）に属するから、中学校長は、教育目的に必要な限り、その目的を達するに必要な合理的範囲内で、法律の規定に基づかないで、生徒に対し、その服従を強制したり、自由を制限したりできるのであって、この法律関係は、中学教育が義務教育として行われることによって変わるものではない」。

〈2〉契約関係としての在学関係説

　国・公・私立学校を問わず、在学関係は学校（設置者）と生徒・親との間の契約に基づいている、と解する説であるが、そこにいう「契約」の性質理解により、下記に二分される。

①附合契約説

　この説によれば、在学関係は附合契約——ガス・水道の供給契約のように、契約当事者の一方（学校）が一方的・定型的に決定する約款について、相手方（生徒・親）が包括的に承認するより仕方のない契約——に基づいている。そこで学校は、教育運営上必要な場合には、契約の内容を優先的に形成＝校則を制定する権能をもっている、とされる。

②教育法上の在学契約説

　現行教育法制上、生徒や親と学校設置者との間には対等な権利義務関係が存している、と捉える。かくして在学関係は学校設置者と生徒・親との対等当事者間の「教育法上の契約関係」に他ならず、校則は両者の合意によって締結された契約内容を示すもの、と解されることになる。この説に立てば、学校が校則を一方的に制定することはできず、校則の内容について学校と生徒・親との基本的合意が不可欠ということになる。教育法学の通説が採る立場である(9)。

　このような法的筋道からは、その当然の帰結として、校則の制定や改正過程への生徒（親）の参加権が導出されることになる(10)。

〈3〉学校部分社会論

　すでに言及したように、富山大学単位不認定事件に関する最高裁判決（1977年）以来、学校に適用されている理論である。このいわゆる「学校部分社会論」によると、学校は「国公立であると私立であるとを問わず、一般市民社会とは異なる特殊な部分社会」を形成している。

　そこで学校は、その設置目的を達成するために必要な事柄については、法律上の根拠がない場合でも、校則等によってこれを規定し、実施することのできる自律的、包括的な権能を有している、とされる。

　近年、多くの校則裁判でこの理論が援用されており、たとえば、東京学館高校バイク禁止校則事件に関する千葉地裁判決（1987年）は、つぎのように判じている(11)。

　「学校は公立私立を問わず、生徒の教育を目的とする公共的な施設であり、法律に格別の規定がない場合でも学校長は、その設置目的を達成するために必要な事項を校則等により一方的に制定し、これによって在学する生徒を規律する包括的権能を有し、生徒は教育施設に包括的に自己の教育を託し生徒としての身分を取得す

るのであって、入学に際し、当該学校の規律に服することが義務づけられる」。

さて、それでは、これら諸説の当否はどうか。

このうち、公法上の学校特別権力関係論と学校部分社会論については、①前者は絶対主義的色彩が濃厚な反法治主義的な理論であり、現行憲法体制と原理的に相容れないこと、②後者にあっては、憲法との係留関係を示さないままに、しかも各種の「部分社会」の差異を捨象して一般化し、一律に基本権ならびに司法審査制限を導いているなど重大な理論的欠陥があること、についてはすでに詳しく言及したところである。

つぎに附合契約説であるが、この説は学校側の生徒（親）に対する一方的で包括的な規律権をア・プリオリに前提とし自明視するもので、学校における生徒の人権や親の教育権保障という、憲法・子どもの権利条約上の要請になじまない、と言わなくてはならない。

また教育法上の在学契約説は、公教育制度、とくに義務教育制度の本旨や学校の存在理由を十分によく理解していないように思える。その結果、この説は「現状の公立学校の義務教育制度の法制に適合しないのではないかという問題がある」(12)。

思うに、学校の生徒規律・校則制定権は、「教育主権」＝「主権者たる国民が総体として有している公教育についての権能」に基づいて学校に付託された教育責務にその根拠をもつと解される〈教育主権上の学校の教育責務論〉。

すでに垣間見たように、公教育制度の組織・編成・運用に関する一般的規律権は教育主権に属している。そして学校は教育主権上、教育基本法や学校教育法が設定している教育目的・課題を達成する責務を課されており、かくしてその限りにおいて、生徒に対して教育上一定範囲の規律権を有している（校則を制定できる）、ということになる(13)。

なお、この点、有力な憲法学説が「学校は、学校教育法等の法制に基づき、生徒の教育を担当し、それに必要な限りで生徒を規律できる、というべきであるから、校則の根拠に関して、あえて在学関係の法的性質を問題にするには及ばない」(14)と書いているのも、同旨に読める。

第3節　校則による生徒規律の限界
──生徒の政治活動規制の可否

　校則の内容は、各学校・学校種・公私立・学校の所在地域（都道府県・市町村）などによって違いはあるが、また1988年以降における「校則の見直し」によってかなり簡略化し、規制も緩和されたようではあるが、トータルとして捉えれば、なおきわめて広範かつ多岐にわたっている。それは、以下のように大別される(15)。

　①校訓・学校の教育目標・生徒指針など、生徒の心構えや努力目標を謳った宣言規定、②学校における教育活動にかかわっての規律、③校内生活に関しての規律、④生徒らしさの保持に関しての規律、⑤通学に関しての規律、⑥校外における生徒の行動に関しての規律。

　生徒の政治活動に対する規制は上記③と⑥に属するが、ここで検討しなくてはならない重要なテーマがある。それは、そもそも学校は強制力と制裁措置を伴う「法規範としての校則」によって、どのような事柄を〈校則による生徒規律の範囲〉、どの程度まで〈校則による生徒規律の強度〉規律できるか、ということである。

　以下、生徒の政治活動に対する規制に論点を絞って考察を進めよう。

　なお、上述したように、校則の法規範性を否定する最高裁のような見解に立てば、校則によって生徒の政治活動を規制することは生徒の基本的人権＝「政治的表現の自由」を侵害し違憲なのであり、以下のような考察は不要ということになる。

1　「学校の法化」要請との関係
　　──法律事項としての生徒の政治活動規制

　学校への法治主義原理の適用要請により、①日本国憲法が謳う民主的法治国家の原則は学校にも当然に推し及ぼされなくてはならないこと、②学校の教育権能の範囲と限界ならびに学校における生徒の法的地位を可能なかぎり法令上明確化することが求められること、③学校関係における"基本的ないし本質的"事項は、教育主権上の決定として、「法律」によって確定されなくてはならないこと、④学校教育のように基本的人権が格別に重要な意味をもつ領域にあっては、"基本的ないし本質的"とは基本的人権の実現にとって基本的ないし本質的という意味であること、についてはすでに書いた。

このような「学校の法化」＝法治国家原理・民主制原理の学校への適用要請を踏まえると、学校内規としての校則による規律は、強制力と制裁措置を伴う法規範としては、第一義的には、学校の秩序維持や施設・設備の利用にかかわる事柄に限定されなければならないことになる〈学校の秩序維持・施設利用規程（Hausordnung・Benutzungsordnung）としての校則〉(16)。

　敷衍すると、学校における生徒の権利・義務に関する規律、したがってまた、生徒の政治活動に対する規制は原則として学校教育法などの「法律」によらなければならず、そうでない場合は法律の委任に基づく法規命令の法形式を要し、学校内規である校則によってこれを規制することは許されないということである。

　先に第6章第2節で「民主的法治国家原理と文科省見解—文科省通知による生徒の人権規制の可否」と題して、つぎのように書いた。

　「憲法21条1項が保障する『表現の自由』は個人の人格の形成・発達にとって、つまりは生徒の『人格の完成を目指(す)』（教育基本法1条）学校においては、格別に重要な生徒の基本的人権である。またこの自由は生徒が（将来・18歳未満）主権主体として自ら政治に参加するために不可欠の前提をなす基礎的かつ基幹的な政治的権利でもある」。

　「このような法的特質をもつ高校生の政治的表現の自由ないし政治的基本権を一律に規制し剥奪することは、…教育主権上の『基本的ないし本質的な決定』に属する事柄であり、…これについては当然に『法律の留保の原則』が妥当しなくてはならない」。

　「高校生の政治的表現の自由ないし政治的基本権に対する法的規制は『法律』によることが憲法の要請するところであり、文科省通知によるそれは法治主義原理に違背し憲法上認められない、と解すべきこととなる。敷衍すると、高校生に対する政治的権利の保障の有無やその内容・強度の如何は、『行政内部関係としての学校関係における事柄』として、『文部科学省という一行政機関の任意な処分に委ねられた事柄』ではないということである」。

　この記述は、「文部科学省」を「学校（校長）」に、「文科省通知」を「校則」にそれぞれ置き換えると、ここでもそのまま妥当しよう。

　実際、民主的法治国家を標榜するドイツにおいては、後述のように（参照：第Ⅱ部3章3節）、学校関係における生徒の権利・義務に関する事項、したがってまた生徒

の政治的権利とこれに対する規制に関しては、多くの州でその基本は「学校法律」（Schulgesetz）で規定されている。例外的に、たとえば、バイエルン州やザクセン州など、法規命令としての学校規程によってこれを規定している州も若干見られているが、いうところの校則は学校の秩序維持ないし施設利用規程として位置づけられており、したがって、その内容は校舎内や校庭における清潔の保持や監督、廊下や階段の行き来、部外者の校内立ち入りなどに限られているところである⁽¹⁷⁾。

2　生徒の政治活動規制と各学校判断

すでに触れたように、1947年の衆議員教育基本法案委員会において、学生・生徒の政治活動について質問をうけた高橋文部大臣は学生・生徒の政治活動は原則として容認されるとしたうえで、その限界がどこにあるかは学校当局の判断に任せられるべきものであると答弁していた。

また1948年の文部次官通達「学生の政治運動について」も「いかなる限度で学校内の政治活動を容認すべきかは、…それぞれの学校において決定せられるべき教育行政上の問題である」との立場を採っていた。

また2016年1月に文部科学省が示した「高等学校等における政治的教養の教育と高等学校等の生徒による政治的活動等についてQ&A」においても、校外の政治活動に参加する生徒に対して、学校はその判断で届出制を敷くことが可能であるとの見解が示されている。

そしてこれをうけて実施された朝日新聞社の調査（2016年2月）では、生徒の校外政治活動について届出制を敷くかどうか、「判断は各校に任せる」と回答した都道府県は、「届出は不要」と答えた自治体の4.5倍にも達している。

校則によって学校内外における生徒の政治活動に対して規制を加えるということは──届出制も規制権の一形態──、各学校の判断で生徒の政治活動を規制するということに他ならない。

改めて書くまでもなく、校則の内容は学校により、学校の種類により、また学校の所在地域（都道府県・市町村）により、さらには公立・私立によって各様である。こうして、校則によって生徒の政治活動を規制するということは、文科省見解や文科省通知の学校に対する法的拘束力の存否は措くとして、規制内容や規制の強度に関し、学校やその所在地域などによって大きな差異が生じるということなるが〈校長の「教育

的」裁量に委ねられた生徒の基本的人権規制〉、普遍的な基本的人権の保障のあり方として、果たしてこのようなことが憲法上許されるのか。

繰り返して書くが、高校生が憲法上有している「政治的表現の自由」（政治的基本権）は本来、高校生にとって格別に重要な基本的人権なのであり、これに対する法的規律は少なくともその基本に関しては、「法律」によることが民主的法治国家原理に立脚する憲法の要請するところであり〈高校生の政治的権利の基本に関する国法による一律的な規律〉、学校内規にすぎない校則によるそれは憲法上、認められないと言わなくてはならない。またそれは憲法14条1項が定める「平等原則」からの要請でもある(18)。

高校生に対する政治的権利の保障の有無やその内容・強度の如何は、「学校・校長の任意な処分に委ねられた事柄」ではないということである〈憲法による校則の拘束〉。

3　校則による生徒の校外政治活動規制

3-1　校則による校外生徒規律

先に触れたように、愛媛県においてはすべての県立高校が2016年4月に校則を改訂し、生徒（18歳以上）が校外において政治活動を行なう場合は「1週間前に保護者の許可を得てホームルーム担任に届け出る」こととされるに至った。生徒の校外政治活動に関する学校への届出制の導入である。また「18歳未満である場合には許可されない」とも規定された。

果たして学校は校内における生徒の政治活動ならともかく、校外でのそれに対しても規制権を有するのか。

表現を代えると、学校のいわゆる生徒指導権は学校外における生徒の生活関係や行動にも及びうるのか。肯定の場合は、その範囲と限界はどうなるのか。

現行法制上「教育は人格の完成」を目指し（教育基本法1条）、「（高等学校における教育は）国家及び社会の形成者として必要な資質を養うこと」に努めなければならない（学校教育法51条）とあるように、今日、わが国の学校はいわゆる「社会的な生活学校」として、単に学習指導だけではなく、生活指導もその重要な任務としている。

また学校教育と家庭教育、さらには地域での教育は元来、有機的に連なってこそ実を挙げうるのであり、そこで、子どもの利益・福祉の確保や健全育成という観点か

ら、学校・教員が家庭教育の有りようについて発言したり、学校外での生徒の行動や生活領域にかかわってある種の影響力を行使することは許容されるであろう。

それどころか、年少者を取り巻く社会環境の悪化、少年非行・暴力・犯罪の多発、規律の喪失と放縦の支配、教育放棄・教育不在・教育外注家庭（無責任な親）の増加、家庭や地域の教育力の弱化、基本的な生活習慣や躾すら欠く子どもの増加、親の学校への強度の依存といったネガティブな現象が目立つ今日的状況においては、むしろそうした役割が学校に積極的に期待され、学校は否応なしにそれを引き受けざるをえない、というのが現実かもしれない。

ともあれ、学校の教育権能、なかでも生徒指導に関する権限＝生徒指導権が空間的に学校の域を出て、校外にも及びうるということについては、おそらく異論はないであろう。

3-2　校則による校外生徒規律の限界―校外政治活動規制の違憲性

けれども、それにしても、わが国の学校は歴史的にも、今日においても、その任務や子どもに対するコントロールが広範囲に及びすぎてはいないであろうか。これをひとことで言えば、日本の学校は子どもの教育を丸ごと抱え込み（込まされ）、子どもを丸ごと管理してきたと言っても決して過言ではない。実際、私も携った国立教育研究所（当時）の研究グループの調査(19)によっても、圧倒的多数（88.9%）の中学校長が「わが国の学校は多くの役割・任務を引き受けすぎており、"守備範囲"を縮小すべきである」との認識を示している。

ここで確認しておきたいと思う。

もともと学校が責任を負うべきは、学校における生徒の生活およびそれと密接不離の関係にある生活領域についてである筈である。とすれば、当然に、学校の規制権もこの領域に限局されなくてはならない。権利と責任は本来不可分一体、裏返しの関係にあるからである――たとえば、学校事故について学校や教員の不法行為責任が追及されるのは、当該事故が学校の教育権能の妥当範囲内で発生したからであろう――。

ちなみに、この点、東京学館バイク事件に関する千葉地裁判決（1987年）もこう判じている(20)。

「学校外における生徒の生活がすべて親の権能の及ぶ家庭教育の範囲内に属

するということはでき（ない）」、「校外活動といっても種々のものがあり、それが学校生活と密接な関係を有し、学校生活に重大な影響を与えるものについては、これに対し学校の権能が及（ぶ）」。

　以上を踏まえて「校則による生徒の校外政治活動規制」について見ると、生徒が校外において政治集会やデモに参加するなどの政治活動を行なうことは、本来、生徒が市民として憲法上保障されている基本的人権＝市民的自由に属している、という基本的な前提をまず確認しておく必要がある。くわえて、満18歳以上の生徒にあっては日本国憲法の改正手続に関する法律と公職選挙法という「国法」によって、国民投票の投票権や国政選挙・地方選挙の選挙権が保障され、また選挙運動を行うことも法認されているという法的地位にある。だからこそ文部科学省は2015年10月、従来の見解を変更して生徒の政治活動のうち、校外におけるそれについては原則としてこれを容認するとの方針転換を余儀なくされたのであろう。

　こうして、学校が生徒指導の名において校外における生徒の政治活動を規制できるのは、生徒の当該政治活動が学校の教育活動や学校の教育責務の遂行に深刻な影響を及ぼし、これを相当程度に妨げる場合に限られると言えよう。たとえば、1960年代末にあった事例であるが、生徒が授業粉砕や学校・学級閉鎖を呼びかけるビラを校内外で配布するようなケースがこれに当たる。

　文科省見解は「生徒の政治活動が暴力的なものとなり、生徒の安全に対する危険を伴う恐れがある」ことを校外政治活動規制の主要な根拠として挙げているが、また生徒の校外政治活動について校則で届出制を敷いた愛媛県の高等学校長も「校外の活動であっても、自校の生徒に危険がないかを把握するため、政治活動への参加は知っておく必要がある」と話しているが〈過度のパターナリスティックな規制〉(21)、しかしこのような理由はおよそ規制を正当化する事由たりえないと言える。仮に生徒の校外政治活動が暴力行為や可罰行為を伴うに至った場合は、他の一般の政治活動の場合と同じく、生徒の政治活動も刑法や民法などの一般法の規律に服し（たとえば、民事・刑事上の責任の発生）、法定の手続に則って処理すべき事柄であると捉えるのが本筋であろう(22)。

　それに愛媛県立高校の校則も「保護者の許可を得て…届け出る」と書いているが、もとよりこの問題は第一次的には生徒本人の自律的な決定と自己責任に属する事柄であるが、次いで親の教育権と教育責任に係わる事柄でもある。世界人権宣言

（26条3項）や子どもの権利条約（18条1項）も明記しているように、親は子どもの教育について第一次的な権利を有し、責任を負っている。このいわゆる「親の教育権」は「人間の根元的権利」に属しており、「始源的で前国家的な権利」（自然法的な権利）として、民法による保障に止まらず（820条）、憲法によっても厚く保護されている——憲法13条〈幸福追求権〉の保護法益ないしいわゆる「憲法的自由」として——、とするのが憲法学の通説である。そしてこの親の教育権は、本質上、子どもの教育についての「包括的・全体的教育権」だという本質的属性をもっており、その対象や内容は子どもの教育に係わるすべての事項に及ぶのであり、こうして親が子どもの政治活動に係わってもある種の権利と責任を有していることは自明であろう(23)。

　かくして生徒の校外政治活動については、学校は権利規制的な介入をしてはならず、あくまで指導ないし助言をするといった程度に止まらなくてはならないということになる〈指導助言権としての生徒指導権〉。生徒の校外政治活動について学校への届出制を容認した文科省見解およびこれをうけて届出制を導入した愛媛県立高校の校則は、生徒指導の域を超えて、第一次的には生徒の政治活動の自由＝政治的表現の自由を、副次的には同時に親の教育権を侵害するものとして違憲であると評さなくてはならない。

　なおドイツにおいては、既述したように、基本法の人権条項が学校・生徒に直接適用され、生徒が学校外においてはもとより、学校内にあっても各種の政治的基本権を享有していることは学説・判例上自明視されている。このことを基本的な前提として、①学校が校内における生徒の政治活動を禁止ないし制限できるのは、それが学校の教育責務の遂行、秩序ある学校経営ないし「学校の平和」に深刻な影響を与える場合に限られる。②学校外における生徒の政治的な意見表明や政治活動については、教育行政機関や学校は原則としてこれに介入することはできない。ただ例外的に、その影響が直接学校の教育活動に及び、学校の教育責務の遂行を著しく妨げるような行為はこれを規制することができる。校外において授業のボイコットを呼びかけるデモ行進をしたり、ビラを配布するなどの行為がこれに当たる、とされている（参照：第Ⅱ部4章）。

（注）

(1) 東京地裁判決・昭和47年3月30日『判例時報』682号、39頁。

(2) 東京高裁判決・昭和52年3月8日『判例時報』856号、26頁。

(3) 朝日新聞、2016年2月22日付け。

(4) 朝日新聞、2016年3月16日付け。

(5) この校門圧死事件とそれをめぐる裁判の詳細は参照:神戸高塚高校事件を考える会編『神戸発、「親ばか」奮戦記――「校門圧死事件」から「親の教育権」を求めて』光陽出版社、1996年。なお1995年7月2日、神戸高塚高校事件を考える会主催の「校門圧死事件」追悼5周年集会が開催されたのであるが、本書には、そこでの私の講演「『学校教育における親の権利』について考える」が収載されている。

(6) 最高裁判決、平成8年2月22日『判例時報』1560号、72頁。

(7) 兼子仁『行政法学』岩波書店、1997年、95頁。

(8) 京都地裁判決、昭和61年7月10日『判例地方自治』31号50頁

(9) さしあたり、兼子仁『教育法』有斐閣、1978年、406頁。

(10) 永井憲一「学校規則と児童・生徒の人権」、『法学志林』81巻1号、10頁以下。

(11) 千葉地裁判決、昭和62年10月30日『判例時報』1266号、87頁。

(12) 戸波江二「校則と生徒の人権」、『法学教室』1988年9月号、8頁。

(13) いうところの「教育主権」について、詳しくは参照:拙著『生徒の法的地位』教育開発研究所、2007年、62頁以下。

(14) 戸波江二、同前。

(15) 参照:日本弁護士連合会『子どもの権利マニュアル』こうち書房、1995年、108頁。

(16) 参照「教育法制における親と子の地位」、『日本教育法学会年報』第26号、有斐閣、1997年、67頁。　H.Avenarius/H.P.Füssel, Schulrecht, 8Aufl.2010, S.239.

(17) H.Avenarius/H.P.Füssel, a.a.O., S.238-S.241.

(18) 「私学の自由」をいわゆる「憲法的自由」として享有している私立学校は「独自の学内規律を設定する自由」を擁しており、国・公立学校と同列に論じることはできない。この問題について、詳しくは第5章を参照。

(19) 研究代表者・市川昭午『学校教育の多様化・弾力化を進めるための外部教育セクターとの連携・協力に関する研究』国立教育研究所、1995年、61頁。

(20) 千葉地裁判決、昭和62年10月30日『判例時報』1266号、88頁。

(21) 朝日新聞、2016年3月16日付け。

(22) 同旨:H.Avenarius/H.P.Füssel, a.a.O., S.481.

(23) 親の教育権と学校・教員の教育権限の関係について、詳しくは参照:拙著『学校教育における親の権利』海鳴社、1994年。拙著『教育の自治・分権と学校法制』東信堂、2009年、235頁以下。

第Ⅱ部

ドイツの学校法制からの示唆
——「自律への教育」法制・「民主主義への教育」法制

第1章
国家の教育主権と学校の教育責務

～つ～ 第1節　国家の教育主権と学校教育 ～つ～

1　国家の学校監督と教育主権

　基本法7条1項は「すべての学校制度は国家の監督（Aufsicht des Staates）に服する」と規定しているが、この条項は、T.マウンツやH.アベナリウスも指摘している通り、学校制度を国家の影響領域に編入することを旨としている。基本法7条1項の第一義的な立法趣旨は「学校制度が遠心的な諸勢力によって分裂させられることのないように、また学校制度の統一性がそれぞれの州において確保されるようにこれを保障する」ことにある[1]、と言い換えてもよい。詰まるところ、基本法は「すべての学校が、その設置主体の如何に拘らず、国家の影響領域と形成権に編入される」との基本原則に立脚しているということである[2]。

　ところで、一般行政法の分野においては、「国家の監督」とは、通常、「特定の国家機関による、他の行政主体に対するコントロール」（法学的・技術的意味での監督）を意味するが[3]、上記条項にいわゆる「国家の学校監督」については、監督概念は学説・判例上、法技術的な意味のそれを超えて、かなり広義に解されてきている。

　たとえば、連邦行政裁判所は1960年代から一貫して、「（基本法7条1項にいう国家の学校監督は・筆者）、学校制度の組織、計画、指揮および監督に関する国家的権能の総体を含む」と判示してきているし[4]、連邦憲法裁判所も同じ立場から、下記のような判断を示している[5]。

　「基本法7条1項の意味における学校監督は、学校制度の計画および組織に関する国家の諸権能を包摂するもので、それは、すべての若き市民に対して、その能力に応じて、今日の社会生活に対応した教育の可能性を提供する、学校制度を保障することを目的としている」。

　また学説、しかも伝統的な国家の学校監督概念を厳しく批判する所説にあっても、たとえば、H-U.エファースによっても、国家の学校監督とは「学校制度の規律、計画、組織および指揮に関する権限、教員に対する監督ならびに教育課程や教育目的の

内容を確定する権限を含む、学校に対する国家の規定権の総体（Inbegriff des staatlichen Bestimmungsrechts über die Schule）」と捉えられている(6)。

それどころかより積極的に、現在ドイツにおける基本権論の第一人者B.ピィエロートによれば、基本法7条1項は基本法のなかにあって特殊な性格をもつ権限・組織規範なのであり、国家は同条によって、上記のような権能を有するだけではなく、「かかる権能を担う原則的義務」を課せられている、と解されるに至っている(7)。

いずれにしても、基本法7条1項にいう国家の学校監督権についての上述のような広義の解釈は、近時、有力な異説が見られてはいるものの(8)、支配的な学説はこれを基本的に支持し(9)、また判例上はすでに確定判例になっている、と言って差し支えないであろう。

このように、今日支配的な学説および確定判例によれば、基本法7条1項にいわゆる国家の学校監督には、法技術的な監督概念をはるかに超えて、各種の異質な国家的教育権能が包摂されているのであるが、それは、かつてH.ヘッケルが一応の理論整序をしたように(10)、内容的には大きくつぎのような二様の権能に大別される。

一つは、内的・外的学校事項に対する法的に固有な意味での監督（狭義の学校監督）で、この権限は学校監督庁がこれを行使する。

二つは、学校制度に関する国家の一般的形成権・規律権で、「教育主権」（Schulhoheit）と称されるものである。この権能は法制度上、直接には、議会ないし政府によって担われる。

基本法7条1項が定める「国家の学校監督」は、上記にいわゆる教育主権と狭義の学校監督を包摂する、二義的で上位の法制度概念であるということが重要である(11)。

2　国家の教育主権と教育目的の確定

すでに垣間見たように、教育主権とは国家、法制度上は議会ないし政府によって担われる、学校制度の組織、計画、指揮にかかわる一般的形成権および規律権（allgemeines Gestaltungs -und Normierungsrecht）をいう〈国家の教育主権・staatliche Schulhoheit〉(12)。　換言すれば、第一義的には、ひろく「学校関係を法律によって規律する国家の権能」とも言うことができる(13)。

かかる権能は議会制民主主義の憲法秩序を基礎とし、既述した通り、直接には基本法7条1項によって根拠づけられているものである。いうところの教育主権が別名

131

第1章　国家の教育主権と学校の教育責務

「国家に付託された教育責務」(staatlicher Erziehungsauftrag)と観念され、それは「機能十分な公学校制度を維持する国家の義務」(14)と把握されるゆえんである。

　具体的には、通説・判例上、たとえば、下記のような事柄が教育主権上の決定事項に属するとされる(15)。

　すなわち、中央段階での組織計画と組織の形成、つまりは、総体としての学校制度の構造や設置主体の確定、学校教育の目的や内容の決定、ナショナル・レベルでの成績評価基準の確定、学校の組織構造、教員の法的地位、就学義務、学校関係などに関する規律、教科書の検定、年間授業時数の確定、学校の施設・設備の最低基準の法定などがそれである(16)。

　なお上記にいわゆる「国家の教育主権」ないしは「国家に付託された教育責務」という法的構成に対しては、今日、それ自体を根元的に批判する有力な学説が見られている。価値多元主義社会における相対立し、競合する価値観の多様化という現実にあって、果たして国家がなおも学校教育に対して一般的な形成権ないし規律権を有しえるのか、という観点からのアンチテーゼである(17)。

　たとえば、市民社会と学校教育の組織構造に関する本格的な研究で知られるF.R.ヤーハは、つぎのように述べて伝統的な国家的学校制度を批判している(18)。

　「親と教員が共通の基本的な認識にもとづいて、社会全体に妥当する教育目的の範囲内において、固有の責任で教育上の学校プログラムを設定することが可能な、市民によって形成された学校(bürgerschaftlich verfaßte Schule)だけが、価値多元主義社会における価値と機能性を志向する教育の要請に応えることができる」。

　しかしこうした見解は学校法学においてはあくまで少数説に止まっているというのが現状である。

　ところで、先に言及した教育主権＝学校制度に関する国家の一般的形成権・規律権に学校教育の目的や内容(いわゆる内的学校事項)の決定権が含まれるか否かについて、「教員の教育上の自由」や「学校の教育自治」、さらには「親の教育権」の法的評価とかかわって、かつて学説上、厳しい見解の対立が見られた。

　否定論の旗頭・E.シュタインは基本法2条1項が保障する「人格の自由な発達権」に依拠して、こう論結する(19)。

　「この基本権はあらゆる国家領域に浸透し、その自由な構造を保障する。それは学校教育のイデオロギー的中立性と価値多元性を要請するものであり、その保証

132

第Ⅱ部　ドイツの学校法制からの示唆―「自律への教育」法制・「民主主義への教育」法制

人は国家ではなくて学校自治である。それゆえ、学校教育の内容的形成にかかわるすべての決定は学校の自治事項（Selbstverwaltungsangelegenheiten der Schule）でなければならない。学校教育の目的や内容を規定している現行の教授要綱は基本法2条1項に抵触し、違憲である」。

シュタインのかかる見解は、「すべての青少年の文化財を文部省が良しとする選択と傾向性において伝達されることは、教育の自由にとって甚だ危険である」[20]との認識に基づいている。こうした論旨をさらに徹底させたものとして、「国・学校設置主体はただ財政的諸条件の整備だけを任とすべきで、しかもその運用も学校の自治機関の決定に委ねられるべきである」[21]とする見解も見られている。

しかし圧倒的多数説は国家の公教育内容決定権を肯定し[22]、また判例においても肯定説がすでに確定判例となっていると言ってよい[23]。それに後述する通り、現行法制上も12州が州憲法でもって教育目的を設定するところとなっている。

肯定説を1972年12月6日の著名な連邦憲法裁判所「促進段階判決」（Förderstufenurteil）に代表させよう。こう判じている。

「基本法7条1項の学校監督は、すべての青少年に、その能力に応じて、今日の社会生活に対応した教育の可能性を保障することを任とする学校制度の、計画と組織に関する国家の権限を包含している。この国家的形成領域には、単に学校の組織的編成だけでなく、陶冶過程や教育内容の確定も当然含まれる」[24]。

肯定説の論拠は多様であるが、そのケルンを集約すると次のようになろう。

基本法7条1項の目的は、自由民主主義的基本秩序という基本法の原理のうえに学校制度の統一性を保持することにある。そのためには単なる組織上の措置だけでなく、学校制度の内容的規律も当然に要請される。かかる内的規律権は国家の存立に不可欠である。基本的な市民的価値を共有する国民の育成は自由民主国家存立のための基本的要請であり、また現代産業国家は国民が一定程度の教育水準にあることを不可欠の前提としているからである。それに国民の教育をうける権利は学校制度が教育内容的にも、外的・組織的にも、最低限の統一ある秩序を維持している場合にだけ保障されうる。

他方、国民の世界観的・政治的分裂に際して、個別利害を考慮しながら学校制度の形成を保障できるのは国家だけである。基本法の民主的解釈によれば、議会の指揮・統制任務をグループによる直接的意思決定によって代替することは許されない。

教育目的・教育内容の決定権なくして、議会はどうしてその教育政策上の統制機能を遂行することができるのか。また議会のこうした権能を排することは、議会制民主主義の憲法秩序そのものを否認することになる(25)。

第2節　学校の教育責務

1　州憲法による教育目的の法定

　上述のように、今日、いうところの国家の教育主権には学校教育の目的や基本的内容の決定権が包摂されているということについては、学説・判例上、大方の合意が成立しているのであるが〈教育目的・内容の決定における国民主権の確保〉、現行学校法制もこれに符合する形で学校教育の目的を法定するところとなっている〈教育目的法定主義〉。

　しかも、たとえば、ヘッセン州やブランデンブルク州など12州（旧西ドイツ＝7州、旧東ドイツ＝全5州）では州憲法でもって教育目的を規定しており、ベルリン州やハンブルク州など残る4州は学校法で定めているという法状況にある(26)。

　教育目的に関する規定内容はそれぞれの州の政治的、宗教的ないし文化的な背景や州憲法が制定された時期などによって各様であるが、旧西ドイツ諸州（以下：旧州）の憲法と旧東ドイツ諸州（以下：新州）のそれを比較すると、下記のようなかなり重要な違いが見られている(27)。

　①ほとんどの新州憲法が「自律的な思考」と「自由な人格」の育成を教育目的として強調しているが、旧州にあってはこのような価値を教育目的として設定しているのはブレーメン州だけとなっている。

　②多くの旧州憲法においては最高の教育目的として「神に対する畏敬」が規定されているが、このような目的規定を擁している新州憲法はまったく見られない。

　③ほとんどの旧州憲法が「自由で民主的な志向への教育」（Erziehung zu freiheitlich-demokratischer Gesinnung）を教育目的として掲げているのに対して、新州ではザクセン、ブランデンブルク、テューリンゲンの3州に止まっている。

　④ほとんどの旧州憲法が「民族と郷土ないし祖国への愛」を教育目的として規定しているが、新州にあってはザクセン州憲法が「郷土への愛」を規定しているにすぎない。

ちなみに、教育目的に関する現行法制をより具体的にヘッセン州について見ると、以下のような構造になっている。

　ドイツ基本法制定前の1946年に制定を見たヘッセン州憲法は、6ヵ条の教育条項を擁しているが（55条-59条、61条）、56条4項で「教育の目的」について理念的にこう謳っている。「教育の目的は、青少年を道徳的な人格に形成し、職業上の能力と政治的な責任（politische Verantwortung）に向けて準備し、畏敬と隣人愛、尊敬と寛容、実直と誠実さによって民族と人類に自律的に責任をもって貢献できるようにすることにある」。

　これをうけて同州学校法（1992年）2条1項が「学校に付託された教育責務」と題して、「ヘッセン州の学校はヘッセン州憲法が規定する、人道主義的でキリスト教的な伝統を基盤とする共通の教育責務を履行するものとする。学校は生徒が社会においてその人格を発展できるように貢献しなければならない」と書いている。そしてつづく同条2項で「学校は基本法とヘッセン州憲法の価値秩序を承認したうえで、生徒に下記のような能力を獲得させなくてはならない」として、たとえば、生徒が自ら基本権を担えるようにすること、国民としての責任を履行できるようにすることなど、大きく8項目を挙げ、これらについて具体的に規定するところとなっている。

　ところで、上記のような州憲法・学校法上の教育目的条項はどのような法的性質を有するのか。

　これについて、学校法学の支配的見解はこれらの条項は単なるプログラム規定ではなく、直接に妥当する法（unmittelbar geltendes Recht）であり、学校や教員に対して法的拘束力をもつと解している。したがって、教員が職務遂行上これらの教育目的条項に違反すれば、職務上の義務違反として当然に懲戒罰の対象となるとされる(28)。

　これに対して、教育目的を定めた条項は法規ではなく、授業における教員の道徳的な支えであると見る学説や(29)、生徒に対する憲法上の期待（Verfassungserwartungen）の表明だと解する見解も見られているが(30)、いずれも少数説に止まっている。

　なお基本法は教育目的を直接明記してはいないが、人間の尊厳の保護（1条1項）、人格の自由な発達権（2条1項）、信仰・良心・世界観告白の自由（4条1項）、親の教育権（6条2項）など学校教育の内容的形成に際して規準となる条項を擁している。また基本法による寛容の要請もあり、こうして学校は自由と価値多元性の意味

で「開かれた学校」でなくてはならず、特定の世界観、学説、政党の政策プログラムなどにもとづいて生徒を教化することは違憲として許されないということが帰結される(31)。別言すると、生徒は憲法上「寛容な学校を求める基本権」(Grundrecht auf eine tolerante Schule)を有しているということである(32)。

2 常設文部大臣会議の教育目的に関する決議

1973年5月、常設文部大臣会議(KMK)は「学校における生徒の地位」(Zur Stellung des Schülers in der Schule)と銘打った決議をした(33)。この決議は、伝統的に国家の学校監督権の拡大解釈といわゆる「公法上の特別権力関係論」の学校への援用(学校特別権力関係論)によって、学校法制上、長い間、無権利客体(rechtloses Objekt)として位置づけられてきた生徒を、学校においても基本的人権の主体として認め、生徒に対して知る権利や意見表明の自由など各種の基本的人権保障を確認するなど、ドイツの生徒法制史上エポックをなすものであるが、次のような内容から構成されている。①学校の任務、②学校関係と行政の法律適合性、③就学義務と授業への出席義務、④個々の生徒の権利、⑤生徒代表制の権利、⑥生徒の意見表明の自由、⑦生徒新聞、⑧生徒の授業拒否、⑨いわゆる生徒のストライキ、がそれである。

以下、学校の役割や教育目的に言及している①「学校の任務」を概括すると、つぎのようである。

学校は生徒を下記の目的に向かって教育する任務を負っている。その際、学校におけるすべての教育上ないし法的な決定は学校の任務によって正当化されるものでなければならない。学校は社会制度の一部であり、基本法および各州の憲法、学校法にその根拠をもつ。学校の教育責務は基本法の諸規範を志向するものでなければならず、とくにつぎの3点は重要である。子どもの教育をうける権利の保障を旨として、可能な限りの諸条件を創出すること、子どもの教育に関する親の正当な利益を尊重すること、そして生徒が将来政治的かつ社会的な生活においてその有する基本権を行使できるように、基本権行使能力を獲得しつつある生徒(grundrechtsmündig werdenden Schüler)に対して、学校においてもその年齢と成熟度に応じて、生徒がみずから基本権を行使することを可能にしなければならいということである。

学校の教育目的については各州の憲法や学校法で各様に規定されているが、下記の点については広範な合意が成立していると言える。すなわち、学校は、

①知識、技能、能力を伝達すること、

②自律的な批判的判断力、自己の責任にもとづく行動および創造的な活動に向けた能力を育成すること、

③自由と民主主義に向けて教育すること、

④寛容、他者の尊厳に対する尊重および自分とは異なる信念の尊重に向けて教育すること、

⑤国際協調の精神における平和的な志向を覚醒すること、

⑥倫理規範や文化的、宗教的な価値を理解させること、

⑦社会的行為や政治的な責任への準備を喚起すること、

⑧社会において権利と義務を担えるような能力を育成すること、

⑨労働界の諸条件について指導すること、という学校の任務についてである。

以上が①「学校の任務」の概要であるが、本書のテーマに引きつけると、学校の重要な役割の一つとして、常設文部大臣会議が生徒が将来その政治的基本権や政治的責任を担えるように、学校においても生徒はその基本権を行使することが可能とされなければならない、との見解を示していることは格別に重要であろう。

なお常設文部大臣会議は1949年に創設された、すべての州の文部大臣によって構成される機関で、そこには「満場一致の原則」が妥当している。その決議や勧告は州の法律によって法認されると拘束力ある州法となるのであるが(34)、このような連邦レベルの機関によって上記のような決議がなされた意義には大きいものがあると言える。

（注）

(1) H.Avenarius/H.-P.Füssel, Schulrecht, 8Aufl. 2010, S.181.

(2) R.Herzog/M.Herdegen/R.Scholz/H.H.Klein(Hrsg.), Grundgesetz-Kommentar, Stand 2011, Art.7 Rn.17, S.Art.7-17.

(3) R.Herzog/M.Herdegen/R.Scholz/H.H.Klein(Hrsg.), a.a.O., Art.7 Rn.16, S.Art.7-7.
　この点、たとえば、地方自治体法にいう監督の法形態は、つぎの2種とされている。一つは法監督で、法違反の存否に関する合法性のコントロール（Rechtmäßigkeitskontrolle）を旨とし、他は、正当性・合目的性の観点からの客観性のコントロール（Sachlichkeitskontrolle）、つまり専門監督である（ditto）。

(4) たとえば、BVerwG. Urt. v. 31. 1. 1964, In:RWS（1964）, S.146. BVerwG. Urt.v. 15. 11. 1974, In:NJW（1975）, S.1182. BVerwG. Beschl. v. 29. 5. 1981, In:NJW（1982）, S.250.

(5) BVerfG. Urt. v. 6. 12. 1972, In:NJW（1973）, S.134. BVerfG. Beschl. v. 21. 12. 1977, BVerfGE 47, 46(71). BVerfG. Beschl. v. 26. 2. 1980, In:NJW（1980）, S.2403.
　なお近年の判例では、たとえば、バイエルン州憲法裁判所の1994年の決定（Bay VerfGH, Ent. v. 17. 11. 1994）が同じような見解をとっている（In:DVBl 1995, S.419）。

(6) H-U.Evers, Die Befugnisse des Staates zur Festlegung von Erziehungszielen in der pluralistischen Gesellschaft, 1979, S.55.

(7) B.Pieroth, Erziehungsauftrag und Erziehungsmaßstab der Schule im freiheitlichen Verfassungsstaat, In:DVBl（1994）, S.951.

(8) 有力な批判的学説としては、とくに下記が挙げられる。
　F.R.Jach, Schulvielfalt als Verfassungsgebot, 1991, S.23ff. E.Bärmeier, Über die Legitimität staatlichen Handelns unter dem Grundgesetz der Bundesrepublik Deutschland, 1992, S.150ff.

(9) さしあたり、J.Rux/N.Niehues, Schulrecht, 2013, S.217. H.Avenarius/H.-P.Füssel, a.a.O., S.182. T.Oppermann, Schule und berufliche Ausbildung, In:J.Isensee/P.Kirchhof, Handbuch des Staatsrechts der Bundesrepublick Deutschland VI, 1989, S.335-S.336. I.v.Münch/P.Kunig(Hrsg.), Grundgesetz -Kommentar, 6Aufl., 2012, S.654ff.

(10) ヘッケルが「教育主権」（Schulhoheit）という概念を創造し、これについて本格的に論究したのは「学校法学」第5版が最初である（S.157ff）。この書物は、これまでに8版を重ねてきており、ドイツにおける学校法学の権威書、不朽の名著だと評されよう。初版（1957年）、2版（1960年）、3版（1965年）、4版（1967年）及び5版（1976年）まではH.ヘッケルとP.ザイプとの共著で（とはいってもザイプは少年法域だけ執筆）、6版（1986年）と7版（2000年）はH.アベナリウスとの共著である。2010年に公刊された8版はH.アベナリウスとH.-P.フュッセルの共著で、書名も『学校法学』（Schulrechtskunde）から『学校法』（Schulrecht）に変更され、大幅な補訂が加えられているが、全体として、H.ヘッケルの理論的立場が一貫して貫かれていると言ってよい（ヘッケルは1991年に他界）。なお、アベナリウスはドイツ国際教育研究所（Deutsches Institut für Internationale

Pädagogische Forschung)におけるヘッケルの後任である。

(11) 同旨:T.Maunz, Gestaltungsfreiheit des Lehrers und Schulaufsicht des Staates, In: H.Maurer(Hrsg.), Das akzeptierte Grundgesetz, 1990, S.276. E-W.Fuß, Verwaltung und Schule, In:VVDStRL, Heft 23(1966), S. 213.

(12) H.Heckel, Schulrechtskunde, 5Aufl. 1976, S.159. E.Stein/M.Roell, Handbuch des Schulrechts, 1992, S.31.

(13) L.Dietze/K.Hess/H.G.Noack, Rechtslexikon für Schüler, Lehrer, Eltern, 1975, S. 253.

(14) M.Bothe, Erziehungsauftrag und Erziehungsmaßstab der Schule im freiheitlichen Verfassungsstaat, In:VVDStRL Heft 54 (1995), S.17.

(15) さしあたり、H.Avenarius/H.Heckel, Schulrechtskunde, 7Aufl., 2000, S.235. T.Oppermann, a.a.O., S.336. N.Niehues/J.Rux, a.a.O., S.181. R.Herzog/M.Herdegen/R.Scholz/H.H.Klein (Hrsg.), a.a.O., Art.7 Rn.45, S.Art.7-34など。

(16) ちなみに、この点、連邦憲法裁判所判旨にもこうある。
「学校の組織編制や教育システムの構造の確定、学習課程の内容的・方法的プログラムや学習目的の確定、さらには学習目的が生徒によって達成されたかどうか、それはどの程度達成されたか、等に関する決定は、国家の形成領域(staatliche Gestaltungsbereich)に属している」(BVerfGE 59, 360(377), zit. aus H.Avenarius/H.Heckel, a.a.O.S.235)。

(17) ちなみに、ドイツ国家法教員協会は1994年の第54回大会テーマを「自由な立憲国家における学校の教育責務と教育の規準」(Erziehungsauftrag und Erziehungsmaßstab der Schule im freiheitlichen Verfassungsstaat)と設定し、この問題を本格的に取り上げている(In: VVDStRL 54(1995), S.7ff.)。

(18) F.R.Jach, Schulverfassung und Bürgergesellschaft in Europa, 1999, S.18.

(19) E. Stein, Das Recht des Kindes auf Selbstentfaltung in der Schule, 1967, S.57-58.

(20) ditto,S.45.

(21) L.Dietze/K.Hess/G.Noack,a.a.O., S.290.

(22) H.Avenarius/H.P.Füssel, a.a.O.,S.182. T.Oppermann, a.a.O., S.641. J.Rux/N.Niehues, a.a.O., S.224,など枚挙に暇がない。

(23) たとえば、BVerwG. Beschl.v. 13. 3. 1973., SPE.I, AII,53.a BVerwG. Beschl. v. 9. 4. 1975, In:DVBl(1975), S.428.

(24) BVerfG. Urt.v. 6. 12. 1972, In:NJW(1973), S.134.

(25) H.Avenarius/H.Heckel, a.a.O., S.234-S.235. H.Heckel, Schulrecht und Schulpolitik, S.56-57. ders, Schulrechtskunde, 5Aufl., S.159. H.Stephany, Staatliche Schulhoheit und kommunale Selbstverwaltung, 1964, S.29-30. A.F.v.Campenhausen, a.a.O., S.23. J.Rux/N.Niehues, a.a.O., S.224-S.226. T.Oppermann, a.a.O., S.641.など。

(26) 教育目的を規定している州憲法は下記の通りである。
バーデン・ビュルテンベルク州憲法11条、バイエルン州憲法128条、ブレーメン州憲法26条、ヘッセン州憲法56条、ノルトライン・ウエストファーレン州憲法7条、ラインラント・プファルツ州憲法27条、

ザールラント州憲法26条、ブランデンブルク州憲法28条、メクレンブルク・フォアポンメルン州憲法101条、ザクセン州憲法101条、ザクセン・アンハルト州憲法27条、テゥーリンゲン州憲法22条。

なお教育目的を学校法で規定しているのはベルリン、ハンブルク、ニーダーザクセン、シュレスビッヒ・ホルシュタインの4 州である。

(27) J.D.Kühne, Neue Länder-neue Erziehungsziele?, In:RdJB(1994), S.39ff.

B.Pieroth,a.a.O., S.949ff.

M.Bothe, a.a.O., S.17ff.

A.Dittmann, Erziehungsauftrag und Erziehungsmaßstab der Schule im freiheitlichen Verfassungsstaat, In:VVDStRL Heft 54 (1995), S.60ff.

(28) H.Avenarius/H.P.Füssel, a.a.O., S.112. B.Pieroth, a.a.O., S.954.

M.Bothe, a.a.O., S.25.

(29) G.Roellecke, Erziehungsziele und der Auftrag der Staatsschule, In:W.Zeidler/T.Maunz/ G.Roellecke(Hrsg.), Festschrift für H.J.Faller, 1984, S.199.

(30) J.Isensee, Grundrechtsvoraussetzungen und Verfassungserwartungen an die Grundrechtsausübung, In:J.Isensee/P.Kirchhof, Handbuch des Staatsrechts der Bundesrepublick Deutschland V,2000, S.444.

(31) H.Avenarius/H.P.Füssel, a.a.O., S.110.

(32) T.Oppermann, a.a.O., S.346.

(33) KMK, Zur Stellung des Schülers in der Schule, Beschluß v. 25. 5. 1973, Beschluß-Sammlung Nr.824.

(34) J.Schulz-Hardt, Die Ständige Konferenz der Kultusminister der Länder in der Bundesrepublik Deutschland(KMK), In:H.Krüger u.a.(Hrsg.), Handbuch des Wissenschaftsrechts, Bd.2, 1996, S.1656.

第2章
公法上の学校特別権力関係論と生徒の法的地位

第1節　公法上の特別権力関係論

　ドイツにおいては19世紀後半以降、「公法上の特別権力関係論」（Die Lehre vom öffentlich-rechtlichen besonderen Gewaltverhältnis）なる公法理論が学説上展開され、教育行政・学校法域では、公立学校教員の勤務関係と学校営造物利用関係（児童・生徒の在学関係）が、この特別権力関係に当たると解された。

　いうところの公法上の特別権力関係論は、19世紀後半、ドイツ立憲君主制下において生成し、P.ラーバントやO.マイヤーなどによって全体的法秩序の下で体系的に構築された。それは、ドイツ公法学に伝統的な行政の内部・外部二分論を前提とするもので、立憲国家・法治国家的諸要請に対して、絶対主義的君主・行政部の命令権力を法治主義の範囲外に維持するために擬制された学説の産物である[1]。

　つまり、この理論は絶対主義的要請に応える法解釈論として、別言すれば、「法治国家における警察国家的孤島」[2]として、E.ホルストホフもいうように、「法治国家の間隙」（Lücke des Rechtsstaats）における「侵害行政としての高権行政」（Hoheitsverwaltung als Eingriffsverwaltung）と深く結合し、歴史的に、反法治主義的性格を強く担ってきた[3]。

　具体的には、大きく以下の3点にこの理論の基本的メルクマールないし実益があった。

　すなわち、特別権力関係における特別権力の発動・行使は一般に一種の公権力の発動・行使とみなされ、一般権力関係におけるのとは異なり、

　①特別権力関係の内部においては「法律の留保の原則」（Grundsatz des Gesetzesvorbehalts）が妥当しない。つまり、特別権力主体は特別権力（命令権・強制権・懲戒権）の具体的な発動・行使に際して、法律上の根拠がなくても、必要に応じて、行政内部規則等により、特別権力服従者の権利を制限したり、義務を課すことができる。

　②特別権力主体は特別に高められた権力主体として、権力服従者に対して包括的支配権を有する。特別権力関係内部においては、特別権力服従者は原則として

基本的人権を主張しえないか、これに対する広範なコントロールを受忍しなくてはならない。

つまり、特別権力主体は当該特別権力関係の設定目的を達成するために必要な範囲と程度において、各個の場合に具体的な法律の根拠なしに、権力服従者の基本的人権を制約することができる。

③特別権力関係内における措置・決定や処分などの権力行為は、たとえそれが重大な法的効果や権利侵害を伴うものであっても、特別権力関係内部規律行為として、原則として(特別権力関係からの排除処分である学生・生徒の退学処分や官吏の免職処分などは別として)、これに対しては裁判上の救済が及ばない。

ドイツにおいては、このような反民主主義的・反法治主義的な公法上の特別権力関係論がその後、ワイマール憲法下においてはもとより、ボン(ドイツ)基本法施行後もかなり長い間教育界を風靡し、そして1970年代に入って漸く克服されることになるのであるが(後述)、以下では主として学校営造物利用関係＝児童・生徒の在学関係(学校関係)に絞って、これに関する法制・学説・判例を見ていくこととする。

第2節　学校営造物理論と学校特別権力関係論

1794年に制定されたプロイセン一般ラント法はドイツ学校法制史上初めて、学校を「国家の施設(Veranstaltungen des Staats)」として位置づけたのであるが、関連して警察などの「営造物(Anstalt)」についての条項も擁していた(第2編17章10条)。そこにいうVeranstaltungenやAnstaltは、同法においては未だおよそ技術的確定的概念としての営造物ではなかったが(4)、その後これらの概念をめぐる法解釈や法理論として打ち出されたのがいわゆる営造物理論である。

この理論は本格的には19世紀末から20世紀前半にかけて、ドイツ行政法学の始祖・O.マイヤーによって展開されたものである(5)。マイヤーは当時の各種行政分野における営造物関係が権力関係であるという点では共通しているとの認識のもとに、いうところの営造物を「公行政主体により公の目的に継続的に供用される人的手段および物的施設の総合体」と定義し(6)、その法理を構築した。そしてマイヤーの理論はワイマール憲法下の学説や判例によっても基本的に承認され、こうしてドイツ行政法学の伝統的理論となったのである。

この理論は当然ながら学校にも援用された。ちなみに、この点、W.ランデは端的にこう書いている(7)。

「公立学校は、公の営造物に関し特別な法規を発展させてきた、行政法学説の意味においては、公法上の営造物である。…学校が固有の法人格を有すると否とに拘らず、学校と学校設置者との関係ならびに学校とその利用者の関係については、…営造物法が妥当する」。

かくしていうところの学校営造物理論は、下記のような基本構造をもつこととなった。

①営造物理論が説くところによれば、営造物は権利能力の存否、つまりは営造物主体に対する法的独立性を基準として、「全的に権利能力を有する営造物(vollrechtsfähige öffentliche Anstalt)」、「部分的に権利能力を有する(teilrechtsfähige)営造物」、それに「権利能力なき(nichtrechtsfähige)営造物」の3類型に区分されるが(8)、学校は、上級学校を除いて――プロイセン一般ラント法54条以来、ギムナジウムなどの中等教育諸学校は「社団としての外的権利を享有するとされ、「権利能力を有する営造物」として位置づけられてきた(9)――、後者として位置づけられた。

すなわち、学校は権利能力のない非独立的な営造物として、教育行政・学校組織権限関係上、学校監督庁の包括的な規律権ないし支配権に服するとされた。

敷衍して書けば、「学校は公行政の一部分をなしており、非独立的な営造物(unselbständige öffentliche Anstalt)である。学校は法人格を有してはおらず、それ自体、国家行政の一部に止まっているからである」とされたのであった(10)。

②先に垣間見たとおり、営造物理論は公法上の特別権力関係論と強く結合して展開され、学校営造物の利用関係は、特別に強められ、高められた「営造物権力としての学校権力」(Schulgewalt als Anstaltsgewalt)が働く「公法上の特別権力関係」だと解された(11)。U.K.プロイスの表現を借用すれば、「学校特別権力関係の行政上の容器である、権利能力なき公法上の営造物としての学校」という法的位置づけである(12)。

また学校は軍隊や刑務所と同じく「権力および懲治を行う営造物」(公権力的営造物・倫理的営造物)であり、そこにおける教育活動は国家の権力作用そのものとみなされた。

すなわち、「公の営造物の作用は公の行政の発動」であって、「公立学校は官庁

であり、…公権力を行使する」。学校における「教育活動は公権力の行使」に他ならず、それどころか「学校のすべての活動およびその機関としての校長と教員のあらゆる活動」がそうである。

かくして「学校の活動は刑法113条の意味における公務執行であり、教員に対する抵抗は国家権力に対する抵抗である」。「学校の命令に対する不服従は刑法110条によって有罪である」(13)とされた。

さて、以上のような伝統的学校営造物理論・法制といわゆる学校特別権力関係論は、基本法施行(1949年)後においても、基本的には維持・継承されることになる。

すなわち、まず学校の法的地位・性格については、たとえば、ノルトライン・ウエストファーレン州学校法(1958年)6条やバイエルン州教育制度法(1960年)5条など、すべての州学校法が学校を従前どおり「権利能力なき営造物」として位置づけた。そして、これらの条項の解釈においても、「学校は非独立的営造物、すなわち、行政主体の掌中にあって、特別の目的に継続的に供用される人的・物的手段の総合体である」(14)というような捉え方のもと、伝統的学校営造物理論が依然として圧倒的な多数説を占めた。

また、たとえば、ドイツにおける指導的な学校法学書であるH.ヘッケル著『学校法学』初版(1957年)の39章Aが「特別権力関係としての学校権力」と銘打って、「学校の特別権力関係」(Das besondere Gewaltverhältnis der Schule)について解説しているところからも窺えるように(15)、公法上の学校特別権力関係論もなお根強く支配的であった。

さらに公法上の勤務関係に立つ教員には、特別権力関係論と相俟って、伝統的な官吏法理が厳格に適用されたのであった。

第3節　公法上の学校特別権力関係論の克服

1　基本法の民主的法治国家の原理と公法上の特別権力関係論

1949年5月に制定を見たドイツ基本法は民主的および社会的法治国家の原理を憲法上明記するとともに(28条1項)、「立法は憲法的秩序に拘束され、執行権および司法は法律および法に拘束される」(20条3項)と規定した。併せて、「何人も、公権力によってその権利を侵害されたときは、出訴することができる」(19条4項・行政訴訟事

項における一般条項の導入）ことも確認した。

　本来、このような憲法体制下においては、既述したような反民主主義的・反法治主義的な公法上の特別権力関係論は妥当する余地はない筈である。果たせる哉、1950年代後半から上記のような憲法上の原則に基づいて学説上、特別権力関係論一般に対する批判が強まることになる。「特別権力関係においても、相異なる法主体の権利範囲が互いに限界づけられ、一定の秩序をなしてその限界づけが強制されている限り、そこにも法は存在しうるし、それは法的に秩序づけられた生活関係である」という認識が見られ始めたのである(16)。「法律関係としての特別権力関係」（besonderes Gewaltverhältnis als Rechtsverhältnis）という把握である。

　たとえば、行政法学者・C.H.ウーレは1957年の論文「特別権力関係」において、いうところの特別権力関係を基本関係（Grundverhältnis）と経営関係（Betriebsverhältnis）に区別し、このうち基本関係における措置や決定に対しては基本法19条4項に基づいて行政裁判上の権利救済が当然に及ばなくてはならないとして、特別権力関係における権利保護拡大の必要性を強く説いた(17)。

　また、たとえば、1965年のヘッセン州憲法裁判所判決がその例であるが(18)、学校法域における係争事件に関し当事者の基本権の侵害の存否という観点からアプローチする判例も見られ始めた。

　そして、こうした行政法学説・判例に呼応する形で1960年代後半以降、有力な学校法学説も学校関係を法律関係として構成し、教育行政庁・学校による生徒や親の法的地位や権利領域への介入は「法律」による授権を必要とする〈学校法域における「法律の留保の原則」の妥当〉、という見解を採ることとなる。E.W.フース「行政と学校」（1966年）、H.U.エファース「行政と学校」（1966年）、R.ビンマー「ドイツの教育行政は法治国家的か」（1966年）、W.パーシェル「学校の民主化に際しての法の役割」（1969年）などの論稿における見解や(19)、次に言及するH.ヘッケルの所説がそれである。

2　H.ヘッケルによる学校特別権力関係論批判

　かつてドイツにおいて長年に亘って学校法学研究をリードしたH.ヘッケルは、1968年に公にした論文「行政政策の課題としての学校と学校行政」において、当時のドイツにおける学校法制・理論状況の欠陥を厳しく指弾して、下記のように唱導し

た（再掲）(20)。

　「学校法の今日的中心課題は、憲法にいう社会的法治国家の原理を学校においても浸透・定着させることにある。とくに生徒および親の法的地位を学校に対して確立することによってである。こうして、従来、法から自由な教育行政の領域（rechtsfreie Raum der Schulverwaltung）に委ねられてきた学校関係に、法秩序の内部において、それにふさわしい場を保障することが肝要となる」。

　そして翌、1969年に刊行した「学校法学」第4版においては、上述したような憲法上の原則と学校との関係について次のような基本原則が存していることを、改めて確認する。「全体主義的・絶対主義的な国家においては学校もまた全体主義的、絶対主義的で国家的である。民主的で自由な国家においては、学校もまた民主的で自由である。ドイツは、基本法28条1項によれば、民主的な社会的法治国家である。…このことは法治国家の原則、社会国家の原則および民主制の原則が個々の学校および総体としての学校制度に対して拘束力をもつということを意味する」〈自由で民主的な社会的法治国家秩序への学校の編入〉(21)。

　そして、この基本原則を踏まえて同書第4版では、「学校法学」第1版（1957年）から第3版（1965年）までの「特別権力関係としての学校権力」（Die Schulgewalt als besonderes Gewaltverhältnis）という章を削除し、これに代えて37章「学校関係」の章を設け、「法治国家における学校関係」（Das Schulverhältnis im Rechtsstaat）と題して、伝統的な学校特別権力関係論を厳しく批判することとなる(22)。それは端的に次のように概括できよう。

　いうところの「学校権力」という概念は学校の本質や役割、生徒と親の権利との緊張、そしてとりわけ法治国家原則からの要請により、もはやこれを維持することはできず、廃棄する必要がある。つまり、この概念が依拠してきた特別権力関係という法的形象は、法治国家的な秩序にあってはもはや存在の余地はない。長い間、「法律の留保の原則から自由な学校権力」の規律下におかれ、その形成が広範に学校行政に委ねられてきた学校関係を、法律と行政との法治国家的な関係に適合させなければならない。国民の自由な領域への行政の介入は、その年齢に関係なく、常に法律上の根拠を必要とする、という法律の留保の原則は、学校関係に対してもまた適用されなくてはならない。

　こうして、学校関係は法律関係として把握されなければならないことになる〈法律

関係としての学校関係・Schulverhältnis als Rechtsverhältnis〉。ここで学校関係とは、学校と生徒および親との間の法的関係の総体をいう。学校関係は生徒や親、場合によっては他の教育主体の法的地位や権利領域に触れるものであるから、法治国家においては、それは行政の命令や措置によって一方的に規律されてはならず、相互的な法的関係として、法律によって規定されなくてはならない。

　生徒は学校においても基本権を全的に享有しているのであり、親の教育権についても語られることがない。これらの基本権への学校の介入は法律上の根拠を必要とする。生徒が基本権を有しているということは、学校関係の法律による規律を、つまりは学校における、ないし学校に対する生徒と親（教育権者）の法的地位についての法律上の規律を求めることになる〈学校の法化〉。

3　連邦憲法裁判所の特別権力関係論否定判決

　さて上述したような公法上の学校特別権力関係批判論も含めて、1960年代後半の段階で学説上、この理論に対する否定論が優位に立つに至ったこともあって、1970年代初頭、この法域は判例によって画期的な展開を見せることになる。

　すなわち1972年、連邦憲法裁判所は伝統的に公法上の特別権力関係とされてきた刑務所収容関係について、「囚人の基本的人権もまた法律によってのみ、もしくは法律に基づいてのみ（nur durch Gesetz oder aufgrund eines Gesetzes）制約されうる」と判示して、刑務所収容関係への「法律の留保の原則」の適用を認め、この理論に対して最終的に「死刑判決」を言い渡したのである(23)。

　そしてこの判決をうけて、1974年、今度は連邦行政裁判所が公立学校への性教育の導入と親の教育権との関係が争われた事件で、以下のように判示して(24)、学校関係における特別権力関係論を全面的に否定し、今日に至っているという状況にある(25)。

　「基本法20条3項が定める法治国家原理および20条2項が謳う民主制原理は、立法者に、基本権が重要な意味をもつ領域（grundrechtsrelevante Bereich）においては、本質的な決定（wesentliche Entscheidungen）」は立法者自らがなし行政権に委ねてはならないことを義務づける。

　法治国家原理は、公権力をそのあらゆる発現において、明確な権限規定と機能分化によって法的に拘束することを要請する。民主制原理は、あらゆる生活領域の秩

序が、国民によって選任された立法機関の意思決定に基づかなければならないことを求める。基本権行使の領域においては、立法者は、国家の形成の自由に委ねられた法領域を自ら画さなければならない。…

　…このことは学校制度の規律についても妥当し、立法者は学校制度の本質的なメルクマールはこれを自らが確定しなくてはならない。…学校関係は教育行政によって充足されうる法律から自由な領域であるとする、学校関係の特別権力関係への伝統的編入ならびに慣習法は、基本法の効力下においては、もはや容認するわけにはいかない」。

第4節　「法律の留保の原則」と連邦憲法裁判所の「本質性理論」

1　連邦憲法裁判所の「本質性理論」

　上述したように、連邦憲法裁判所は1972年、刑務所収容関係への「法律の留保の原則」の適用を認めて、伝統的な公法上の特別権力関係論をフォーマルに否定したのであるが、この「法律の留保の原則」と係わって理論的に重要な役割を果たしてきているのが、連邦憲法裁判所の理論的創造に係る「本質性理論」（Wesentlichkeitstheorie）である。

　連邦憲法裁判所は、上記「刑務所収容関係判決」と同じ1972年の「大学入学者制限制判決」(26)と「促進段階判決」(27)において、いわゆる「本質性理論」を初めて提示した。この点と係わって重要なのは、F.オッセンビュールの次のような指摘である(28)。「本質性理論がまずもって学校法の領域で初めて採用されたということは決して偶然ではない。学校は1970年代に至るまで絶対主義の孤島（Inseln des Absolutismus）に止まっていた。教育政策上の第一級の決定が教育行政の秘密の薄暗がりの中で、すなわち、文部省令によってなされてきたからである」。

　この理論はその後、1970年代後半から80年代前半にかけての憲法・行政裁判においてもしばしば援用され、すでに連邦憲法裁判所と連邦行政裁判所の確定判例となっているのであるが(29)、学校法域に引きつけて、これまで各種の判例で提示されたこの理論の具体的内容を概括すると、以下のようになろう(30)。

　基本法7条1項は国家に教育主権を帰属せしめているが、しかし、いかなる国家権

力が教育主権上の個々の任務を担う権限を有するか、については規定していない。従前の見解によれば、いうところの教育主権は行政の事項に属していたが、基本法の下にあっては、法治国家原則と民主制原則にもとづいて、国家的権能の整序がなされなくてはならない。

　学校教育が国家や国民に対してもつ重要な意味に鑑み、自由の保障を旨とする法治国家的な「行政の法律適合性の原則」が学校関係にもまた推し及ぼされなければならない。また民主制の原則は学校制度のような重要な生活領域の規律は、少なくともその基本に関しては、民主的かつ直接的な正当性を有する立法者自身が責任をもち、公の意思形成の過程においては、様々な相対立する利害を考慮して、確定されなくてはならないことを要請する。

　それ故、基本法にいう法治国家原則と民主制原則が立法者に対して、学校制度における本質的な決定（wesentliche Entscheidungen im Schulwesen）は立法者自らがこれをなし、教育行政に委任してはならないということを義務づける〈議会への留保・Parlamentsvorbehalt〉。このことは、とりわけ基本権と係わる領域で、国家の形成に委ねられた法領域に妥当する。

　どのような措置・決定が「本質的」であるか、したがって、議会に留保されなければならないか、もしくは議会によって内容的に規律された授権にもとづいて行われなければならないかは、基本法に照らして決定されることになるが、その際、基本権の保護という視点が重要となる。

　基本権が重要な意味をもつ領域においては、「本質的」（wesentlich）とは、一般に基本権の実現にとって本質的（wesentlich für die Verwirklichung der Grundrechte）ということを意味する。かくして、自由権的基本権が相互に競合しそれぞれの限界を画するのが困難な場合には、立法者はこのような生活領域に必要とされる基本的事項を自ら決定する義務を負う。ただこの場合、自由と平等領域に本質的に係わる措置・決定だけが法律の根拠を必要とする、ということに留意を要する。

　それでは、具体的にどのような事項に関する決定が「本質的な決定」として、議会に留保されなければならないかであるが、たとえば、下記のような事項がこれに属する。

　すなわち、基本的な教育目的の設定、各種の学校種・学校形態の性格や教育内容の基本的メルクマール（促進段階や総合制学校の導入など）、教科目や教育領域

（性教育や倫理教育の導入など）、学校による教育提供の拡大（全日制学校の導入）、学校の設置・廃止・移転・統合に関する一般的基準、教育スタンダードの導入、教科書検定手続、学校の組織構造、国と地方自治体の責任関係、教育財政、就学義務の設定と形成、法律関係としての学校関係、上級学校への入学条件、成績不良による退学に関する基本的要件、受験者の将来を左右するような学校の試験、退学処分のような生徒の自由領域を強度に制限する秩序措置の要件と手続、生徒の意見表明の自由、とくに生徒新聞の発行に際しての制限、などがそれである。

　立法者が法律事項の具体的な規律を執行権に委ねる場合には、立法者は授権の目的・内容・範囲・程度を法律で規定しなければならない。またこの場合、執行権による規律が法規命令によるか、行政規則によるかは重要である。これに関して執行権の側に法規の形態を選択する自由は存せず、国家と国民との関係における権利・義務の設定・変更・廃棄に関する規律は法規命令によらなければならない。

2　「本質性理論」と学校法における法律の留保

　以上が、1970年代初頭以降、今日までに連邦憲法裁判所（と連邦行政裁判所）によって示された、学校法域における「本質性理論」の概要であるが、この理論の意義として、現在ドイツの指導的な学校法学者・H.アベナリウスは大きくつぎの2点を挙げている[31]。

　一つは、「法律の留保の原則」を学校関係にも妥当せしめ、それでもって伝統的な公法上の学校特別権力関係論を克服したことである。他は、従来、国民の自由と財産に対する侵害に限定されていた「法律の留保の原則」の妥当範囲を、侵害行為だけではなく、学校制度における国家のすべての組織的・計画的・管理運営的行為にまで拡大したことである。

　なお上述した「本質性理論」と係わって、H.ヘッケル著『学校法学』において「学校法域における法律の留保」という問題がどのように位置づけられてきたか、について付言しておく必要があろう。

　『学校法学』の初版は1957年に刊行され、以後、第2版（1960年）、第3版（1965年）、第4版（1969年）、第5版（1976年）、第6版（1986年）、第7版（2000年）、第8版（2010年）と版を重ね、今日に至っているのであるが、初版から第3版まではこの問題についてまったく言及していない。しかし第4版においては、既述した通り、当時な

お根強く支配的であった学校特別権力関係論を厳しく指弾して「基本法にいう法治国家原則・民主制原則への学校の編入」を強く唱導するに至る。そして連邦憲法裁判所が「本質性理論」を初めて提示した1972年の4年後に出版された第5版においては、ヘッケルは基本法7条1項が規定する国家の学校監督権から「教育主権」(Schulhoheit)という概念を導出し、「法律の留保の原則」との関係で下記のような理論を提示している(32)。ここには、その理論構成の基本において、既述した「本質性理論」が色濃く反映していることが知られよう。

　すなわち、ヘッケルによれば、いうところの教育主権上の決定は「基本的決定」(Grundentscheidung)とこれを具体化するための「副次的決定」(Sekundärentscheidung)とからなる。たとえば、教育目的の設定は前者に属し、教科書検定や教授要綱の制定は後者に属する。このうち基本的決定は法治国家・民主制原則に基づき議会がこれを法律上確定することを要し、行政権への委任は許されない。副次的決定は権力分立の原則によって行政庁の権限とされるが、かかる決定も当然に法治主義的・民主主義的統制に服せしめられなければならない。すなわち、従前のような伝統的学校監督概念に依拠した教育行政庁の包括的規律権はもはや容認されうる余地はない。教育行政庁の法定立的命令制定権は法律による明示的授権に基づいてのみ許容される。しかもこの場合、包括的授権は禁止され、議会は法律によって授権の内容・目的・程度をできるだけ精確に規定しなければならない。社会科や政治教育などの世界観に関わる教科については特にそうである。

　その後、H.アベナリウスが共著者となった第6版からは、第5版の内容構成を大幅に変更して「法律の留保」という章を立て、「連邦憲法裁判所の本質性理論」のタイトルを付して、学校法域に引き付け、この理論について本格的に言及している。H.アベナリウスによって大幅に改訂された第7版と、H.アベナリウスとH.P.フュッセルの共著となった第8版においても、基本的には同様である。

（注）

(1) この理論について詳しくは参照:室井力『特別権力関係論』勁草書房、1968年、239頁以下。

(2) F.Rehmert, Verwaltungsgerichtliche Probleme des Schulrechts, In:DÖV (1958), S.437.

(3) E.Forsthoff, Lehrbuch des Verwaltungsrechts, 9 Aufl.1966, S.123-124.

(4) H.Jecht, Die Öffentliche Anstalt, 1963, によれば、「プロイセン一般ラント法12章1項の目的は学校・大学法の領域において国家の権能を拘束的に確定することにあった。したがって、そこにおいては特定の組織形態（Organisationsform）はまったく考慮されてはいなかった」とされる（S.12）。

　　またH.J.Wolffも、プロイセン一般ラント法にいうVeranstaltungenやAnstaltには、法律用語としては、特別な意味はなかったとしている（ders. Verwaltungsrecht II, 1962, S.255）。

(5) O.Mayerがこの問題について初めて言及したのは、Deutsches Verwaltungsrecht Bd.2, 1896, S.318においてである（zit. aus H. Jecht, a.a.O., S.12）。

(6) O.Mayer, Deutsches Verwaltungsrecht, Bd.2, 3Aufl. 1924, S.268. マイヤーによれば、学校や監獄は「営造物ノ役務ノ享受者カ公法上ノ権力及ヒ懲治関係（Gewalt-und Zuchtverhältnis）」に立つ営造物なのであった（ders. ditto. 1Aufl, 1898, S.335. 美濃部達吉訳『独逸行政法』第4巻、245頁）。同旨:A,Eisenhuth, Die Entwicklung der Schulgewalt und ihre Stellung im Verwaltungsrecht in Deutschland, 1931, S.44-S.45.

(7) W.Landé, Preußisches Schulrecht, 1933, S.14.

(8) H.J.Wolff, VerwaltungsrechtII, 1962, S.258-S.260.

(9) W.Landé, a.a.O.S.92. W.Kühn, Schulrecht in Preußen, 1926, S.8.

(10) A.Eisenhuth, a.a.O., S.68.

(11) さしあたり、S.Lang, Das Schulverhältnis als Anstaltsverhältnis, 1969, S.29. V.Weinfurtner, Das Anstaltsverhältnis im Schulrecht, In:RWS(1961), S.377ffなど。

　　ちなみに、A.Podlechは「学校は特別権力関係が表出する典型的な組織である」と論結している（ders. Das Grundrecht der Gewissensfreiheit und die besonderen Gewaltverhältnisse, 1969, S.48）。

(12) U.K.Preuß, Demokratie und Autonomie, In:RdJB (1993), S.163.

(13) W.Landé, a.a.O., S.13-S.15.

(14) H.A.Berkenhoff, Schulaufsicht und Kommunalaufsicht in Nordrhein Westfalen, In:DVBl. (1959), S.118.

(15) H.Heckel/P.Seipp, Schulrechtskunde, 1Aufl., 1957, S.272.

(16) 室井力、前出書、279頁。

(17) C.H.Ule, Das besondere Gewaltverhältnis, In:VVDStRL(1957), S.133ff. 特別権力関係論に批判的なこの時期の代表的な論稿として、参照:H.Krüger, Das besondere Gewaltverhältnisse, In:VVDStRL(1957), S.109ff.

(18) Hess. StGH, Urt. v. 27. 10. 1965, zit. aus Deutscher Juristentag(Hrsg.), Schule im

153

Rechtsstaat, Bd1, Entwurf für ein Landesschulgesetz, 1981, S.27.

(19) H.U.Evers, Verwaltung und Schule, VVDStRL (1966), S.147ff.

E.W.Fuß, Verwaltung und Schule, VVDStRL (1966), S.199ff. R.Wimmer, Sind die deutschen Unterrichtsverwaltungen rechtsstaatlich, In:DVBl (1966), 864ff.

W.Perschel, Die Rolle des Rechts bei der Demokratisierung der Schule, In:RdJB (1969), S.33ff.

(20) H.Heckel, Schule und Schulverwaltung als Aufgabe der Verwaltungspolitik, In:DÖV (1968), S.372.

(21) H.Heckel, Schulrechtskunde, 4Aufl., 1969, S.5.

(22) ditto, S.364-S.376.

なおヘッケルはすでに『学校法学』第2版(1960年)において、こう述べていた。「学校と生徒および親の相互的な法的地位をその基本について明記し、かつ学校や教員に何が容認され、何が禁止されているかを明確化する、学校法を制定することが緊要である。文部省令による教育活動や学校生活に関する規律は、法的基盤としては不十分である」(S.277)。また1967年の著書「学校法と学校政策」において学校特別権力関係論を批判する文脈で「法治国家における学校関係」について言及している(ders., Schulrecht und Schulpolitik, 1967, S.156ff.)。

(23) BVerfG, Entscheidung v. 14. 3. 1972, In:JZ (1972), S.357.この決定の判例評釈として参照:室井力「受刑者の基本権の制限と法律の留保」、ドイツ憲法判例研究会編『ドイツの憲法判例』信山社、1996年、217頁以下。なおこの決定について「余りにも早すぎた特別権力関係からの決別」であるとする見方もあるという(M.Ronellenfitsch, Das besondere Gewaltverhältnis im Verwaltungsrecht, In:DÖV (1984), S.781)。

(24) BVerwG. Urt. v. 15. 11. 1974, In:SPE IAI, S.61d.

(25) ドイツにおける特別権力関係論をめぐる今日的理論状況については、参照:H.Maurer, Allgemeines Verwaltungsrecht, 2000, S.115ff. H.U.Erichsen (Hrsg), Allgemeines Verwaltungsrecht 1998, S.121ff. I.v.Münch, Staatsrecht, 2002, S.274ff.

(26) Numerus-clausus-Urteil〈BVerfG, Urt. v. 18. 7. 1972, In:SPE 3Folge, 328-Nr7〉

(27) Förderstufen-Urteil〈BVerfG, Urt. v. 6. 12. 1972, In:SPE 3Folge, 260-Nr3〉.

(28) F.Ossenbühl, Vorrang und Vorbehalt des Gesetzes, In:Isensee/Kirchhof (Hrsg.), Handbuch des Staatsrechts Ⅲ, 1988, S.338.

(29) 連邦憲法裁判所の判例としては:

BVerfG. Urt. v. 27. 1. 1976, BVerfGE41, S.259ff.

BVerfG. Urt. v. 22. 6. 1977, BverfGE45, S.417ff.

BVerfG. Urt. v. 21. 12. 1977, BVerfGE47, S.78ff.

BVerfG.Beschl. v. 8. 8. 1978, BVerfGE49, S.89ff.

BVerfG. Urt. v. 20. 10. 1981, BVerfGE58, S.268.

連邦行政裁判所の判例としては:

BVerwG. Urt. v. 15. 11. 1974, BVerwGE47, S.197ff.

BVerwG. Urt. v. 14. 7. 1978, BVerwGE56, S.157.

BVerwG. Urt. v. 22. 3. 1979, BVerwGE57, S.363.

BVerwG. Urt. v. 29. 5. 1981, BVerwGE64, S.310ff.

(30) H.Heckel/H.Avenarius, Schulrechtskunde, 6Aufl. 1986. S.166ff.

H.Avenarius/H.Heckel,Schulrechtskunde, 7Aufl.2000, S.235ff.

H.Avenarius/H.P.Füssel,Schulrecht, 8Aufl.2010, S.33ff.

H.Heußner, Vorbehalt des Gesetzes und Wesentlichkeitstheorie, In:Festschrift für E.Stein zum 80.Geburtstag, 1983, S.120ff

J.Rux/N.Niehues, Schulrecht, 5Aufl., 2013, S.8ff.

F.Ossenbühl, a.a.O., S.337ff.

J.Staupe, Parlamentsvorbehalt und Delegationsbefugnis.- Zur Wesentlichkeitstheorie und zur Reichweite legislativer Regelungskompetenz, insbesondere im Schulrecht, 1986, S.103ff.

R.Wimmer, Ein halbes Jahrhundert Gesetzesvorbehalt im Schulwesen, In:RdJB(1997), S.15ff.

(31) H.Avenarius/H.Heckel, Schulrechtskunde, 7Aufl., 2000, S.236-S.237.

なお、以上と係わって、R.ビンマーは「『法律の留保』の問題は憲法の永遠の課題であり、このことはとりわけ学校制度について妥当する」との見解を示している(R.Wimmer, a.a.O., S.15)。

(32) H.Heckel, Schulrechtskunde, 5Aufl. 1976, S.159-S.163.

第3章
学校における生徒の法的地位

第1節　憲法上の基本権の主体としての生徒

　先に言及したように、いわゆる公法上の学校特別権力関係論の基本的なメルクマールはつぎの3点にあった。①特別権力関係としての学校関係には「法律の留保の原則」は妥当せず、学校は法律上の根拠がなくても生徒の権利を制限したり、義務を課すことができる。②学校は特別に高められた権力主体として生徒に対して包括的支配権を有し、生徒は学校において原則として基本的人権を主張しえないか、これに対する広範なコントロールを受忍しなくてはならない。③生徒に対する学校の措置・決定は、特別権力関係内部規律行為として、これに対しては原則として裁判上の救済が及ばない。

　このような反民主主義的・反法治主義的な学校特別権力関係論が連邦憲法裁判所(1972年)と連邦行政裁判所(1974年)によってそれぞれ「死刑判決」を受けたことにより、以後、生徒法制は画期的な展開を見せるのであるが、それを準備したのは1960年代の学校法学説と、子どもの人権主体性を判例上初めて確認した1968年の連邦憲法裁判所の判決であった。

　ドイツにおいて学校における生徒の基本的人権の問題を最初に本格的に論究したのは、W.パーシェルである。パーシェルは1962年に刊行したモノグラフィー「生徒の意見表明の自由」において、いまだ公法上の特別権力関係という法概念を否定するまでには至っていないが、しかし生徒の基本権を重視する観点から「特別権力関係における基本権」という章を立て(2章)、果たして、いうところの特別権力関係は全般的に基本権に優位するのかを鋭く問うたのであった。そして彼は、この問題は特別権力関係とされてきている当該団体・関係の存在理由や目的によって異なると捉え、学校の目的は「精神的成熟への教育」(Erziehung zur geistigen Mündigkeit)にあるから、そのためには学校特別権力関係においても原則として、生徒に対する意見表明の自由保障が必然的に求められるとの見解を示したのであった(1)。

　また1950年代後半以降、一貫して公法上の学校特別権力関係論を厳しく指弾し

てきたH.ヘッケルは、1967年の著書『学校法と学校政策』において、親の教育権力との関係においてであるが、子どもの基本権主体性について、こう述べている(2)。「子どもは決して親の掌中にある無権利客体ではない。子どもは全的な法的人格(volle Rechtspersönlichkeit)を有しており、固有の権利および義務の主体である。わけても彼らはすでに憲法上の基本権を原則として享有している」。

そして2年後の1969年に刊行された『学校法学』第4版では、第3版(1965年)まではなかった「年少者の固有の権利と義務」という節を新たに設け、そこにおいて大要、つぎのように説いたのであった(3)。

「年少者はその年齢に関係なく、家庭、学校、職場において、すでに原則としてすべての憲法上の基本権を享有している。年少者がいまだ自分自身でこれらの基本権を担うことができないということ、また年少者がその未熟さのゆえに基本権の行使に当たって一定の制約に服するということは、基本権が年少者に帰属するということに何ら変更をもたらすものではない。それどころかその法定代理人に対する加重的な要求権を年少者に保障することになる。

年少者は教育主体の掌中にある無権利客体ではないのであり、固有の独立した権利を有する人格として尊重されなければならない。とりわけ年少者の人間としての尊厳(基本法1条1項)もまた不可侵であり、年少者が人格の自由な発達権(2条1項)と教育をうける権利を有しているということが重要である」。

さらにリベラルな国法学者として知られるE.シュタインは1967年に著した『学校における子どもの自己発達権』において、書名が示す通り、学校における子どもの自己発達権について本格的な理論を展開したのであるが、その要点を端的に摘記すると以下のようである(4)。

①基本法2条1項が保障している人格の自由な発達権(Recht auf freie Entfaltung der Persönlichkeit)は、その本質上、子どもにも当然に帰属する。それどころかこの権利は子どもにとっては格別に重要な基本権であり、教育を任とする学校においてはその目的に鑑みて特別に尊重されなくてはならない。

②子どもが有する人格の自由な発達権には二つの要素が含まれている。一つは発達権(Entfaltungsrecht)で、子どもが自己の人格を発達させる可能性を法的に保護する権利である。他は自律権(Autonomierecht)で、子どもが自己の人格をどのように発達させるかを、子ども自身が自律的に決定できる可能性を保護する権利であ

る。前者の権利は出生とともに発生するが、後者は一定程度の成熟度を前提とし、成熟度が増すにつれて拡大・強化する。

　③子どもが有する人格の自由な発達権は、つぎのような二様の法的効果を伴う。一つは学校における子どもの法的地位に対する効果で、この権利にもとづいて子どもは、たとえば、公立学校への入学を請求したり、必要な教育施設の設置を求めることができる。二つは、この権利の教育内容に関する効果で、この権利から、たとえば、イデオロギー的に中立な教育を求める権利や個々人の発達に応じた教育をうける権利が導かれる(5)。

　上述のような学説はその後、連邦憲法裁判所の判例上に結実することとなる。すなわち、1968年、連邦憲法裁判所はドイツの教育判例史上初めて子どもの基本権主体性を確認して、こう宣明したのであった(再掲)。

　「子どもは基本権の主体として自ら国家の保護を求める権利を有する。子どもは基本法1条1項と2条1項の意味における、固有の人間としての尊厳ならびに固有の人格の自由な発達権をもつ存在なのである」(6)。

　このようにドイツにおいては1960年代末には子どもの基本権主体性と学校におけるその妥当性が有力な学説と連邦憲法裁判所によって確認されていたのであるが、この法域においてその後、重要な役割を果たしたのは、つぎに言及する常設文部大臣会議の決議である。

第2節　常設文部大臣会議の「学校における生徒の地位」に関する決議(1973年)

　先に触れた連邦憲法裁判所による公法上の特別権力関係論否定判決の翌1973年、常設文部大臣会議は「学校における生徒の地位」と題する決議をした(以下、「決議」)。第Ⅱ部第1章ですでに垣間見たように、この「決議」は学校法制上、長い間、無権利客体として位置づけられてきた生徒を、学校においても基本的人権の主体として認め、生徒に対して知る権利や意見表明の自由など各種の基本的人権保障を確認するなど、1960年代後半から1970年代初頭までのこの法域における学説・判例の成果をおおむね集約したものであった。

　「決議」はまず「学校の任務」は何かを確認したうえで(参照:第Ⅱ部第1章)、「学校

関係と行政の法律適合性」と題して原理的に次のように述べている。

「生徒の学校に対する法的関係は従来、官憲国家に由来する特別権力関係という法概念の下で捉えられてきた。それによれば、学校は生徒に対して広範な"法から自由な領域"（rechtsfreier Raum）を認容されたのであった。

しかしこのような特別権力関係論は民主的で社会的な法治国家においてはもはや認められる余地はない。基本法がそれを求めているのである。生徒の学校に対する関係が法律関係（Rechtsverhältnis）であるということは自明のことである。学校の決定を行政上および裁判上の審査に服させる権利が、生徒に対して保障されなくてはならない」。

つづいて「決議」は、生徒の義務として「就学義務と授業への出席義務」について言及し、これをうけて学校における生徒の権利と係わって、「個々の生徒の権利」、「生徒代表制の権利」、「生徒の意見表明の自由」、「生徒新聞」の4事項に分節して具体的に述べているのであるが、それぞれの骨子を記すと、つぎのようである[7]。

〈1〉個々の生徒の権利

学校に適用される法原則および学校の目的は、学校が教育活動を行うに際して個々の生徒の利益と権利を尊重し、生徒に対して直接個人として、あるいは選出された代表を通して学校の生活と活動に参加できるようにすることを要請する。生徒がこの権利を担えるようにすることは学校の任務に属する。

すべての生徒に知る権利（Informationsrecht）と参加権（Mitwirkungsrecht）が保障される。生徒はこの権利を単独で、あるいは生徒集団の成員として行使することができる。ただこれらの権利は、学校目的を達成するために制定される拘束力ある規程（たとえば、教授要綱など）および他の生徒、親、教員などの学校関係者の権利によって制約される。

①知る権利

実りある授業を展開するためには、生徒の授業への積極的参加が求められる。そのためには、たとえば、教材の選択やそのグループ化など、授業計画に関する様々な情報を生徒に提供しなくてはならない。情報の提供は生徒の年齢に応じたものでなければならず、その際、生徒の関心が考慮されなくてはならない。成績評価の基準やそれぞれの個別評価は、問い合わせがあれば、生徒に説明されなくてならない。

②参加権

　生徒はその成熟度、知識の状態および関心に応じて、教材の選択や授業における重点の設定などに際し、教員との対話や教員に対する提案などを通して参加できるものとする。生徒からの提案が考慮されない場合、教員はその理由を生徒に説明しなくてはならない。

③異議申立て権

　すべて生徒は年齢に関係なく、その権利を侵害された場合は異議を申し立てる権利を有する。学校は生徒が異議を申し立てる機会を保障しなければならず、異議申立てに正当な理由がある場合は、これに応えなくてはならない。

〈2〉生徒代表制（Schülervertretung）の権利

　個々の生徒による利益の確保とは別に、生徒の利益は生徒代表制によって確保される。生徒を社会において自律的に協働できる主体に徐々に育成するという教育思想が、生徒代表制の基礎をなしている。生徒代表制の役割は、生徒に対して学校における意思決定に参加する機会を創出することにある。

　このための方途として、たとえば、教科会議・学年会議・教員全体会議への生徒代表の参加、学校規程の草案を準備したり、学校におけるコンフリクトを調整することを任とする、教員と生徒の合同委員会の設置が挙げられる。このような委員会の任務と生徒参加の種類の決定に当たっては、生徒の年齢、関心および客観的な能力が考慮されなくてはならない。

　生徒の権利は常に教員および親のそれとの関係で、また学校行政の任務との関係で見定められなくてはならない。生徒、親、教員の協同に係わる規律は、学校関係者の利益衡量を旨とするものでなければならない。学校の任務遂行を危うくする場合に、その限界が画されることになる。

〈3〉生徒の意見表明の自由

　生徒は学校においてもまた自由な意見表明の基本権を保障される。

　学校は付託された教育責務の範囲内で生徒の自由な意見表明を奨励しなければならない。なぜなら、自由な意見表明は知識の獲得とその活用および責任ある市民への教育のために不可欠であるからである。獲得した知識の活用および自律的な

判断への教育は討論による批判的な議論を要請する。

　同様に、生徒の自由な意見表明は生徒の人格の発達、とくに創造力の発達に不可欠である。自由と民主主義への教育（Erziehung zu Freiheit und Demokratie）、責任ある市民への教育（Erziehung zum verantwortlichen Bürger）、寛容への教育（Erziehung zu Toleranz）は、生徒が自己の意見を自由かつ批判的に、しかし同時に他者の尊厳や信念を尊重しながら表明することを学ばなければ不可能である。

　生徒は徐々に自制と授業の客観的な正当性や他者の権利から生じる限界を守ることを学習しなければならない。生徒が意見表明の自由権を適切に行使できるようになるまでの成長過程の間は、生徒は寛容を求める特別な権利を有する。

〈4〉生徒新聞

　生徒新聞とは生徒によって生徒のために編集・発行される定期的な印刷物をいう。生徒新聞は基本法5条1項で保障された自由な意見表明の基本権を学校において行使する特別な可能性を提供するものである。生徒新聞は意見交換、報告と批判を通して学校生活を豊かにし、すべての関係者に協働を促し、こうして学校に付託された任務の遂行に貢献する。生徒新聞は様々な価値に対する開放性と多様な見解に対する寛容を旨としなければならない。

　生徒新聞は学校の責任外に位置する。生徒新聞の編集責任者が単独でプレス法上、刑法上および不法行為法上の責任を負う。学校は生徒新聞を検閲してはならない。未成年の生徒による生徒新聞の編集・発行に当たって、助言をしてもらうために、編集部員は信頼できる教員を調整・助言教員に選任することができる。調整・助言教員は生徒新聞について共同責任を負うものではない。

　生徒新聞を学校内において販売することが原則として保障されなければならない。ただその内容が自由で民主的な基本秩序に抵触する場合、または学校の任務の遂行を著しく妨げるような場合には、校長は学校内における生徒新聞の販売を禁止することができる。この場合、校長は当該決定の前に教員・親・生徒代表から構成される学校の内部機関の見解を聴聞することが望ましい。

第3節　法律関係としての学校関係
——学校における生徒の権利と義務

　既述したように、1972年、連邦憲法裁判所は伝統的な公法上の特別権力関係論を全面的に否定する判決を下したのであるが、その後も1980年代初頭に至るまで、「法律の留保の原則」は学校教育関係にも当然に推し及ばされなくてはならないとの見解を重ねて表明したのであった(8)。

　つまり、連邦憲法裁判所によれば、学校や教育行政機関の措置・決定は従来のように「法律から自由な領域」でなされてはならず、とくにそれが生徒（親）の法的地位や権利領域に触れる場合は当然に法律の根拠を必要とするとされてきているのであるが〈学校関係における「法律の留保の原則」の妥当〉、このことは、学校関係は「法律上秩序づけられた公法上の法律関係」(gesetzlich geordnetes öffentlich-rechtliches Rechtsverhältnis)として構成されなければならないということに他ならない〈法律関係としての学校関係〉(9)。

　ちなみに、この点、H.ヘッケルも既述した通り「生徒が学校においても基本権を享有しているということは、学校関係の法律による規律を、つまりは学校における、ないし学校に対する生徒と親の法的地位についての法律上の規律を求めることになる」と述べており(10)、またJ.シュタウペも次のように書いているところである(11)。「学校関係はそこにおける生徒と親の基本権の重要性(Grundrechtsrelevanz)のゆえに、および学校関係が有する一般的な政治的意味のゆえに、十分な法律上の根拠を必要とする」。

　こうして今日においては、学校関係が公法上の法律関係であるということについては学説・判例上自明視されており、また現行法制上もすべての州の学校法がこのことを確認的に明記するところとなっている。たとえば、シュレスビッヒ・ホルシュタイン州学校法（1990年）は「学校関係の始期と内容」と題して、こう規定している(31条)。

　1項＝「生徒の公立学校への入学でもって公法上の学校関係が設定される」。

　2項＝「学校関係にもとづいて、生徒は下記のような権利を有し、義務を負う。…」。

　なおここで学校関係とは、通説によれば「一方における学校（学校監督庁・校長・教員）と他方における生徒・親との相互的な権利・義務関係の総体をいう」とされている(12)。

ところで、ドイツにおいては、上述したような法治主義原則の学校への適用要請にもとづく「学校の法化」動向の中で、また1973年のドイツ教育審議会の「学校の自律性と学校参加の強化」勧告をうけて、各州において学校法制改革が敢行されたこともあって、さらには1981年にドイツ法律家協会の手になる「法治国家における学校―州学校法案」が公にされたこととも相俟って(13)、1970年代前半から80年代にかけて各州において生徒の権利の法制化が急速に進展し、今日ではすべての州が学校法制上――憲法上の権利や各種の法律上の権利とは別に――、これに関する特別な条項を擁している(14)。各州における法制状況にはさほどの差異は見られないが、範例として、ノルトライン・ウエストファーレン州における生徒の権利法制の概要を記すと、下記のようである。

すなわち、同州においては、州憲法(1950年)による「子どもの教育請求権」(Anspruch auf Erziehung und Bildung)の保障(8条1項)および学校行政法と学校参加法による生徒の表現の自由や学校参加権などの保障をうけて(15)、一般学校規程(2002年)が「学校関係の基盤」(Grundlagen des Schulverhältnisses)というタイトルのもと、「学校関係は憲法上の子どもの教育請求権、学校における子どもの教育に参加する親の権利および生徒の発達と協同を促進する学校の義務によって規定される」(3条1項)、「このような学校関係からすべての当事者の権利と義務が発生する」と定め(同2項)、続いて「生徒はとりわけつぎのような権利を有する」と書いて、以下のような権利を具体的に明記している(同3項)。

①授業および学校行事に参加する権利、②授業内容の選択に際して参加する権利、③自己に関する基本的な事柄について知る権利、④自分の成績状況について報告をうける権利、⑤進路の問題で指導・助言をうける権利、⑥学校において自己の見解を自由に表明する権利、⑦生徒新聞を編集・発行する権利、⑧自己の権利が侵害されたと思われる場合、校長に異議申立てをする権利、⑨生徒事項の調整を教員会議に申し出る権利、⑩懲戒措置の発動の前に聴聞される権利、⑪生徒証を保持する権利、⑫学校参加法にもとづく生徒の参加権(16)。

一方、上記規程は引き続き「生徒の義務」について、「生徒は、学校の任務が遂行され、そして教育目的が達成されるように協力する義務を負う」と書いたうえで、具体的に、生徒はとりわけ下記のような義務を負うと規定するところとなっている(3条4項)。

163

すなわち、授業に出席する義務、校長、教員、その他権限を有する職員の命令を遵守し、学校の秩序を維持する義務、秩序ある教育活動を妨げたり、他人の権利を侵害するような、いかなる行動もしない義務、学校の施設・設備や物件を丁寧に取り扱う義務、学校保健上の検査をうける義務、がそれである(17)。

（注）

(1) W.Perschel, Die Meinungsfreiheit des Schülers, 1962, S.19ff. S.53. S.65ff.
なおパーシェルはこの著書をうけて、1964年には、生徒の表現の自由および「学校における民主主義」(Demokratie in der Schule)の制度的現実化を旨として、「生徒の共同管理の法的状況」(Die Rechtslage der Schülermitverwaltung)を著している。

(2) H.Heckel, Schulrecht und Schulpolitik, 1967, S.177.

(3) ders. Schulrechtskunde, 4Aufl, 1969, S.262-S.263.

(4) E. Stein, Das Recht des Kindes auf Selbstentfaltung in der Schule, 1967, S.33ff., S.37ff., S.49ff.

(5) なお以上の他に、未成年者の基本権に関するこの時期の本格的なモノグラフィーとして、下記が挙げられる。
G.Kuhn, Grundrechte und Minderjährigkeit-Die Einwirkung der Verfassung auf die Rechtsstellung des jungen Menschen, 1965.
U.Fehnemann, Über die Ausübung von Grundrechten durch Minderjährige, In:RdJ (1967), S.281ff.

(6) BVerfG. Entscheidung v. 29. 6. 1968, In:RdJB(1994), S.491.

(7) KMK, Zur Stellung des Schülers in der Schule, Beschl. v. 25. 5. 1973. KMK-Beschluß-Sammlung-824.

(8) たとえば、BVerfG.Urt.v. 27. 1. 1976, BVerfGE 41, 251(259ff). BVerfG.Urt.v. 22. 6. 1977, BVerfGE45, 400(417ff). BVerfG.Urt.v. 21. 12. 1977, BVerfGE47, 46(78ff). BVerfG.Urt. v. 20. 10. 1981, BVerfGE 58, 257(268ff)., zit. aus H.Heckel/H.Avenarius, Schulrechtskunde, 6Aufl., 1986, S.296.

(9) H.Avenarius/H.P.Füssel, Schulrecht, 8Aufl., 2010, S.325.

(10) H.Heckel/H.Avenarius, Schulrechtskunde, 6Aufl., 1986, S.295ff.

(11) J.Staupe, Schulrecht von A-Z, 2001, S.244.

(12) E.Stein/R.Monika, Handbuch des Schulrechts, 1992, S.268. J.Staupe, ditto.

(13) Deutscher Juristentag, Schule im Rechtsstaat, BdI, Entwurf für ein Landesschulgesetz, 1981.

(14) ドイツにおいては、生徒向けの生徒の権利に関する概説書が数多く発行されている。たとえば、

K.Nevermann/I.Richter(Hrsg.),Rechte der Lehrer, Rechte der Schüler, Rechte der Eltern, 1977., F.Sembdner, Deine Rechte als Schüler, 1969., H.Weis, Meine Grundrechte, 1995., M.Brenner/B.Töpper, Meine Rechte in der Schule, 1997.など枚挙に暇がない。

(15)同州では2005年2月に学校法制改革があり、従前の学校行政法、学校参加法、学校規律法、一般学校規程は廃止され、新たに制定された学校法(Schulgesetz für das Land Nordrhein-Westfalen v. 15 Feb. 2005)に統合された。したがって、現行法制下においても本文の記述は内容的には変わらない。一般学校規程における「生徒の権利と義務」に関する規定が、法構成上よく整序されているので敢えてこれに依った。

(16)D.Margies/H.Gampe/U.Gelsing/G.Rieger, Allgemeine Schulordnung für Nordrhein-Westfalen, 5Aufl. 2001, S.28-S.29.

(17)D.Margies/H.Gampe/U.Gelsing/G.Rieger, a.a.O., S.29.

第4章
学校における生徒の政治的基本権と政治活動

⟡ 第1節　生徒の政治的基本権 ⟡

　ドイツにおいては、①1960年代後半の段階で、有力な学校法学説と連邦憲法裁判所の判例によって、生徒は学校において無権利客体ではなく、人格の自由な発達権（基本法2条1項）や意見表明の自由（5条1項）など各種の憲法上の基本権を当然に享有しているということ、つまり、基本法の人権条項は学校と生徒にも原則として直接的に適用されるということが確認されたということ、②そこには学校教育の領域はその本質上、基本権が格別に重要な意味をもつとの認識があったこと、③いわゆる公法上の特別権力関係論が連邦憲法裁判所（1972年）と連邦行政裁判所（1974年）によって「死刑判決」を受けたことにより、またドイツ法律家協会が「法治国家における学校―州学校法案」（1981年）を提示したことなどもあって、ドイツにおいては1970年代から80年代前半にかけて法治国家原理の学校への適用＝「学校の法化」が進展し、今日では学校法制上、学校関係は生徒・親と学校・教育行政機関との間の相互的な権利・義務関係として、つまりは「公法上の法律関係」として構成され位置づけられていること、④「法律関係としての学校関係」から、学校における生徒の各種の権利や義務が発生することになるが、これらについてその基本は原則として学校法（法律）で明記することを要し、教育行政機関や学校の任意な処理に委ねられてはならないこと、⑤各州における現行の生徒法制・学校法制はおおむね上記の要請を踏まえたものとなっている、ことなどについては既述した。

　こうして、現行法制上、生徒は学校においても憲法上の基本権として(1)、また学校法制上の権利として各種の権利や自由を享有しているのであるが、これらの諸権利や自由のうち、本書のテーマである「生徒の政治活動」と係わっては、人間の尊厳（基本法1条1項）、人格の自由な発達権（2条1項）、人身の自由（2条2項）、法律の前の平等（3条1項）、男女平等（3条2項）、知る権利（5条1項）などの基礎的権利・包括的権利および信仰の自由・良心の自由・世界観告白の自由（4条1項）を前提としたうえで、なかでも下記の基本権が重要である。意見表明の自由（5条1項）、プレスの自

166

第Ⅱ部　ドイツの学校法制からの示唆―「自律への教育」法制・「民主主義への教育」法制

由（同前）、集会の自由（8条1項）、デモンストレーションの自由（同前）、結社の自由（9条1項）および陳情権（17条）がそれである。

これらの基本権は生徒の政治活動との関係においては、今日、「生徒の政治的基本権」（politisches Grundrecht des Schülers）と観念され[2]、独自の学校法域を形成するに至っているのであるが、この概念はJ.ベルケマンが1974年に公にした論文「生徒の政治的権利」に由来する[3]。ドイツにおいては、1960年代末から70年代初頭にかけての学生・生徒による「大学・学校の民主化」要求運動の中で、学校における生徒の政治活動をめぐって、生徒の政治的意見表明の自由、生徒新聞を編集・発行する自由、学校内でビラを配布する自由、政治的な生徒団体を結成する自由、生徒集会を開催する自由、デモンストレーションの自由、さらには生徒による授業ボイコット・ストライキ権などの存否とその限界が学説・判例上に深刻な論議を呼んだ[4]。

こうした状況下においてベルケマンは上記論文で生徒の意見表明の自由、プレスの自由＝生徒新聞を編集・発行する自由、デモンストレーションの自由、結社の自由＝政治的な生徒団体を結成する自由および陳情権を一括して「政治的基本権」という概念で捉え、この基本権の内容と限界を学校の役割や学校教育の目的との関係で具体的に究明しようとしたのであった。その後、1980年代における各州の学校法制改革に大きな影響を与えたドイツ法律家協会編「法治国家における学校—州学校法案」（1981年）が、学校における生徒の意見表明の自由、生徒新聞の編集・発行の自由、生徒団体を結成し活動する自由を「生徒の政治的基本権」と称して法案化し（63条・64条）、学校関係におけるこれらの基本権の原則的妥当性を確認したこともあって[5]、以後、この概念は法的概念として定着したという経緯がある。

以下、いうところの生徒の政治的基本権のうち、その主要なものについて、これに関する現行学校法制と学説・判例状況を見ていくこととしよう。

第2節　生徒の意見表明の自由

1　一般的原則

基本法5条1項は「何人も言語、文書、図画によって自己の意見を自由に表明し、流布する権利…を有する」と規定して、「意見表明の自由」（Meinungsfreiheit）を保障している。この「自由な意見表明の基本権」が学校教育関係にも妥当し、こうして生

徒が学校においてもこの権利を享有しているということについては、今日、学説・判例上、異論は見られない(6)。

　ちなみに、判例を一つ引くと、たとえば、ギムナジウムの生徒が教室の黒板に共産党の壁新聞を掲示したために懲戒処分を科されたケースで、カールスルーエ行政裁判所はこう判じている(7)。「基本法5条1項は、当該意見表明が学校の任務の遂行、とくに学校に付託された教育責務の遂行を妨げるものでない限り、生徒に対してもまた学校において意見表明の自由を保障している」。

　現行学校法制も7州の学校法が「生徒の意見表明の自由」を明記しており(8)、たとえば、ノルトライン・ウエストファーレン州学校法(2005年)はこう書いている(45条1項)。「生徒は学校において自己の見解を言語、文書、図画によって自由に表明する権利を有する。生徒はまた授業においても、その授業と客観的な関係がある範囲内で自己の意見を自由に表明することができる」。

　そしてここで学校法制上格別に重要なのは、生徒に対する「意見表明の自由」保障は学校の役割や学校教育の目的から必然的に要請される、と捉えられているということである。この点について、すでに引いたところであるが、常設文部大臣会議の決議「学校における生徒の地位」(1973年)は、大要、以下のように述べている(再掲)(9)。

　「生徒は学校においてもまた自由な意見表明の基本権を保障される。学校は付託された教育責務の範囲内で生徒の自由な意見表明を奨励しなければならない。なぜなら、自由な意見表明は知識の獲得とその活用および責任ある市民への教育のために不可欠であるからである。獲得した知識の活用および自律的な判断への教育は討論による批判的な議論を要請する。

　同様に、生徒の自由な意見表明は生徒の人格の発達、とくに創造力の発達に不可欠である。自由と民主主義への教育、責任ある市民への教育、寛容への教育は、生徒が自己の意見を自由かつ批判的に、しかし同時に他者の尊厳や信念を尊重しながら表明することを学ばなければ不可能である。

　生徒は徐々に自制と授業の客観的な正当性や他者の権利から生じる限界を守ることを学習しなければならない。生徒が意見表明の自由権を適切に行使できるようになるまでの成長過程の間は、生徒は寛容を求める特別な権利を有する」。

　また学説では、たとえば、M.フランケも直截にこう述べる(10)。「学校教育に関していえば、責任への教育(Erziehung zur Verantwortung)はただ自由な議論が可

能な場合にだけなされうる、ということに留意しなくてはならない。自由な思考と自由な意見表明は責任への教育の前提なのである。それゆえ、精神的な成熟への教育（Erziehung zur geistigen Mündigkeit）は必然的に生徒の意見表明に耳を傾け、これを奨励し、決して禁止してはならないことを要請する」。

こうして、学校法学の通説によれば、学校が生徒の自由な意見表明を妨げることは、生徒の人格の発達を阻害することであり、当然のことながら、学校に付託された教育責務に抵触することになる。また学校が世界観や政治に係わる事柄に関して、生徒に対して教化ないし見解の強制を行うことも同様である。

一方、生徒は間違った不快で思慮に欠ける意見でも、授業の内外でそれを表明する権利を有するとされている(11)。

2　生徒の意見表明の自由に対する制約

生徒の意見表明の自由は、基本法5条2項が明記しているところであるが、「一般法律の規定、少年保護のための法律の規定および個人の名誉権によって制限される」。ここで「一般法律」（allgemeine Gesetze）とは、意見表明の自由それ自体もしくは特定の意見に向けられたものではなく、意見表明の自由に優位する他の法益の保護に資する法規範をいう(12)。

そして、この点と係わって重要なのは、現行法制上、すべての州の学校法が擁している「学校に付託された教育責務」ないし学校教育の目的や目標に関する規定も、上記にいう一般法律に含まれると解されているということである(13)。

具体的に、たとえば、ハンブルク州の学校法制に引きつけて言えば、同州学校法は「学校に付託された教育責務」と題して、下記のように規定しているが（2条1項）、いうところの「生徒の意見表明の自由」はこうした規定によっても制約を受けるということである。

「教育は基本法およびハンブルク州憲法の価値を実現するものである。学校の役割は生徒を下記に向けてその能力を育成し準備を強化することにある。すなわち、

・尊重と寛容、正義と連帯および両性の同権の原則にもとづき、他者との関係を構築し、自己と他者に対する責任を引き受けること。

・民主的な社会の形成に参加し、文化の平和的な共生およびすべての人の平等と生活権を擁護すること。

・自己の身体的・精神的健康と共に仲間のそれを維持するように努めること。

・自然環境の保全に対して共同責任を引き受けること」。

こうして、たとえば、生徒が学校においてナチスを賛美するようなビラを配布したり、ハーケン・クロイツを着用することは、自由で民主的な基本秩序という基本法の価値とは相容れず、「憲法に敵対的な行為」(verfassungsfeindliche Verhalten)として、意見表明の自由によってはカバーされない。学校は生徒のこうした行動を禁止することができる、というよりは禁止する義務を負っているということになる(14)。

ところで、学校は所定の目的を達成し教育責任を遂行するために、教育条理上、生徒に対して教育上一定範囲の規律権を有しているが〈生徒の「学校目的に沿った行動義務」〉、この理を確認して、たとえば、バイエルン州学校制度法は以下のように規定している。「すべて生徒は学校の任務が遂行され、教育目的が達成されるように行動しなければならない。(中略)生徒は学校運営や学校の規律を乱すいかなることもしてはならない」(56条4項)。

そこで現実に生徒のどのような行為が学校の任務遂行を妨げ、また学校運営や学校の規律を乱すことになるかが問題となるが、これについては、後述するように、各個のケースに即して各種の法益を衡量しながら具体的に見定めていく他ない。ただここで授業中における生徒の意見表明の自由に対する制限についてだけ言及すると、通説・判例によれば、この面では下記のような制約が存し、そしてこれに関しては担当教員が「教員の教育上の自由」(Pädagogische Freiheit des Lehrers)にもとづいて決定することができると解されている(15)。すなわち、

・時間に関して——たとえば、教員は授業中における生徒の意見表明を他の時間帯に延期することができる。

・範囲に関して——教員は授業中における他の生徒の権利を犠牲にしての、長い発言や頻度の高い意見表明を制限することができる。

・テーマに関して——教員は授業で取り扱っているテーマと関係のない生徒の意見表明を禁止できる。

そして実際、上述したところを確認的に明記している学校法も見られている。テューリンゲン州学校法は「自由な意見表明の権利」との見出しでこう書いている(26条)。

「すべて生徒は学校において自己の見解を言語、文書、図画によって自由に表明し、流布する権利を有する。ただこの権利は他者の権利および学校の教育責務遂

行の確保によって制約される。とくに授業その他の学校活動においては、意見表明の時間帯・範囲・対象に関して制約をうける」。

3　校外における生徒の意見表明の自由

一方、校外における生徒の意見表明については、教育行政機関ないし学校は原則としてこれに介入できないとするのが判例・通説の一致した立場である〈学校教育権の空間的限界〉(16)。それは生徒の一市民としての基本権=市民的自由の行使に他ならないからである。ただ例外的に学校の教育活動に直接的な影響を与え、「学校に付託された教育責務」の遂行を妨げるような生徒の意見表明については、これを規制できるとされている。たとえば、授業のボイコットを呼びかけるビラを校外で配布するなどの行為がこれに当たるとされる。

関連して、今日の高度情報化社会において、インターネット上での生徒の意見表明の有りようが問題となるが、これに関しては以下のような判例が見えている。すなわち、生徒がインターネット上で行った当該校の教員に対する評価が名誉棄損に当たらないかが争われた事件で、ケルン高等行政裁判所は次のように判じている。

「インターネットフォーラムでの教員の名前を挙げての評価は、それが匿名で行われた場合は、基本法5条1項にもとづく意見表明の基本権によって保護される。職業関係評価だけでなく人物関係評価も、それが人間の尊厳に対する攻撃を含んでいない場合は認容される」(17)。

4　生徒の意見表明の自由に対する規制と「法律の留保の原則」

ところで、生徒の意見表明の自由に対する制限は、「法律の留保の原則」により、学説・判例上、法律に基づかなければならないとされていることに留意を要する。とりわけ、従前のような公法上の学校特別権力関係論に依拠しての、ないし国家の学校監督権(基本法7条1項)の拡大解釈にもとづいての、学校監督庁・学校の包括的支配権による生徒の意見表明の自由に対する制限は、もはや到底認容される余地はないとされているところである(18)。

判例を一つ引いておこう。

ギムナジウム11学年の生徒が、教員や校長の警告にもかかわらず、「ストップ・シュトラウス(当時のバイエルン州首相・筆者)」と記したバッジを着用したまま授業を受け

たために懲戒処分（2週間の授業からの排除）を受けた事件で、1980年、レーゲンス
ブルク行政裁判所は下記のように判じて、当該処分の取り消しを命じている(19)。

「自由な意見表明の基本権はもっとも重要な人権の一つである。それゆえ、学校関
係においてもこの基本権を制限するためには一般的な法律による根拠が必要であ
り、教育行政機関が法律による授権なしに生徒の意見表明の自由を制限することは
許されない。授業中に生徒が『ストップ・シュトラウス』のバッジを着用することは憲法に
も、現行の法律にも抵触するものではない」。

関連して敷衍すると、バイエルン州憲法裁判所判決〈DÖV（1982）,S.692〉も「教育
における法治主義」の観点から、1980年代初頭までのバイエルン州における伝統的
な「法律から自由な教育行政」（gesetzesfreie Schulverwaltung）運用を厳しく指
弾し、そしてこの判決を受けて下記のような現行（2000年制定）のバイエルン州教育
制度法84条3項が創設されたという経緯がある。

「生徒はそれによって学校の平和、秩序ある学校経営、学校の教育責務の遂行、
個人の名誉権、寛容への教育を危くしない場合には、紀章、ブローチ、バッジ、ステッカ
ーその他の標識を着用することができる。疑義のある場合は、校長がこれについて決
定する。当事者は学校フォーラム（Schulforum＝教員・親・生徒代表で構成される学
校のフォーマルな組織で、学校における各種の問題について原則として勧告権限を
もつが、事柄により、決定権も有する・筆者注）における審議を要求することができ
る」。

なおノルトライン・ウエストファーレン州学校法45条2項＝「（生徒の）自由な意見表明
権は一般法律の規定、少年保護のための法律の規定および個人の名誉権によって
制約される。この権利の行使によって学校の教育責務、特に授業や学校行事の実施
および他人の権利が侵害されてはならない」も同様の文脈において2005年に新たに
設けられた条項である。

5　生徒の意見表明の自由と政治活動―政治的意見表明の自由

生徒は学校において政治的な主張を記したバッジやメダルを着用したり、ビラを配
布するなどして、政治的な意見を表明することができるか。肯定の場合はその限界は
どこにあるのか。

この問題は1980年代初頭に激しく争われたのであるが、今日では、原則としてこれ

を肯定に解するのが通説・判例の立場である。通説を今日ドイツの指導的な学校法学者・H.アベナリウスとN.ニーフエスの所説に代表させよう。それぞれこう述べている。「今日では生徒が政治的に争いのある問題について、バッジ、メダル、ブローチなどによって自分の立場を表明するのが一般的になっている。このようなシンボルないしスローガンに集約された意見表明も原則として基本法によって保護される。

　この場合、公務員および教育者としてその政治活動において節度と抑制を求められている教員とは異なり、生徒のそれに対して画される限界は広い。生徒は「若さにあふれる権利」(Recht auf jugendlichen Überschwang)を有しているのであり、そこで彼らは政治的、社会批判的、社会倫理的な見解を攻撃的かつ辛辣に表明することができる。

　もとよりそれは学校の教育責務の遂行や「学校の平和」(Schulfrieden)を妨げるものであってはならない。単にバッジを着用することは、こうした生徒の意見表明の自由の限界を超えるものではない」(20)。

　「学校における生徒の意見表明の自由に一般的な限界を画する場合、生徒の意見表明が——広義の意味で——政治的な性格をもっているかどうかは関係がない。なぜなら、『民主主義の精神における』生徒の教育は一般的、政治的事項についてしっかりとした意見形成へと導くべきものであり、それは政治的な意見表明を通しての政治的な活動なしには達成されえない。政治的な意見表明は自己の意見の正当性によって他者を説得するのに資するものであるから、その意見表明が宣伝的な性格をもつものであっても、原則としてこれに対しては異議を唱えることはできない。当該意見表明が党派的な政治目的で行われ、そしてそれによって中立性を求められている学校の教育責務が損なわれる場合に、許容される限界を超えたということになる」(21)。

　一方、判例もこの法域でかなりの蓄積を見せているが、ティピカルなそれを掲記すると下記のようである。

　①マンハイム上級行政裁判所判決(1976年)

　「生徒は学校においてもまた、政治問題に関する自分の意見を原則として自由に表明し、流布することができる。しかし生徒の政治的意見表明はそれが学校の教育責務の遂行を妨げる場合にあっては、そしてその限りにおいて、基本権としての保護を享有することはできない」(22)。

　②バイエルン州憲法裁判所判決(1981年)

「バイエルン州憲法131条3項が要請している民主主義の精神における教育とは、党派的に中立な教育と解される。立法者は憲法上、一方において政治教育および生徒の政治的な意見表明の自由（Freiheit der politischen Meinungsaußerung）を可能な限り広範に認容するとともに、他方では生徒の政治活動が学校の党派的中立性、秩序ある学校経営さらには学校の平和を深刻に脅かす程度にまで及んだ場合には、そうした行為を学校から排除する義務を負っている。

　学校領域においては生徒の政治的な意見表明の自由は、親および他の生徒の政治的な影響を拒否する権利と対峙している。立法者はこれらの基本権の衡量によって、憲法上、授業中ないし学校における生徒の特定の政治活動は部分的にはこれを禁止する義務を負っている」(23)。

　③ミュンヘン行政裁判所判決（1986年）

　「学校における政治的な宣伝活動（politische Werbung）の禁止は、自由な意見表明の基本権との緊張で、ただ党派的な宣伝活動の禁止と解される。ここにいう党派には既成政党だけではなく、市民運動やその他の団体も含まれる。

　生徒が校庭において事前に校長の許可を得ることなく、おそらく内容的にも許容されるビラを配布しただけで、数日間の授業からの排除という秩序罰を科すことは、不相当なものとして認められない」(24)。

　④ハノーバー行政裁判所決定（1991年）

　「ニーダーザクセン州学校法67条は校内におけるビラの配布を学校の教育責務の遂行に深刻な影響を与えるものとして禁止しているが（1998年制定の現行学校法は校内におけるビラの配布を生徒の権利として認めている〈87条1項〉−筆者注）、学校の教育目的と内容的に相容れない生徒の行為や授業ボイコットの呼びかけもこうした行為に当たる。

　しかし授業の中止を目的とするものではなく、単に間接的な結果としてそのような事態を招来するデモへの参加呼びかけのビラの配布はこの要件を充足しない。

　授業への参加義務と集会の自由との衝突に際しては、いずれかが優位するのではなく、個々の場合に法益衡量が行われる。法益衡量に際しての重要な観点は、集団的な意見表明の関心事が学校の教育責務に照応しているかどうかである」(25)。

　以上、学校における生徒の政治的な意見表明ないし政治活動についての通説および判例の立場を見たのであるが、今日、ドイツにおいては、この問題について学説・

判例上、以下の点に関しては基本的な合意が成立していると言える。

①生徒に対する「意見表明の自由」保障は、「自由と民主主義への教育」、「自律への教育」、「成熟した責任ある市民への教育」、「寛容への教育」といった、学校の役割や学校教育の目的から必然的に要請される。この自由は生徒の人間形成・人格の自由な発達に不可欠であり、学校はこの自由を積極的に奨励しなくてはならない。学校が生徒の自由な意見表明を妨げることは、生徒の人格の発達を阻害することであり、学校に付託された教育責務に抵触する。このことを基本的な前提としたうえで、

②基本法5条1項が保障する「自由な意見表明の基本権」はもっとも重要な人権の一つであり、生徒は学校においても当然にこの基本権を享有している〈基本法の人権条項の学校・生徒への直接適用〉。そして生徒のこの基本権にはその保護法益として「政治的な見解を自由に表明する権利」＝「政治的意見表明の自由」および「政治活動の自由」が含まれている。

③生徒の自由な意見表明の基本権を制限するためには法律による根拠が必要であり、これに関する規制を教育行政機関ないし学校に包括的に委ねることはできない〈法治国家原理の学校への適用〉。

④学校における生徒の意見表明の自由に限界を画する場合、その内容が政治的なものか否かは判断基準とはなりえない。政治的な意見表明に対してだけ特別な制約を課すことは許されない。

⑤生徒は学校内においても原則として「政治活動の自由」を享有している。しかしそれは基本法の価値原理・基本秩序や学校の教育目的に照応するものでなければならず、党派的な政治目的をもつものであってはならない。

⑥学校が校内における生徒の政治活動を禁止ないし制限できるのは、それが学校の教育責務の遂行、秩序ある学校経営ないし「学校の平和」に深刻な影響を与える場合に限られる。

⑦生徒の政治活動に対して限界を画する場合、生徒は「若さにあふれる権利」を有しているということを考慮する必要がある。

⑧学校外における生徒の政治的な意見表明や政治活動については、教育行政機関や学校は原則としてこれに介入することはできない。ただ例外的に、その影響が直接学校の教育活動に及び、学校の教育責務の遂行を妨げるような行為はこれを規制することができる。

第3節　生徒新聞の編集・発行

1　経緯

　ドイツにおける生徒新聞の歴史は古く、1850年に発行されたマクデブルクのドームギムナジウムの生徒新聞にまで遡るが(26)、全国的に普及したのは第2次大戦後のことである。とくに1960年代に入って本格的な発展を見せたのであるが、その画期をなしたのは1964年のヘッセン州の回章(RdErl. v. 13. 8. 1964)であった。この回章は「生徒新聞」(Schülerzeitung)と「学校新聞」(Schulzeitung)を概念上明確に区別し、学校や学校監督庁に対する前者の自律性を保障するなど、以後における生徒新聞の基本的な性格を確定させたものであるが、そこでは以下のように述べられていた(27)。

　「生徒新聞は学校の影響および責任の下には置かれない」。「生徒新聞に対する検閲を行ってはならない。生徒新聞の編集・発行には校長ないし学校監督庁の許可は必要でない」。「生徒新聞の内容と形式に対するプレス法上の責任は編集責任者が単独で負う」。「生徒新聞は学校において販売してもよい。これについて、校長による特別な許可は必要ではない」。

　また1968年に出されたシュレスビッヒ・ホルシュタイン州の回章(RdErl. v. 19. 9. 1968)も「生徒新聞は生徒によって生徒のために編集・発行され、学校の責任の下には置かれない」ことを確認していた。

　そして前記の常設文部大臣会議の決議「学校における生徒の地位」(1973年)において「生徒新聞は基本法5条1項で保障された自由な意見表明の基本権を学校において行使する特別な可能性を提供するもの」と位置づけられて(28)、その地位を確たるものとし今日に至っている(29)。

2　生徒の「意見表明の自由」・「プレスの自由」と生徒新聞

　「生徒新聞」とは、その内容が"生徒によって生徒のために"(von Schülern für Schüler)自律的に決定され、生徒自身の固有責任において編集・発行される定期的な印刷物をいう(30)。生徒新聞はその目的、編集者や協力者、読者が学校と密接に関係しているが、しかし学校外の制度であり、したがって、それは各州のプレス法の規律下におかれることになる(31)。

176

第Ⅱ部　ドイツの学校法制からの示唆─「自律への教育」法制・「民主主義への教育」法制

ちなみに、この点、学校の制度として校長の責任において編集・発行され、場合によっては学校監督庁の規制にも服する「学校新聞」とはその性格を大きく異にしている。両者の区別は、後述するところから知られるように、憲法上重要な意味をもつ(32)。

　生徒は基本法5条1項が保障する「意見表明の自由」ないしその特別な保障形態である「プレスの自由」(Pressefreiheit)にもとづいて生徒新聞を編集・発行し、学校において流布する権利を有する。この場合、法的には、生徒新聞それ自体の編集・発行・流布は「プレスの自由」によって保障され、生徒新聞に記載された個々の記事・論稿は「意見表明の自由」の保護のもとに置かれることになる。いうところの生徒新聞は一定の人的範囲だけを対象とするものではあるが、「プレスの自由」よって憲法上保護され、それには情報の収集・創造からニュースや意見の自由な流布までが含まれる(33)。

　生徒の「生徒新聞を発行する権利」は現行法制上、各州の学校法で明示的に保障されており、たとえば、ベルリン州学校法(2004年)は次のように規定している(48条1項)。

　「生徒は基本法によって保障された意見表明の自由・プレスの自由の範囲内で、学校においても生徒新聞を編集・発行し販売する権利を有する。検閲は行われない」。

　なお関連して、バイエルン州教育制度法が「生徒新聞はバイエルン州プレス法6条1項の意味での印刷物ではない」と規定して(63条1項)、「プレスの自由」保障の生徒新聞への妥当を排除しているが、上述したところにより、この条項は明らかに憲法違反だということになる(34)。

　このように、生徒は「意見表明の自由」ないし「プレスの自由」にもとづいて、憲法上、「生徒新聞を発行する権利」を享有しており、そしてこの権利はバイエルン州を除くすべての州の学校法で確認的に明記されているのであるが、果たしてその教育上の意義は何処にあるのか。

　この点について、たとえば、前記常設文部大臣会議の決議は、先に触れたように、「生徒新聞は基本法5条1項で保障された自由な意見表明の基本権を、学校において行使する特別な可能性を提供するもの」と位置づけたうえで、こう述べている。「生徒新聞は意見交換、報告と批判を通して学校生活を豊かにし、すべての関係者に協働を促し、こうして学校に付託された任務の遂行に貢献する」(35)。

　また教員・親・生徒向けの入門的な学校法事典にも次のような記述が見えている(36)。

「意見表明の自由は生徒自身の発達および自由民主主義にとって不可欠な要素であり、学校の目的がその保障を必要とする。ここから学校は生徒新聞に積極的に対応しなければならない義務が発生する。生徒新聞は生徒の様々な意見のフォーラムとして、学校の価値ある構成要素をなしており、その存在自体が学校目的の実現に資するものである」。

一方、判例では、連邦憲法裁判所（1992年決定）が「生徒新聞は生徒によって生徒のために作られるメディアである。それは公の意見形成へ参加するための訓練の場をなす。生徒は自分の意見を述べ、考えを異にする人と議論をすることを学ばなくてはならない。この過程において生徒新聞は重要な役割を果たす」と判じており(37)、さらに現行学校法制も、たとえば、ノルトライン・ウエストファーレン州一般学校規程（2002年）は生徒新聞の役割・性格について、つぎのように書いている(37条2項)。

「生徒新聞は学校の問題、文化的、学問的、社会的、さらには政治的な諸問題（politische Probleme）についての意見交換と論議に資すべきものである。それは情報誌であるだけでなく、討論のフォーラムである」。

ここでは、「プレスは自由で民主的な国家の基盤をなす、自由な意見形成に決定的に貢献する。自由な、公権力によって統制されない、検閲に服さないプレスは自由国家の本質的なメルクマールである。基本法は、公の意見の担い手ないし流布者としてのプレスに制度的な自律性を保障している。」(38)ということを確認しておく必要があろう。

なお生徒新聞が有する上述のような意義に対応して、学校はその付託された教育責務により、生徒が「生徒新聞を発行する権利」を現実に行使できるように、その能力を育成し、この面での生徒の活動を促進する義務を負うことになるとされる(39)。

3　生徒新聞に対する学校の規制権と検閲の禁止

上述のように、生徒新聞は基本法5条1項が保障する「意見表明の自由」・「プレスの自由」を根拠としているから、これに対する制約は「生徒の意見表明の自由に対する制約」として既述したところと基本的には変わらない。すなわち、生徒新聞は一般法律の規定、少年保護のための法律の規定および個人の名誉権によって制約されるとともに、「学校に付託された教育責務」や学校教育の目的・目標に関する規定によっても制約をうける。

178

第Ⅱ部　ドイツの学校法制からの示唆―「自律への教育」法制・「民主主義への教育」法制

以上を前提としたうえで、問題は、学校（校長）はいうところの生徒新聞について、いかなる範囲において、どのような規制権限を有するかということであるが、これについて学校法学の通説はまず一般的に次のことを確認している(40)。

　「学校は生徒新聞の内容を学校と同一化（identifizieren）させてはならない。学校は不適切だと思われる意見表明でも、可能なかぎりこれを受忍しなければならない。生徒はただ意見表明の自由を行使することによってだけ、精神的な成熟に達することができるからである。したがって、生徒新聞に対する規制は生徒による意見表明の自由の行使が過度な不利益をもたらす場合にだけ、そしてその限りにおいてだけ認められる」。

　こうして、具体的には、たとえば、ベルリン州学校法も明記しているところであるが、「校長は個々の場合に生徒新聞の内容が法規に違反し、もしくは学校の平和をかなりの程度に乱し、かつ学校会議がこの事態を調整できない場合には、校内における生徒新聞の販売を禁止することができる」（48条3項）ということになる。

　このコンテクストにおいて格別に重要なのは、基本法5条1項が規定する「検閲の禁止」（Zensurverbot）は生徒新聞にも妥当する、とされていることである〈生徒新聞の検閲からの自由〉。この検閲の禁止条項は絶対的な保障であり、したがって、各州の学校法を含む一般的な法律によっても制限されてはならないとされる——現実には、たとえば、ノルトライン・ウエストファーレン州学校法45条3項など、学校法で生徒新聞に対する「検閲の禁止」を明記している州が多い——。端的に言えば、「生徒新聞に対する検閲は精神的な成熟への教育という学校の目的と相容れない」というのがその理由である(41)。

　こうして、生徒新聞の発行は校長の許可を必要とせず、また校長は生徒新聞の内容について事前規制的な介入権をもたないということが帰結される。

　とすれば、印刷前の生徒新聞に対する校長の介入権を認容しているバイエルン州教育制度法の下記のような規定は、上記「検閲の禁止」に抵触し、当然に違憲だとの謗りをうけることになる(42)。こう書いているのである（63条4項）。「校長は、生徒新聞が校内において配布される場合、印刷される前にそのサンプルの提出を求め、異議を述べることができる。編集者がこの異議を考慮しない場合、校長は学校フォーラムで自分の意見を表明できる。学校フォーラムが両者の合意成立に努めても、それに至らなかった場合、学校フォーラムは校内における生徒新聞の配布を禁止することがで

179

きる」。

　ただ生徒新聞に対する「検閲の禁止」は、生徒新聞の創刊に際して校長への届出を義務づけたり、またいわゆる「調整・助言教員」(Beratungslehrer, Verbindungslehrer)を設置して生徒新聞全般に対して教育上の援助・助言をすることまで禁止するものではないとされている(43)。ちなみに、この点、後者について、先に引いた常設文部大臣会議の決議も次のように記しているところである。「生徒新聞の編集・発行に際して、生徒が助言を求めることができるように、編集責任者は調整・助言教員を選任するものとする。ただ教員による助言は生徒新聞に対する共同責任を根拠づけるものではない」(44)。

　なお、いうところの調整・助言教員の設置については各州の学校法に定めがあるが(たとえば、テューリンゲン州学校法26条2項)、コブレンツ高等行政裁判所(1981年判決)によれば、その任務は生徒新聞に含まれた記事の違法性を指摘したり、生徒の自治・固有責任を尊重したうえで、生徒新聞全般に係わっての控え目な指導・助言をすることにあり、けっして検閲に当たるような性格を帯びてはならないとされている(45)。

　なお生徒が享有する「プレスの自由」には生徒新聞を配布ないし販売する権利が包含されているから、校長は校内における生徒新聞の配布・販売を許可制にすることはできない。これについて許可制を敷くことは憲法違反となる(46)。ただ、たとえば、法規に違反したり、学校の任務遂行を著しく妨げるなど、「プレスの自由」の限界を明らかに超えていると見られる生徒新聞については、校長は校内におけるその配布・販売を禁止することができると解されている〈生徒新聞発行後の校長の規制権〉。現行学校法制もこの点を確認して、たとえば、ザクセン州学校法(2004年)は次のように規定している。「校内において生徒新聞を販売してもよい。ただ校長は、学校の教育責務が要請する場合には、調整・助言教員と協議のうえ、校内におけるその販売を制限ないし禁止することができる」(56条2項)。

　なお校長が校内における生徒新聞の配布・販売を禁止しようとする場合、校長は「それによって保護される法益とプレスの自由の衡量に当たり、プレスの自由は民主主義にとって特別な意味をもつ基本権であることを考慮し、併せて『相当性の原則』(Grundsatz der Verhältnismäßigkeit)を踏まえなくてはならない」とされる(47)。

　後者の原則からの要請により、校長がこのような決定をなしうるのは、比較的寛大な措置(次版での修正や短期販売禁止の警告など)によっては効果が期待できない

場合、ないしは違法性の強い内容（授業ボイコットの呼びかけなど）が含まれている場合に限られることになる。

　関連して、校長は生徒新聞における編集責任者の違法行為に対しては秩序措置（懲戒処分）を科すことができることになっている。

4　生徒新聞と政治的テーマ

　ところで、生徒は生徒新聞で政治的なテーマを取り上げてもよいのか。

　学校法学の支配的見解によれば、「学校は政治的なテーマをタブー視しなければならない場所ではない」との基本的な認識に立って、「生徒は生徒新聞で現実の政治テーマを取り上げ、憲法に敵対的な意見表明（verfassungsfeindliche Meinungsäußerung）はともかく、これについて一面的で辛辣な見解を表明しても構わない」とされており、また政治テーマについて風刺や皮肉といった芸術的手法を用いることも、「芸術の自由」（Kunstfreiheit・基本法5条3項）によって保障される(48)、と解されていることは重要である。

　ちなみに、この点、ノルトライン・ウエストファーレン州一般学校規程の権威あるコンメンタールも次のように述べているところである(49)。「生徒は学校関係においても自由な意見表明の権利を有する。生徒は学校において、その意見を――政治的な問題についてもまた――言語、文書、図画で自由に表明し、流布する権利を有する」。

　すでに言及したように、学校の役割・学校教育の目的が、端的に言えば、「民主主義への教育」、「自律的で成熟した責任ある市民・主権主体への教育」にあるとすれば、このことは蓋し自明であろう。

5　生徒新聞に対する規制と「法律の留保の原則」

　これまで述べてきたところからも知られるように、生徒の「意見表明の自由」・「プレスの自由」という憲法上の基本権に対する制約、したがってまた生徒新聞に対する規制については当然に「法律の留保の原則」が妥当する。こうして、生徒新聞に対する規制は法律にもとづいてのみ、また法律によってのみ可能とされ、これに関する規律を教育行政機関や学校に一般的かつ包括的に授権することはできない、とするのが学校法学の支配的な見解である(50)。

6　生徒新聞への州プレス法の適用

既述したように、バイエルン州を例外として、生徒新聞には各州のプレス法が適用されるが、その法的効果として重要なのはつぎの2点である。①生徒新聞に記載の事実関係については当事者に反論権が保障されなくてはならない、②行政機関は生徒新聞の編集責任者に対して必要な情報を提供しなければならない、がそれである。

なお生徒新聞に係わる法律行為上の責任は編集責任者が単独で負うこととされており、編集責任者が未成年の場合は、未成年者の法律行為に関する民法の一般原則（民法106条以下）が適用される(51)。

第4節　校内におけるビラの配布

校内におけるビラその他の印刷物の配布や電子メディアでの意見表明についても、生徒新聞について上述した原則が基本的には妥当する(52)。現行学校法制もこの点を確認して、たとえば、ノルトライン・ウエストファーレン州一般学校規程はこう規定している（37条6項）。「生徒新聞とは別に、現実的な契機から一つないし複数の学校の生徒によって生徒のために編集されたビラその他の印刷物についても、（生徒新聞に関する・筆者）上記の条項が適用される。ただ校内における配布の前に、校長にサンプル1部を届けなくてはならない」。

ただ校内におけるビラの配布については、生徒新聞の場合とは異なり、校長は許可制を採ることができるとされている。そしてこの場合の許可制は基本法が禁止する検閲には当たらない、とするのが通説である(53)。ビラの作成責任者は当該校の生徒でない場合や匿名の場合も多く、当該校の生徒だけに保障されたプレスの自由が学校外の人物によって濫用され、学校の教育責務の遂行が妨げられるのを防止するためだと説明される。

それでは、具体的に、どのようなケースが学校の教育責務の遂行を阻害することになるかであるが、授業時間中に行われる反戦デモへの参加を呼びかけるビラの校内での配布を許可するように生徒が校長に求めたところ、校長がこれを拒否した事件で、ハノーバー行政裁判所（1991年決定）は下記のように判じて、校長による決定は違法だとしている(54)。

「ニーダーザクセン州学校法67条によれば、内容が学校の教育目的と衝突する、もしくは授業のボイコットを呼びかけるビラは、学校の教育責務の遂行を深刻に危うくするものとして、校内におけるその配布は禁止されている。

しかし授業の中止を目的とするのではなく、ただ間接的な結果としてそのような事態を伴うデモへの参加呼びかけは、上記の要件を充足しない」。

第5節　生徒のデモンストレーションの権利

基本法8条1項は「すべてドイツ人は、届出または許可なしに、平穏かつ武器を持たないで集会する権利を有する。」と規定して、「集会の自由」(Versammlungsfreiheit)、したがってまた「デモンストレーションの権利」(Demonstrationsrecht)を憲法上の基本権として保障している(55)。果たして生徒はこの条項に依拠して自らデモを組織したり〈生徒によるデモ＝Schülerdemonstration〉、公に行われるデモ(öffentliche Demonstration)に参加する権利を有しているのか。

この問題について、学説・判例は通常、授業時間（学校）の内外に区別してアプローチしている。

すなわち、当該デモが授業時間外に、しかも校外で行われる場合は、上記憲法条項が保障する「デモンストレーションの権利」の行使として、それは当然に憲法による保護のもとにおかれる。この場合は、生徒は憲法上の権利として政治集会やデモに参加する権利を有しているということであり、学校は原則として生徒のこの権利を規制することはできない。授業時間外における政治集会やデモへの参加について学校への届出や学校の許可は必要ではなく、参加したことを理由に、学校は生徒に秩序措置(Ordnungsmaßnahme・従前は学校罰〈Schulstrafe〉と称した)を科したり、不利益な取り扱いをしてはならない。

デモが暴力行為や可罰行為を伴うに至った場合は、他の参加者と同じく、生徒も一般法上の規律(たとえば、民法・刑法の適用による民事・刑事上の責任の発生)に服することになるが、この場合、原則として学校秩序法に固有の構成要件に該当することはない。したがって、学校は原則として当該行為を理由に生徒に対して秩序措置を講じることはできず、教育上の措置によってこれに対応することになる。

以上については、学説・判例上、一般的な合意が成立している状況にある(56)。

問題は、授業時間中に行われるデモへの参加の法的評価であるが、これについて先に触れた常設文部大臣会議の決議（1973年）はこう述べている(57)。「デモへの参加は授業の欠席ないし授業に対するその他の侵害を正当化するものではない。デモをする権利は授業時間外においてだけ行使されうるものである」。つまり、常設文部大臣会議の見解によれば、授業時間中におけるデモへの参加は無条件に認められない。

　しかし学校法学の支配的見解はこうした見方を排し、これについては、一方における国家の教育主権（基本法7条1項）にもとづく「生徒の就学義務ないし授業に出席する義務」と、他方における「生徒のデモの自由」（基本法8条1項）という生徒に係わる憲法上の基本的義務と基本的権利を、各個の場合に法益衡量をして個別・具体的に決していくというアプローチを採っている。そしてこの場合、学校の役割や学校教育の目的と係わって、「学校が生徒を成熟した市民（mündige Staatsbürger）に教育しようとするのであれば、学校は生徒に対して適当な範囲内で政治活動も認めなくてはならない」という、学校条理法上の基本的テーゼを踏まえなくてはならないとされる(58)。

　このような立場からは、現行法制上、すべての州の学校法が、たとえば、礼拝への出席など「重要な理由」にもとづく「短時間の授業欠席」を認めているが、デモへの参加も原則としてここにいう「重要な理由」に該当すると解されることになる。

　ただこの場合、その認定に際してデモの性格や目的が考慮の対象となるか否かについては学説上、争いがある。これについて「社会において本質的に関心のある問題、とくに教育政策上の意見の対立が問題になっている場合、その度合いが強ければ強いほど、秩序ある学校経営の維持に関する国家の利益は後退しなければならない」とする有力な見解がある(59)。デモの目的・対象が社会的・政治的に重要な事柄、とくに教育問題である場合には、授業時間中であっても生徒のデモへの参加に違法性はなく、それどころか、この場合、生徒はデモに参加するために「授業を欠席する権利」（Rechtsanspruch auf Beurlaubung vom Unterricht）を有するとされる〈生徒の「デモの自由」の「授業への出席義務」に対する優位〉(60)。

　これに対して、生徒からの授業欠席の申請を認めるかどうかの決定に際して、学校はデモの目的や性格は考慮してならないとする見解がある。学校がデモの目的や性格を考慮することは、取りも直さず学校が特定の政治的見解や立場を支持ないし斥

けることに他ならず、このことは「学校の政治的中立性」の憲法上の原則に違背することになるからだとされる(61)。デモのテーマの如何による授業欠席の申請に係わる決定は、学校（教育行政機関）による検閲措置に他ならないというのである。

ただこの立場にあっても、明らかに「憲法に敵対的な目的」(verfassungsfeindliche Ziele)を掲げるデモについては、そのことを理由に学校は授業欠席の申請を却下できるとされる。

なお生徒からの授業欠席の申請を認めるかどうかに当たって、学校は授業の具体的な状況（たとえば、当日の授業計画など）、クラス全体の成績の状態、とくにデモ参加予定者のそれ、参加生徒数、デモ参加予定者のこれまでの欠席回数など、諸般の事情を考慮することができるとされている(62)。

参考までに、この点と係わって、午後に実施することが可能であったにも拘わらず、午前の授業時間中に行われた親・教員・州生徒代表制共同主催のデモについては、生徒はこれに参加するための授業の欠席要求権はもたない、とした判例が見られている(63)。

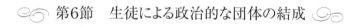

第6節　生徒による政治的な団体の結成

1　「結社の自由」と生徒団体

学校法学の支配的見解によれば、基本法9条1項＝「すべてのドイツ人は、団体および組合を結成する権利を有する」により、生徒は学校においても当然に「結社の自由」(Vereinigungsfreiheit)を享有しており、そしてこの自由にもとづいて各種の生徒団体を結成し、活動することができると解されている。

生徒のこの権利は現行学校法制によっても確認されており、たとえば、ノルトライン・ウエストファーレン州学校法は「生徒団体」(Schülergruppe)と題して、つぎのように規定している(45条4項)。

「生徒は学校において生徒団体を結成することができる。校長は学校に付託された教育責務の遂行を確保するうえで必要な場合には、この権利を制限することができる。

学校会議は生徒団体の活動と学校施設の利用に関する原則を定めるものとする。生徒団体には教室その他の学校施設が無償で貸与される」。

またブランデンブルク州学校法にもこうある。「生徒は学校において生徒団体を結成し活動することができる。学校は生徒団体の活動が包括的な陶冶（umfassende Bildung）に対してもつその意味に鑑み、これを支援するものとする。…ただ学校に付託された教育責務の遂行を確保するために必要がある場合には、校長はこの権利を制限することができる」（49条）。

上記2州の他に、ベルリン、ブレーメン、ハンブルク、ヘッセン、メクレンブルク・フォアポンメルン、ニーダーザクセン、ラインラント・プファルツ、シュレスビッヒ・ホルシュタイン、それにテューリンゲンの9州でも学校法制上、概ね類似の定めがなされている(64)。

こうして、上記諸州においては、生徒は権利として学校において専門的、文化的、宗教的、スポーツ関係などの各種の団体やサークルをつくることができ、学校はそのもつ教育的意義に鑑み、これを支援する義務を負うこととされている〈生徒の生徒団体を結成する権利と学校の支援義務〉。

2　学校における政治的生徒団体の結成

問題は、ここにいう生徒団体に「政治的な生徒団体」（politische Schülergruppe）が含まれるかどうかである。この問題は1960年代後半以降、70年代前半にかけて学説・判例上に深刻な論議を呼んだテーマであるが、今日においては、学説はほぼ一致してこれを肯定に解している(65)。今日における学校法学の通説的見解をE.シュタインに代表させよう。こう述べている(66)。

「学校領域においてもまた、一般の市民に妥当する限界の範囲内で、生徒は意見表明の自由（基本法5条1項1文）、プレスの自由（基本法5条1項2文）、集会の自由（基本法8条1項）および結社の自由（基本法9条1項）を享有している。生徒によるこれらの基本権の行使の限界は、…国家の教育主権（基本法7条1項）から生じる。それによって学校の教育運営が強度に阻害される場合はともかく、学校における生徒の政治活動を一般的に禁止（generelles Verbot politischer Betätigung）することは憲法上許されない。

政治的な生徒団体の結成は一般的に容認される。校長による許可は必要ではない。基本法9条1項により憲法上保障された結社の自由は…学校において政治的な生徒団体を結成し活動することを一般的に禁止することを許容しない。個々の生徒の政治活動について妥当するのと同じ制約が、生徒団体の政治的な活動にも妥当

する。したがって、生徒団体の政治活動によって学校の教育運営が著しく妨げられ、しかもこの妨害が他の手段によっては効果的に対応できない場合に限り、個別のケースに即して、生徒団体の政治活動を禁止することは認められよう」。

　また各州の学校法においても、たとえば、ハンブルク州学校組織構造法（1973年）やニーダーザクセン州学校法（1974年）がその例であるが、1970年代前半の学校法制改革によって生徒のこの権利を保障する立法が見られ始め(67)、こうして現行法制下においてはこれらの2州を含め、ドイツ16州のうち上記11州の学校法が同様の保障条項を擁するところとなっている。

　ちなみに、これに関する規定例を引くと、たとえば、シュレスビッヒ・ホルシュタイン州学校法（1990年）は学校における各種の生徒団体やグループを同列に見て、こう書いている（117条1項）。

　「生徒は、校長に文書ないし電子機器によって、当該団体の目的と責任者を届け出、かつその団体の目的と学校における活動が法秩序に違反しない限り、学校において専門的、スポーツ関係、文化的、宗教的ないしは政治的な目的（politische Ziele）をもつ団体を結成することができる。団体の責任者は満14歳以上でなければならない」。

　しかし一方で、ザクセン州とザクセン・アンハルト州ではこれに関する法的規律は存在しておらず、またバーデン・ビュルテンベルク州とザールラント州の2州においては、学校法制上、学校における政治的な生徒団体の結成とその活動は禁止されるところとなっている（ザールラント州学校規律法33条2項13号＝学校監督庁が法規命令で定める学校規程で禁止することを授権、バーデン・ビュルテンベルク州生徒の共同責任に関する規程2条1項）。

　けれども、これら2州の禁止規定は基本法9条1項の「結社の自由」保障とは相容れず、違憲だとするのが、学校法学の支配的見解である(68)。したがって、規範統制（Normenkontrolle）訴訟が提起されるようなことがあれば、憲法裁判所によって同様の判断が示され、当該規定は無効となる可能性が強いと言える。

　関連して、ザールラント州では学校規律法が「生徒代表制は政治的な委任（politisches Mandat）を有さない。生徒代表制内部での政治的な生徒団体の結成は認められない」（34条1項）と規定して、生徒代表制の一環としての政治的生徒団体の結成を禁止しているが、これには憲法上の疑義は生じないとされる。いうところの生徒代表

187

制はすべての生徒の強制加入組織であるから、政治問題については中立性を保持しなければならない、というのがその理由である〈生徒代表制の政治的中立性の原則〉。

またバイエルン州では学校内における生徒の政治活動のうち政治的な宣伝活動だけに限って禁止しているが（教育制度法84条2項＝「学校の教育活動での、ないし校内における政治的宣伝活動は認められない」。）、ミュンヘン上級行政裁判所によれば、それは党派的な宣伝活動の禁止（Verbot parteipolitischer Werbung）を意味すると解されている(69)。

また州によっては政治的な団体を結成できる生徒の年齢を満14歳以上と明記している規定例も見られている。たとえば、ニーダーザクセン州学校法（1998年）には「メンバーが満14歳以上の生徒団体は、学校において、特定の政治的、宗教的ないし世界観的な方向性を打ち出すことができる」（86条2項）とある。この条項は、ドイツにおいては1921年の子どもの宗教教育に関する法律〈Gesetz über die religiöse Kindererziehung v. 15. Juli 1921〉以来、満14歳をもって「宗教上の成熟」（Religionsmündigkeit）年齢とされているのとパラレルに、いうなれば生徒の「政治上の成熟」年齢を満14歳と画している点で注目に値する。

ところで、上述したように、生徒は憲法上の権利として学校において政治的な生徒団体を結成し、活動する権利を有しているのであるから、これを学校の許可制とすることは憲法上認められない(70)。先に引いたシュレスビッヒ・ホルシュタイン州学校法も明記しているところであるが、学校への届出を義務づけることは学校の管理運営権の一環として当然に認容される。

学校は授業時間外であれば原則として、各種の生徒団体の活動のために教室その他の学校施設を無償で貸与するなどの便宜を図るものとされているが（たとえば、上記ノルトライン・ウエストファーレン州学校法45条4項）、その際、政治的な生徒団体を他の団体より不利にも、また有利にも取り扱ってはならないとされる。このことは基本法3条1項が定める「平等原則」（Gleichheitssatz）からの当然の要請である(71)。

もとより学校は付託された教育責務の遂行を確保するうえで必要な場合には、上記のような生徒の権利を制限することができる。生徒の政治活動は秩序ある学校教育運営を妨げたり、「学校の平和」を脅かすものであってはならない、との基本的な前提がある。この場合の判断は学校の羈束裁量に属するとされ、したがって、これに係

わる学校の決定は当然に司法審査の対象となる〈行政裁判上取り消しうべき行政行為〉。

第7節　生徒によるストライキ・授業のボイコット

　いわゆる生徒のストライキ（sog. Schülerstreik）ないし授業のボイコット（Unterrichtsboykott）は学校法学上、どのような評価を受けることになるのか。
　旧西ドイツにおいては、1960年代後半から1970年代を通して生徒によるストライキが多発し、大きな社会問題となった。これらのストは、たとえば、学校統廃合、学校の改築要求拒否、教員不足、評判のよい教員の配転人事、いわゆる問題教員の配転要求拒否、校長の職務遂行の現実、生徒の学校参加要求などに対する教育行政機関や学校の対応に抗議してのことであった(72)。
　このような生徒の抗議ストに対して学校（学校監督庁）は退学処分を含む懲戒処分でもって厳しく対応した。ちなみに、1972年に制定されたラインラント・プファルツ州の公立ギムナジウム学校規程は下記のように定めていたのであった(73)。
　「組織的な授業のボイコットを呼びかけ、それを推進ないし支援した生徒、または授業に出席するようにとの督促に応じなかった生徒は、退学処分に処すことができる」。
　このような状況下にあって、学説においては、もとより条件付きではあるが、基本法9条3項の労働者のストライキ権保障条項を根拠に生徒のストライキを容認する見解が多数説を占めた。たとえば、L.ディェツェは「生徒のストライキの法的許容性について」という論文で、こう述べている(74)。「文化政策上の貧困によって生徒の教育をうける権利が継続的に著しく侵害され、しかもこれに対する必要な教育行政上の措置が講じられない場合は、例外的にいわゆる生徒のストライキは認められる」。
　またJ.ベルケマンも1974年に著した論文「生徒の政治的権利」で生徒のストライキ権に言及し、つぎのように書いている(75)。
　「生徒のストライキは政治的なデモの特別な表出である。それは労働争議と同じく、潜在的な紛争状態を一方的に先鋭化させることによって、もはや容認できない状況を政治的に解決するための手段である。…学校の組織構造に関する新たな改革モデルにおいて、平時維持の義務の意味での生徒のストライキ権が規定されていることは看過できない」。

敷衍して書くと、上記でベルケマンが引いている「新たな改革モデル」とは、マインツ大学の研究グループが1969年に公表した「上級学校の民主的な学校の組織構造モデル」のことである(76)。同モデルは「生徒の法的地位」の章で教育の機会均等、教材教具の無償制、生徒の共同決定、結社の自由、生徒代表制などについて規定したうえで、「ストライキ権」(Streikrecht)と題してこう書いていた(17条)。

　「1項—「(中等学校の)上級段階の生徒はストライキをすることができる。

　　　　　スト権を確立するためには80%以上の生徒が出席し、少なくとも過半数の生徒の賛成が必要である。

　2項—「スト権確立投票およびストライキは当該校の生徒代表制もしくは州の生徒代表制によって行われる」。

　ところで、すでに言及したように、常設文部大臣会議は1973年に「学校における生徒の地位」と銘打った決議をしているのであるが、そこにおいて生徒によるストの問題も取り上げ、下記のように述べている。

　「基本法9条3項は労働協約締結能力を有する当事者間の労働争議に関する条項であって、学校関係には適用されない。労働者のストライキ権は労働・経済条件を自由に協議し、労働協約を締結できるとする、労働協約の自律性(Tarifautonomie)にもとづいている。学校関係はこれに匹敵するものではない。

　生徒によるストライキは単に組織化された授業の無断欠席に他ならない。生徒は授業およびその他の義務的な学校活動に規則的に参加する義務を負っている。集団的にもまたこの義務に違反してはならない。それゆえ、授業にストをかける権利(Recht,den Unterricht zu bestreiken)は存在しない」。

　今日における学校法学の支配的見解は基本的には上記常設文部大臣会議の決議を踏まえたものとなっている(77)。それを端的に概括すれば、下記のようになろう。

　①罵言、授業妨害、授業ボイコットの呼びかけなど学校に対する直接行動の性格をもつ意見表明は「意見表明の自由」(基本法5条1項)によっては保護されない。この基本権の保護法益には議論によらない圧力手段は含まれない。

　②「集会の自由」保障(基本法8条1項)は平和的な集会についてだけ妥当する。消極的な抵抗手段である座り込みは、それが平和的に行われる限り、基本法8条1項によって保護される。ただ生徒の「集会の自由」は「学校に付託された教育責務」、とくに生徒に課されている「授業に出席する義務」によって制約される(基本法8条2

項)。

③いわゆる生徒のストライキは集団的な授業の欠席による教育の給付拒否であり、学校関係から発生する生徒の授業に出席する義務に違反する。

④学校関係は労働関係ではない。基本法9条3項によって保障されている労働者のストライキ権は生徒には妥当しない。

⑤生徒のストライキは基本法20条4項が保障する抵抗権（Widerstandsrecht）にも依拠することはできない。この基本権は自由で民主的な基本秩序を防衛するための最終的な手段として予定されている権利だからである。違法な学校措置に対しては、生徒には裁判所による権利保護が保障されているところである。

⑥生徒のストライキは、デモンストレーションの場合とは異なり、たとえそれが生徒にとって重要な意味をもつ教育問題に向けられたものであっても認められない。

⑦ただ生徒の生命、健康ないし精神的・道徳的発達にとって明白な危険が存するなどの緊急事態にあっては、例外的に集団的な授業欠席が認められる。

（注）

(1) ちなみに、C.H.クルツは学校法域においてとくに重要な基本権として下記を挙げている（C.H.Kurz, Grundrechte in der Schule, 1998, S.162ff.）。人間の尊厳（基本法1条1項）、人格の自由な発達権（2条1項）、身体の不可侵（2条2項）、人身の自由（2条2項）、信仰の自由・良心の自由・信仰告白の自由（4条1項）、意見表明の自由（5条1項）、プレスの自由（同前）、集会の自由・デモンストレーションの自由（8条）、結社の自由（9条）。

またニーフエスは「学校関係における生徒の基本権の保護」と題して、下記の基本権について言及している（J.Rux/N.Niehues, Schulrecht, 5Aufl., 2013. S.145ff.）。一般的な行動の自由、情報に関する自己決定権、自由な意見表明権、集会の自由、デモンストレーションの自由、結社の自由（生徒によるストライキを含む）、信仰の自由・信仰告白の自由。

(2) さしあたり、D.Margies/H.Gampe/U.Gelsing/G.Rieger, Allgemeine Schulordnung für Nordrhein-Westfalen, 2001, S.349. M.Sachs, Grundgesetz-Kommentar, 2007, S.1185.

(3) J.Berkemann, Die politischen Rechte des Schülers, In:RWS（1974）, S.8ff.

(4) この時期、上記一連のテーマと関連して数多くの論稿が公にされたが、その代表的なものを掲記すると、つぎのようである。

W.Perschel, Demonstrationsrecht und Schulbesuchspflicht, In:RdJB（1968）, S.289ff.

H.Hartmann, Schüler rütteln an Tabus-Versuch einer umfassenden Information über die Aktivitäten politischer Schülergruppen in der Bundesrepublik, In:RdJB（1968）, S.295ff.

H.Heckel, Schulrechtskunde, 4.Aufl. 1969, S.393ff.

R.Fischer, Recht auf freie Demonstration-auch für Schüler?, In:Wir machen mit（1969）, S.1ff.

H.Hartmann, Schülerpresse contra Zensur, In:RdJB（1969）, S.362ff.

L.Dietze, Zur rechtlichen Zulässigkeit von Schülerstreiks, In:RdJB（1970）, S.336ff.

H.Czymek, Die Schülerzeitschrift, In:RdJB（1971）, S.10ff.

(5) Deutscher Juristentag, Schule im Rechtsstaat, Bd1, Entwurf für ein Landesschulgesetz, 1981, 63条・64条, S.96.

(6) 学説では、さしあたり、E.Stein/R.Monika, Handbuch des Schulrechts, 1992, S.230. H.Avenarius/H.P.Füssel, Schulrecht, 8Aufl.2010, S.478. J.Rux/N.Niehues, a.a.O., S.158. T.Böhm, Grundriß des Schulrechts in Deutschland, 1995, S.12.など。

(7) VG Karlsruhe Urt. v. 29. 8. 1978, In:RdJB（1978）, S.471.

(8) バイエルン州教育制度法56条3項、ベルリン州学校法48条1項、ブランデンブルク州学校法47条1項、ヘッセン州学校法126条1項、ノルトライン・ウエストファーレン州学校法45条1項、ラインラント・プファルツ州学校規律法4条1項、チューリンゲン州学校法26条1項がそれである。

(9) KMK, Zur Stellung des Schülers in der Schule、Beschl. 824. v. 25. 5. 1973.

(10) M.Franke, Grundrechte des Schülers und Schulverhältnis, 1974, S.47. 同旨、BVerfG,

192

第Ⅱ部　ドイツの学校法制からの示唆—「自律への教育」法制・「民主主義への教育」法制

Beschl. v. 13. 5. 1980, In:NJW(1980), S.2069.J.Rux/N.Niehues, a.a.O., S.159. W.Perschel, Die Meinungsfreiheit des Schülers, 1962, S.53.

J.Staupe, Schulrecht von A-Z, 2001, S.145.

(11) H.Avenarius/H.P.Füssel, a.a.O., S.478.

(12) M.Sachs, a.a.O., S.319. J.Rux/N.Niehues, a.a.O., S.158.

(13) H.Avenarius/H.P.Füssel, a.a.O., S.478.

(14) M.E.Geis, Meinungsfreiheit und das Verbot rechtsradikaler Äußerungen, In:RdJB (1994), S.227.

(15) さしあたり、J.Staupe, a.a.O., S.145. T,Böhm, a.a.O., S.13. VG Karlsruhe,Urt.v. 29. 8. 1978, In:RdJB(1978), S.471.

(16) さしあたり、H.Avenarius/H.P.Füssel, a.a.O., S.479.

(17) OLG Köln, Urt. v. 27. 11. 2007, In:SPE 420 Nr.8.

(18) J.Staupe, Parlamentsvorbehalt und Delegationsbefugnis.1986, S.375.

H.J.Faller, Die Meinungsfreiheit der Schüler und Studenten, In:RdJB(1985), S.479.

(19) VG Regensburg, Urt. v. 15. 10. 1980, In:RdJB(1981), S.66.

(20) H.Avenarius/H.P.Füssel, a.a.O., S.480.

(21) N.Niehues/J.Rux, a.a.O., S.160. Deutscher Juristentag, a.a.O., S.286.

(22) VGH Mannheim, Beschl. v. 10. 5. 1976, In:SPE 420, Nr.2.

(23) Bay. VerfGH, Urt. v. 27. 5. 1981, In: SPE 420, Nr4.

(24) VG München, Urt. v. 27. 10. 1986, In:SPE 420, Nr.5.

(25) VG Hannover, Beschl., v. 24. 1. 1991, In:SPE 420, Nr6.

(26) G.Rieger, Schülerpresserecht in Nordrhein-Westfalen, In:RdJB(1982), S.460.

なおH.Czymekによれば、Schülerzeitschriftという概念を最初に使用したのは、W.Warstat, Die Schulzeitschrift und ihre Bedeutung für Erziehung, Unterricht und Jugendkunde, 1915. だとされる(ders., Die Schülerzeitschrift, In:RdJB(1971), S.11)

(27) H.Czymek,a.a.O., S.10.

(28) KMK, a.a.O., Beschl. 824. v. 25. 5. 1973.

(29) A.ティーマンによれば、今日、ドイツにおいてはおよそ1000種類の生徒新聞が発行されているという(A.Tiemann, Der Vertrieb von Schülerzeitungen auf dem Schulgelände, In: H.J.Birk/A.Dittmann/M.Erhardt(Hrsg.), Kulturverwaltungsrecht im Wandel, 1981, S.143)。

(30) H.D.Jarass, Rechtliche Grundlagen der Schülerpresse und der Schulpresse, In:DÖV (1983), S.609.

(31) ただバイエルン州においては、生徒新聞の編集者は生徒新聞を学校の制度として生徒代表制の範囲内で発行するか、州プレス法の適用を受ける印刷物として発行するかの選択権を認められている(教育制度法63条1項)。

(32) E.Gehrhardt, Schulzeitungen-Schülerzeitungen, In:RdJB(1976), S.222.

(33) H.Avenarius/H.P.Füssel, a.a.O., S.484. B.Pieroth/U.Schürmann, Rechte und Pflichten des Schülers, In:VR (1981) 379.　A.Tiemann,a.a.O., S.146.

(34) E.Stein/R.Monika, a.a.O., S.305.

(35) KMK, a.a.O., Beschl. 824. v. 25. 5. 1973.

(36) L.Dietze/K.Hess/H.G.Noack, Rechtslexikon für Schüler, Lehrer, Eltern, 1975. S.194.

(37) BVerfG, Beschl. v. 19. 5. 1992, In:SPE 3F 420 Nr7.

(38) D.Margies/H.Gampe/U.Gelsing/G.Rieger, a.a.O., S.356.

(39) D.Margies/H.Gampe/U.Gelsing/G.Rieger, a.a.O., S.354.

(40) J.Rux/N.Niehues, a.a.O., S.161-S.162.

(41) J.Rux/N.Nichues, a.a.O., S.161. J.Staupe, Schulrecht von A-Z, 2001, S.213.

(42) E.Stein/R.Monika, a.a.O., S.305. H.Avenarius/H.P.Füssel, a.a.O., S.485.

(43) VG Koblenz, Urt. v. 30. 4. 1980, In:RdJB (1980), S.377ff.

(44) KMK, a.a.O., Beschl. 824. v. 25. 5. 1973.

(45) OVG Koblenz Urt. v. 20. 5. 1981, SPEⅡ　EX 1. 同旨:W.Perschel, Die Meinungsfreiheit des Schülers, 1962, S.72.

(46) J.Rux/N.Niehues, a.a.O., S.162. H.Avenarius/H.P.Füssel, a.a.O., S.485.

(47) E.Stein/R.Monika, a.a.O., S.305. J.Staupe,a.a.O., S.213.

(48) J.Berkemann, a.a.O., S.14.
　　 H.Avenarius/H.P.Füssel, a.a.O., S.485.

(49) D.Margies/H.Gampe/U.Gelsing/G.Rieger, a.a.O., S.350.

(50) さしあたり、J.Staupe, Parlamentsvorbehalt und Delegationsbefugnis, 1986, S.377.
　　 D.Margies/H.Gampe/U.Gelsing/G.Rieger, a.a.O., S.350.

(51) H.Avenarius/H.P.Füssel, a.a.O., S.486.

(52) J.Rux/N.Niehues, a.a.O., S.163.　G.Rieger, Schülerpresserecht in Nordrhein-Westfalen, In:RdJB (1982), S.464ff. J.Schaller, Anm. Zu VG Hannover, Beschl. v. 24. 1. 1991, In:RdJB (1991), S.229.

(53) さしあたり、H.Avenarius/H.P.Füssel, a.a.O., S.487.

(54) VG Hannover, Beschl. v. 24. 1. 1991, In:SPE, Dritte Folge, 420, Nr.6.

(55) ドイツにおいては学説・判例上、基本法8条1項が保障する「集会の自由」の保護法益に「デモンストレーションの自由」(Demonstrationsfreiheit)が含まれていることは自明視されている(さしあたり、K.Stern/F.Becker, Grundrechte-Kommentar, 2010, S.797.)。

(56) さしあたり、J.Staupe, a.a.O., S.55. J.Rux/N.Niehues, a.a.O.S., 164.
　　 W.Perschel, Demonstrationsrecht und Schulbesuchspflicht, RdJB (1968), S.289.
　　 M.Franke, a.a.O., S.51.

(57) KMK, a.a.O. Beschl. 824. v. 25. 5. 1973.

(58) H.Avenarius/H.P.Füssel, a.a.O., S.482. 同旨:VG Hannover Beschl. v. 24. 1. 1991, In:RdJB (1991), S.227. J.Berkemann, Die politischen Rechte des Schülers, In:RWS (1974), S.15.

(59) E.Stein/R.Monika, a.a.O., 1992, S.259.

(60) J.Staupe, a.a.O., S.56. H.Avenarius/H.P.Füssel, a.a.O., S.482. M.Franke, a.a.O., 51. W.Perschel, a.a.O., S.289.

(61) T,Böhm, a.a.O., S.15.

(62) H.Avenarius/H.P.Füssel, a.a.O., S.482. T.Böhm, Beurlaubung von Schülern zu Demonstrationszwecken, In:PädF(1998), S.247.

(63) VG Berlin, In:SchulR(1998), S.122, zit. aus H.Avenarius/H.P.Füssel, a.a.O., S.482.

(64) この点に関する各州の現行学校法規定は、そのほとんどが1981年にドイツ法律家協会が提示した学校法案64条に依拠しており、したがって、法文もきわめて類似している。ちなみに、同学校法案はつぎのようであった（Deutscher Juristentag, a.a.O., S.96）。

　64条（生徒団体）

　1項＝「生徒は学校において生徒団体を結成し活動する権利を有する。ただ校長は学校に付託された教育責務の遂行を確保するために必要な場合には、学校内における生徒の活動を制限ないし禁止することができる」。

　2項＝「生徒団体に対しては、それによって学校教育運営が妨げられない限り、教室その他の学校施設の利用が認められなくてならない」。

　3項＝「学校会議は生徒団体の活動と教室その他の学校施設の利用に関する原則を定めるものとする」。

(65) さしあたり、H.Avenarius/H.P.Füssel, a.a.O., S.483. J.Staupe, a.a.O., S.211. T,Böhm, a.a.O., S.19. J.Rux/N.Niehues, a.a.O., S.165.

(66) E.Stein/R.Monika, a.a.O., S.259.

(67) 1970年代前半にかなり大幅な学校法制改革を敢行したのは、ハンブルク、バイエルン、ザールラント、ニーダーザクセン、ベルリンおよびラインラント・プファルツの5州である。このうちバイエルン州は「一面的な政治的ないしは世界観的目的」(einseitige politische oder weltanschauliche Ziele)を追求する生徒団体の結成を禁止している（バイエルン州一般学校規程58条3項）。なお70年代前半の学校法制改革について、詳しくは参照：K.Nevermann, Reform der Schulverfassung, In:RdJB(1975), S.207ff.

(68) さしあたり、H.Avenarius/H.P.Füssel, a.a.O., S.483. E.Stein/R.Monika, a.a.O., S.259. J.Staupe, a.a.O., S. 211. T,Böhm, a.a.O., S.19. J.Rux/N.Niehues, a.a.O., S.165.

(69) VGH München Beschl. v. 15. 4. 1994, In:NVwZ(1994), S.922.

(70) H.Avenarius/H.P.Füssel, a.a.O., S.483. J.Rux/N.Niehues, a.a.O., S.165. M.Franke, a.a.O., S.52.

(71) C.H.Kurz, a.a.O., S.187. T,Böhm, a.a.O., S.15. J.Staupe, a.a.O., S.211. H.Avenarius/H.P.Füssel, a.a.O., S.483.

(72) H.Ihlenfeld, Pflicht und Recht zum Besuch öffentlicher Schulen nach deutschem Bundes-und Landesrecht, 1971. S.179.

(73) zit. aus L.Dietze/K.Hess/H.G.Noack, Rechtslexikon für Schüler, Lehrer, Eltern, 1975, S.231.

(74) L.Dietze, Zur rechtlichen Zulässigkeit von Schülerstreiks, In:RdJB(1970), S.341.

(75) J.Berkemann, a.a.O., S.16.
同旨の学説としてさらに以下が挙げられる。W.Perschel, Demonstrationsrecht und Schulbesuchspflicht, In:RdJB(1968), S.289ff. H.Ihlenfeld, a.a.O., S.177ff. G.Stuby, Zulässigkeit von Schülerstreiks, 1972.

(76) Studium generale der Universität Mainz, Arbeitsgruppe Schulverfassung: Modell einer demokratischen Schulverfassung für die weiterführenden Schulen(1969), In: A.Kell, Schulverfassung Thesen, Konzeptionen, Entwürfe, 1973. S.131ff.

(77) F.Hennecke, Ordnungsrecht und Schülerstreik, in:K.Nevermann/I.Richter(Hrsg.), Rechte der Lehrer, Rechte der Schüler, Rechte der Eltern, 1977, S.127. H.Avenarius/ H.P.Füssel, a.a.O., S.480ff. J.Rux/N.Niehues, a.a.O., S.165. E.Stein/R.Monika, a.a.O., S.260. T,Böhm, a.a.O., S.16. C.H.Kurz, a.a.O., S.187.

第5章
生徒の学校参加の法的構造

〜〜 第1節　ワイマール憲法下までの法状況 〜〜

1　生徒自治・生徒の学校参加と改革教育学

　ドイツにおいてワイマール革命期以降、「生徒の自治」(Schülerselbstverwaltung)、「生徒の共同管理」(Schülermitverwaltung)、「生徒の共同責任」(Schülermitverantwortung)、「生徒参加」(Schülermitwirkung)、さらには「生徒代表制」(Schülervertretung)などのターミノロジーで表記(1)されてきている思想と理論は、20世紀初頭、改革教育学によって創出されたものである。ここで改革教育学(Reformpädagogik)とは1900年から1932年にかけてドイツを中心にヨーロッパ諸国で展開された子どもを基軸に据えた教育理論で〈いわゆる「子どもからを第一義とする教育」(Erziehung primär vom Kinde aus)〉、それはJ.J.ルソー(1712-1778)、J.H.ペスタロッチ(1746-1827)、F.フレーベル(1782-1852)などの教育理論を源流とし(2)、より直接的にはE.ケイの『児童の世紀』(1900年)において本格的に理論化されたのを嚆矢とする(3)。

　ドイツにおける生徒自治ないし生徒の学校参加の思想と理論は、W.シャイベによれば(4)、本格的には二人の改革教育学者、G.ケルシェンシュタイナー(1854年-1927年)とF.W.フォエルスター(1869年-1965年)によって創造され体系化されたとされる。そこで、以下にまず両者のこれに係わる基本的理論をW.シャイベによって概括しておくこととしたい(5)。

1−1　ケルシェンシュタイナーの生徒自治論

　ケルシェンシュタイナーはその著『学校組織の基本的な問題』(1907年)と『公民教育の概念』(1910年)において、旧来の学校とは異なる新しい学校像を提示しているのであるが(6)、それは端的に「生活のため、労働のため、職業と経済活動のための学校」と特徴づけられる。

　この学校の重要なメルクマールはそこにおける生徒の自律的な地位の承認にある。

そこで彼はイギリスの学校のように、学校における「生徒の自治」(Selbstregierung der Schüler)を認め、それを学校組織上に位置づける必要があると強く説いた。そしてこの場合、いうところの「生徒の自治」とは生徒や学校にとって重要な一定範囲の役割や課題を、生徒が自らの権利と責任において組織的に引きうけることを意味した。この場合、もとより生徒は全的な自律性を享有するものではなく、教員と密接に協同し、最終的な責任は教員に留保されるとした。

　ケルシェンシュタイナーによれば、生徒自治の意義は、生徒が学校における各種の役割や課題を担うことで、生徒の自己教育に資し、生徒間の協同的規律を促し、生徒相互の仲間としての協力を呼び起こすことにあるという。そこで生徒自治がもっとも発展する可能性があるのは寄宿学校においてであるとされる。

　この制度は注意深く段階を踏んで組織化されるべきもので、教育行政機関の命令にもとづいて上から俄かに導入されてはならないという。生徒自治が有効に機能するためには、学校の組織構造、校長と教員および教員相互間の協働、教員と生徒との関係における教育上および組織上の条件を具体的に踏まえる必要がある、というのがその理由である。

　ケルシェンシュタイナーにとっては生徒自治と授業の有りようとの関係は特別な意味をもつ。彼は旧来の教科書中心・学習学校に抗して、生徒の主体的行為と能動性を呼び起こす労作教授(Arbeitsunterricht)という新たな授業形態を唱導した。それは個々の生徒の自律性の育成を旨とするだけではなく、生徒の労作グループ間の協同も包含するものである。労作グループにおいては個々の生徒の自律性の育成という契機と他の生徒との協同という思想が結合する。詰まるところ、全体としての学校は労作グループからなる労作共同体(Arbeitsgemeinschaft)に他ならない。

　かくして生徒自治の教育的意味は労作共同体のそれに対応する。両者ともに他の生徒や学校全体との関係において、生徒の主体的活動と自律性を促すものだからである。ケルシェンシュタイナーによれば、生徒にはそれを達成すれば生徒自身に役立つだけではなく、共同体にも資する役割や課題が委ねられている。つまり、労作共同体におけるのと同様、生徒自治においても社会的な教育が行われているのである。ケルシェンシュタイナーはこれを公民教育(staatsbürgerliche Erziehung)と呼称しているが、これこそが彼の教育理論の究極的な目的なのである。彼によれば労作共同体と生徒自治は公民的な徳性を覚醒させ育成する組織形態に他ならない。学校、つ

まり小規模な国家で育成される徳性は国家社会において求められるそれに符合するものなのである。

　かくしてケルシェンシュタイナーにとっては生徒自治と政治教育（politische Erziehung）はその目的を一にすることとなる。

1-2　フォエルスターの生徒自治論

　フォエルスターは1907年の著書『学校と性格』において道徳教育と性格教育の重要性を強く指摘している(7)。彼によれば、今日、学校において懲罰システムが有効に機能しておらず、規律の喪失が支配しており、その結果として、生徒の不正行為が蔓延しているとされる。そこで学校の規律を回復し、また生徒に対して性格教育（Charaktererziehung）を行うためには生徒自治を保障することが有効であるとし、アメリカ、スイス、オーストリアなどにおける先例や経験を踏まえて、その任務や組織などについて具体的な提案を行った。それは、たとえば、クラスにおける掃除係や集金係などの日常的な役割分担から、生徒委員会の任務と組織、さらには生徒裁判所（Schülergericht）の設置の提案まで含むものであった。

　生徒自治の目的・意義は、ケルシェンシュタイナーの場合と同じく、最終的にはそれが公民教育に資するということにあった。この点は1914年に刊行した『公民教育—政治倫理と政治教育学の原理的諸問題』において詳細に論及しているが(8)、そこにおいてフォエルスターが特に強調しているのは、生徒の自治活動における生徒の責任と共に、民主的な生活秩序をなしているより大きな全体、すなわち国家に対する生徒の責任感の醸成という点である。

　端的に言えば、フォエルスターによれば、生徒自治は学校共同体における教員の職務上の負担を軽減し、教員と生徒間の関係を促進し、生徒の性格教育と学校における規律の保持に本質的に貢献するものなのである。

2　生徒の学校参加の法制史
2-1　ジューフェルンの教育法案と生徒参加

　ドイツにおいて学校法制史上、いわゆる「生徒の学校参加」について初めて触れたのは1819年のジューフェルンの教育法案〈Süvernscher Entwurf eines Unterrichtsgesetzes v. 27. Juni 1819〉である。この法案は「イエナ敗戦（1807年）

以来の上からの民主主義的教育改革の総決算ともいうべきもの」であるが(9)、その第1部II「公立一般学校の組織構造」において、「学校における規律の保持」と係わって、次のように規定していた(10)。

「年齢による成熟度に応じて、多かれ少なかれ教員の関与のもとで、学校における規律の保持や学校の営みへの生徒の参加を拡大することによって、学校は生徒が早い時期から、より大きな全体の利他的で有能な成員とみなされることに慣れることができるような組織構造を擁するものとする」。

この法案は頓挫し実定法化を見るには至らなかったのであるが、上記の法文から知られるように、この法案は先に言及した改革教育学の基本思想を1世紀近くも前に先取りしており、このことはとりわけ刮目に値しよう。「公民教育の一環としての生徒自治ないし生徒の学校参加」という教育思想の制度化である。

ちなみに、かつてドイツにおける「生徒の学校参加」研究をリードしたW.シャイベも、この法案について次のように書いている(11)。「すでに当時、生徒に対して学校組織を通しての全体への利他的な参加の可能性が規定され、そしてそれによって教育的な効果が期待されていたということは注目に値する。そこにいう全体とは先ずもって学級であり、学校でもあり、さらには国家や国民、さらには人類を意味していると理解される」。

ドイツにおいて「生徒自治」ないし「生徒の学校参加」が実定法上初めてフォーマルに語られたのは、上記ジューフェルンの教育法案から実に91年後の男子上級学校の校長および教員の勤務規程〈Dienstanweisung für die Direktoren und Lehrer an den Höheren Lehranstalten für die männliche Jugend v. 12. Dez. 1910〉においてである。同規程は学校による「生徒に対する配慮」の一つとして、こう定めた(12)。

「学級担任は信頼できる生徒をそのクラスの級長に指名することができる。中級および上級学年においては、生徒もまたその選出に参加できる。選出された生徒は学級における規律の保持に関して学級担任に協力しなくてはならない。但し、その際、学級担任への報告が密告のようなものであってはならない。

一方、級長はクラスの生徒の要望を学級担任に伝えることができる」。

2-2　ドイツ11月革命と生徒の学校参加

2-2-1　プロイセンにおける生徒の学校参加

いうところの「生徒の自治」ないし「生徒の学校参加」は1918年に勃発したドイツ11月革命を機に飛躍的な展開を見せることになる。すなわち、革命の勃発（11月9日）直後の11月27日にプロイセンでは文部大臣ヘーニッシュ名で「プロイセンの上級学校の生徒への呼びかけ」〈Anruf vom 27. Nov. 1918 An die Schüler und Schülerinnen der Höheren Schulen Preußens〉と題する訓令が発せられたのであるが(13)、この訓令は冒頭でその趣旨についてこう述べたのであった。

「青少年のまどろみ、束縛された能力を解放するための端緒とするために、内面的な真実に基づきかつ自己の責任において、青少年に自分たちの生活の形成に参加する初めての可能性を開くために、…下記のことを決定する」。

これをうけて、同令は上記にいう「参加」と係わって具体的に述べているのであるが、その骨子を摘記すると以下のようである。

①すべての上級学校において、2週間に1回、授業時間中に学校共同体（Schulgemeinde）を開催する。これは学校生活、教科、学校における規律などについて教員と生徒がまったく自由に話し合う場である。この会合は生徒が秘密投票で選出した教員が主催する。学校共同体には校長とすべての教員、そしてすべての生徒が参加する。学校共同体はその要望や見解を決議し、表明することができる。学校共同体においては、生徒と教員はともに各1票の議決権を有する。議決は単純多数決で行う。学校共同体の活動規則は学校共同体自らが自律的に決定できる。

②学校共同体は生徒の中から生徒評議員（Schülerrat）を選出する。生徒評議員は生徒の利益を恒常的に代表し、校長や教員の許可を得て、学校の秩序に関して配慮する。

③学校共同体は文部大臣に対して、この新たな学校組織上の制度の在り方について見解を表明したり、その更なる拡充について提案する権利をもつ。また新たな国家における青少年の新たな役割についての見解を文部大臣に届ける権利を有する。

④生徒は、たとえば、ワンダーフォーゲル、スポーツクラブ、精神的・芸術的・文化的クラブなど、各種の非政治的な団体を結成する全的な自由を有する。生徒はまた学校相互間で連携することができる。

⑤学校による生徒規律によって、生徒のいかなる公民としての権利（staats-bürgerliche Rechte）も侵害されてはならない。

この訓令は別名「学校共同体訓令」（Schulgemeideerlaß）と称されていることからも知られるように、19世紀後半にF.W.デルプフェルトが唱導した「学校共同体」という概念を基軸に据えて、学校法制史上初めて「生徒参加」の目的・組織・手続・権限などについて具体的に言及している。ここにはドイツにおける以後の生徒参加法制の原型とその方向性の基本が提示されていると言ってよい。

なお訓令が学校は「生徒のいかなる公民としての権利も侵害してはならない」と述べていることは、生徒に対する市民的権利の保障が生徒参加の基本的な前提をなすと捉えているのであり、殊更に重要である。

上記の訓令を受けて、それを具体的に制度化するために、プロイセンでは1920年に「生徒自治のための規程および指針」〈Bestimmungen und Richtlinien für die Schüler-Selbstverwaltung v. 21. April 1920〉が定められた。この指針はI「狭義の自治」、II「学級共同体と学校共同体」、III「一般規程」の3部からなっているが、それぞれの要点を記すと以下のようである(14)。

I 狭義の自治

①すべての学年の生徒は学期始めに学級代表を秘密投票で選出する。学級代表の数と任期は教員会議が決定する。その他の学級役員も選挙によって決定する。②学級代表とその他の学級役員とで学級委員会を設置する。

II 学級共同体と学校共同体

A「学級共同体」—①学級担任は少なくとも毎月一回、授業時間を用いて学級の事柄や生徒から提案された問題について話し合うものとする。②学級委員会の要望によって、学級共同体を自主的に開催することもできるし、複数の学級の共同によるそれも可能である。

B「学校共同体」—①上級学校の各学級でもって学校共同体を構成する。②学校共同体は生徒に自分が置かれているより大きな社会について理解させ、その充実と発展に参加できる機会を提供するものである。したがって、そこでは学校と生活の問題が自由に討議されるものとする。③学校共同体は生徒委員会の議長が主催し、その活動計画は学校共同体自らが策定する。④教員は学校共同体に助言者として参加する権利を有する。⑤学校共同体は少なくとも毎月1回、授業時間中に開催され

る。⑥学校共同体は生徒委員会を通して教員会議に提議する権利を有する。⑦生徒委員会は学校共同体に対して責任を負い、その活動について学校共同体に報告しなければならない。

Ⅲ 一般規定

①上級視学官は学校視察の際に生徒委員会や学校共同体との協議を通して、生徒自治の状況について報告をうける。②州学務委員会は毎年7月、生徒自治の状況について報告書を作成しなければならない。

この「規程および指針」においては、教員集団の強い反対もあって(15)、上記1918年の訓令で示された学校共同体の役割や権限が縮小され、また生徒の市民的権利についても言及されていないが、以下の点は注目されてよい。

①学級代表、学級委員会、学級共同体について規定し、これらを生徒参加の基礎組織として位置づけている。②学校共同体の権限として学校における諸問題について教員会議に提議する権利を保障し、学校の意思決定過程への生徒の参加を認容している。③教育行政機関に対して生徒自治の状況を把握し、それについて報告書の作成義務を課すなど、いうところの生徒参加を教育行政との関係で位置づけている。

この「規程および指針」は上級学校を対象としてその後10年を超えて効力を有したのであるが、後述するように、ナチス政権下、1934年10月に発出された学校共同体の創設と青少年統括者の配置に関する指針によって失効した。

なおA.ザクセは1933年に著した論文「ドイツにおける教育組織の発展とその今日的状況」で上記1920年の生徒自治規程にも言及し、「プロイセンにおいては確かに生徒自治は組織化された。しかしいうところの生徒自治は決して生命を与えられることはなかった」と総括している(16)。

2-2-2　バイエルンにおける生徒の学校参加

一方、バイエルンにおいても、プロイセンと同じく、1918年12月9日に文部大臣ホフマン名で格調の高い「教員と生徒に対する呼びかけ」が発せられた。この呼びかけは教員も対象としている点でプロイセンのそれと異なるが、基本的な内容には両者の間に差異はなく、生徒自治ないし生徒参加の制度的現実化を促すものとなっている。些か長くなるが、その概要を記すと以下のようである(17)。

「大きな、これまで活かされることのなかった国民の力が革命によって解放された。諸君はわが国民社会と文化の精神的、経済的復興に喜んで取り組んでいる。民主主義、自治および協同統治（Mitregierung）の思想が国民全体を覆っている。それは青少年をも感激させている。青少年もまたこれまで束縛されてきた力が解放されたのである。従来、軍隊のような暴力支配の精神と方法が生徒自治の思想を抑圧してきた。この状態は変革されなくてはならない。生徒自治の思想は本来、我々の学校のなかに故郷を見出すべきなのである。

　新たなものと古いものとの間に激しい闘争が起きることになろう。少なからずの衝突が発生し、若干の新しい試みは失敗し、失望も起きよう。しかし新たなものが間違いなく勝利するだろう。

　私は青少年を信頼している。彼らは節度をもってその願望を提示するであろう。自己訓練なしには自治はありえないからである。彼らは蒔かれた種を着実に根づかせ、成長させるであろう。たゆまぬ課業と厳格な義務の履行は青少年に対してもまた時代の要請なのである。

　私は教員を信頼している。新たなものが気に入らない教員もいることだろう。しかしそれは克服しなければならない。なぜなら、新たな時代にふさわしい人間性を備えた新たな世代を教育するのが教員にとっての重要事だからである。

　生徒委員会の経験はバイエルンの教員の教育的な質を計る試金石となる。生徒との関係において、教員が総体として上司・下僚の関係（Vorgesetztenverhältnis）を超えて同志の関係（Kameradschaftsverhältnis）になれるかどうか、証明されることになろう。私はそれを望み、期待し、そして信じている。

　新生の国民国家バイエルの繁栄を願って協同して進もう」。

　この「呼びかけ」からは革命の高揚感がひしひしと伝わってくるが、生徒自治と係わっては次の指摘が重要である。①生徒自治は民主主義・自治・協同統治の思想に基づくものであり、生徒自治の思想を学校に根づかせなければならない。②生徒自治を現実化するためには教員と生徒との関係を、従来の「上下関係」から「同志ないし仲間関係」に変革しなければならない。③生徒は生徒自治の主体たりうるように自己訓練を重ねなければならない。

　1918年12月9日、バイエルンでは上記「呼びかけ」と合わせて生徒委員会および生徒集会の設置に関する訓令〈Erlaß über die Errichtung von Schülerausschüssen und Schülerversammlung v. 9. Dez. 1918〉が制定された。この訓令はその名称の通り生徒委員会と生徒集会だけについて定めたものであるが、その骨子は以下のようであった(18)。

①すべての上級学校に直ちに生徒委員会を設置する。

②生徒委員会の委員は毎年度、生徒による秘密投票で選出される。その数は9年制学校の場合、6学年1名、7学年2名、8学年・9学年は各3人とする。

③生徒委員会は委員の中から秘密投票で議長、副議長、書記、副書記を選出する。

④生徒委員会は生徒の常設の代表組織であり、会合する権利を有する。

⑤生徒委員会は活動計画を自ら策定する権利、生徒の要望を校長に提案する権利、校長に対して異議申立てをする権利、学校祭などの準備に参加する権利、さらには各種の生徒団体(スポーツクラブや音楽クラブなど)を設立する権利を有する。

⑥生徒委員会はすべての活動を賢明に、かつ忍耐をもって行わなければならない。とくに生徒に仲間として呼びかけることによって、学校内外における規律の保持に努めることは、生徒委員会の特別な義務に属する。

⑦各学校に校長と教員2名から構成される「教員−信頼評議会」(Lehrer-Vertrauensrat)を設置する。評議会は生徒委員会からの要望や提案、異議申立てについて決定する。重要事項に関しては教員評議会の意見を徴さなくてはならない。

⑧各学校は生徒集会を許可するだけではなく、それを積極的に推奨しなければならない。生徒集会を招集し主宰するのは当面は「教員−信頼評議会」の義務であるが、後にそれは生徒委員会の議長に委ねるものとする。学級担任、可能であれば教科担当教員も生徒集会に参加しなければならない。生徒集会の目的は学校生活における諸問題について、教員と生徒との間の自由で開かれた話し合いを可能にすることにある。

⑨各学校はそれぞれの事項を自ら規律する。したがって、生徒委員会が他校の事項に介入することは許されない。

⑩以上の諸規定はあくまで暫定的な効力をもつに過ぎない。生徒委員会はその改正案を提出する自由を有する。改正案が「教員−信頼評議会」によって認められ、文部大臣によって承認されると、新年度から当該校において効力をもつことになる。

206

この訓令を上述した1918年のプロイセンの訓令と比較すると、下記の点は注目されてよいであろう。

①生徒自治の中核的な担い手として生徒委員会を創設して必置機関とし、常設の生徒代表機関として位置づけている。②たとえば、生徒の要望を校長に提案する権利や校長に対して異議を申し立てる権利など、生徒委員会の権限を個別・具体的に明記している。③「教員－信頼評議会」と文部大臣による承認が留保されてはいるものの、生徒委員会は自ら本訓令を改正することができるとされている。④学校における諸問題について、生徒と教員が自由に話し合う場としての生徒集会の設置を積極的に推奨している。⑤生徒の自治活動を促進し、またそれに対応するために、「教員－信頼評議会」という学校内部組織を創設している。⑥学校内外における規律の保持を生徒自治の重要な課題の一つとしている。⑦各学校における自治との関係で生徒自治の限界を画定している。

2-3 ナチス政権による生徒の学校参加制度の解体

1933年1月に成立したナチス政権は、同年8月にヒトラーユーゲントに対する学校の関係促進に関する訓令〈Erlaß betr. die Pflege der Beziehung der Schule zur Hitlerjugend v. 26, Aug.1933〉を発出し、下記のように規定して、ヒトラーユーゲントの設置と学校制度に対するヒトラーユーゲントの優位を明記した[19]。

「新たな国家においては家庭と学校の他に、第一義的にはヒトラーユーゲントが青少年をナチス国家の意識の高い成員に向けて教育するという重要な課題を担う。…学校生活において、生徒は校長と教員に無条件に服従しなければならない」。

ちなみに、ヒトラーユーゲントとはナチスの設けた学校外の青少年組織で、ドイツ少年団（10-14歳の男子）、ヒトラーユーゲント（14-18歳の男子）、少女団（10-14歳の女子）、ドイツ女子青年団（14-21歳の女子）の四つの組織からなっていた。法的にはヒトラーユーゲントへの参加強制は存しなかったが、強大な権力組織であったため、事実上、子どもや親はそれへの加入を余儀なくされたのであった[20]。

また翌1934年12月に出された「学校の規律に関する根本的思想」〈Leitgedanken zur Schulordnung v. 18. Dez. 1934〉においては[21]、ナチス国家における学校の役割が端的にこう宣明された。

「学校の最高の任務は青少年を国家社会主義の精神において、民族と国家に対

する奉仕に向けて教育することにある。…学校の内的および外的なあらゆる生活はこの任務の実現に資すべきものである。校長、教員、生徒はそれに対して義務を負う。上司たる行政機関がこれを監視する」。

つまるところ、ナチス支配下の学校はその目的においてヒトラーユーゲントと同列に位置づけられ、「国家社会主義ドイツ労働者党による支配を執行する道具」に堕したのであった(22)。上記「学校の規律に関する根本的思想」が教員と生徒に対して次のように命じているのが象徴的である。

「教員と生徒は学校の内外においてお互いにヒトラー式敬礼(Hitlergruß)をしなければならない。教員はすべての授業の始めにクラスで右手を挙げてハイル・ヒトラーと敬礼しなければならない。生徒もそれを受けて右手を挙げハイル・ヒトラーと応えなければならない。授業の終わりに際しても同様である」。

くわえて、極度の中央集権的・権力的な教育行政体制の確立と相俟って〈1934年1月=各州の学校主権を剥奪、同年3月=ライヒ文部省設置〉(23)、いわゆる「指導者原理」(Führerprinzip)が学校にも援用され、「学校の指導者」(Führer der Schule)として位置づけられた校長が、学校経営の全権を掌握した(24)。こうして、ワイマール革命期の所産である参加民主主義は原理的に否定され、労働者の経営参加を保障した労使共同決定制をはじめ、教員を中核的担い手とする学校の自治=合議制学校経営、「親の教育権」にもとづく親の公教育運営参加などとともに、生徒の学校参加も1934年10月の学校共同体の創設と青少年統括者の配置に関する文部省訓令〈Richtlinien über die Schaffung von Schulgemeinde und die Berufung von Jugendwaltern v. 24. Okt. 1934〉によって潰滅せしめられたのであった(25)。

第2節　ドイツ基本法下における法状況

1　生徒の学校参加法制の復活

上述のように、ワイマール革命期に制度化を見た生徒の学校参加はナチス政権によって全面的に解体されたのであるが、第2次大戦後、ドイツ(ボン)基本法の制定(1949年5月24日施行)と前後してドイツ各州で復活することになる。

戦後の西ドイツで生徒の学校参加を法律上最初に制度化したのは1948年6月のベルリン州学校法で、「生徒の自治」(Schülerselbstverwaltung)と題して、つぎのよ

うに規定した(17条)。「生徒の自治は共同生活と自治意識の向上に資すものであり、すべての学校に導入されるものとする」。

翌1949年4月にはブレーメン州の学校制度法が「民主的な志向と民主的な生活形態を促進するために、すべての学校において生徒は学校生活の形成に参加させられるものとする」と規定して(5条2項)、民主主義の要請としての生徒の学校参加を復活させた。

上記2州の学校法は基本法の施行前に制定されたものであるが、基本法施行後は「学校はその内部的な規律において基本法の民主主義原則に照応しなければならない」との要請もあって(26)、生徒参加の法制化はニーダーザクセン州(1954年)、ハンブルク州(1956年)、バイエルン州(1957年)、ノルトライン・ウエストファーレン州(1958年)、ラインラント・プファル州(同前)、ヘッセン州(1961年)、バーデン・ビュルテンベルク州(1964年)、さらにはザールラント州(1965年)と続き、こうして1960年代半ばまでにシュレスビッヒ・ホルシュタイン州を除くすべての州において学校法制上に再び確立を見たのであった(27)。

ただこの時期までの生徒の学校参加は、H.ヘッケルの記述を借用すれば(28)、「学校の措置や決定への生徒の参加は、それが憲法ないし法律上に根拠をもつにも拘わらず、(西ドイツ)建国後20年間における発展は貧弱で、その権限は少なく、質的にはほとんど些細な機能を果たしたにすぎなかった」。

なお敷衍すると、上述のように、H.ヘッケルはいうところの生徒の学校参加は憲法上に根拠を有する制度と解しているが、それは以下のような二つ理由によると見られる。一つは、基本法の民主主義原則が学校においてかかる制度の現実化を要請しているということであり(28)、他はこの制度は「政治的な責任への教育」(Erziehung zu politischer Verantwortlichkeit)ないし「自由で民主的な志向への教育」(Erziehung zu freiheitlicher demokratischer Gesinnung)といった、各州の憲法が設定している教育目的によっても根拠づけられているということである(29)。

ちなみに、この点に関する規定例を引くと、たとえば、バーデン・ビュルテンベルク州憲法(1953年)は「青少年は道徳的及び政治的な責任、職業上および社会的な有能さ、さらには自由で民主的な志向に向けて教育される」(12条1項)と規定しており、またノルトライン・ウエストファーレン州憲法(1950年)は端的にこう書いている(7条2項)。「青少年は民主主義と自由の精神において教育されるものとする」。

2　1960年代末－70年代前半の生徒の学校参加に関する改革案

　ところで、上述したような生徒の学校参加をめぐる法制状況は、1960年代末から70年代の前半にかけて「学校の民主化」（Demokratisierung der Schule）のスローガンのもと、「参加型学校組織構造」（partizipatorische Schulverfassung）がすべての州で法制化されるに至り、ドラスティックな変貌を遂げることになる(30)。その直接的な契機をなしたのは1960年代末に激しく闘われた学生運動であるが、常設文部大臣会議の2回にわたる決議（1968年・1973年）(31)とドイツ教育審議会の勧告（1973年）が教育政策上、決定的に重要な影響を与えた(32)。

2-1　常設文部大臣会議の「生徒の共同責任」に関する決議（1968年）

　1968年10月、常設文部大臣会議は「生徒の共同責任」（Schülermitverant-wortung）と題する決議（以下、決議）をした(33)。この決議はI「原則」、II「役割」、III「組織」の3部から成っているが、その内容は、以下に見るとおり、従来のいわゆる「生徒の学校参加」の域をはるかに超えた画期的なものであった。

　「決議」はまずI「原則」において、いうところの「生徒の共同責任」の根拠および学校における法的性格・地位を確認して、下記のように述べている。

　「学校は、生徒が早い時期から自分の責任において課題を設定し、権利を行使し、義務を履行することを学習する場合においてだけ、青少年を民主主義社会における生活に向けて準備するというその目的を達成することができる。

　それゆえに、生徒の共同責任は学校の基幹的な原則をなしているのであり、したがって、この原則は生徒、教員、校長、学校監督官、さらには親をもまた同じように拘束するものである」。

　これをうけて、「決議」は「生徒の共同責任」の意義や機能などについて具体的に言及しているのであるが、その要点を摘記すると以下のようである。

　①生徒の共同責任の内容と形態は学校に付託された教育責務から導かれる。学校においては多様な人的、社会的、文化的な関係が働いており、このような社会的な制度としての学校はコンフリクトの存在しない社会ではありえない。

　②コンフリクトは学校生活に伴う現象であり、それは公平かつ合理的に調整されなくてはならない。こうしてすべての関係当事者が尊重しうるような手続と解決を見出すことが求められる。

③生徒が年齢に応じて自ら課題を設定し、生徒に委ねられた学校の課題に参加し、生徒の利益を代表する機会をもつことによって、批判と協同に向けた能力、したがってまた社会的および政治的な責任に向けた能力（Fähigkeit zu sozialen und politischen Verantwortung）が強化される。

④生徒の共同責任は学校における民主主義の構成要素として、生徒の自己教育の手段であり、民主主義社会における生活を準備するものである。

つづくⅡ「役割」において「決議」は「生徒の共同責任」の役割として、大きく、〈A〉自らが設定した役割、〈B〉秩序・組織上の役割、〈C〉生徒の利益代表の3領域を挙げている。

〈A〉では、とくに政治的、学問的、芸術的、スポーツ関係および社会的な企画や同好会の設置が考えられるとしており、そしてこれらはすべての生徒に開かれたものでなければならず、特定の政治的、宗教的ないし世界観的なグループに奉仕するものであってはならないとしている。

〈B〉の例としては、学校祭やスポーツ大会の開催、生徒旅行の実施、交通安全当番などが挙げられている。

〈C〉の「生徒の利益代表」はこの法域において画期をなすもので、以下のような権限ないし役割が列挙されている。①一定の条件下での生徒代表の教員会議への参加、②個々の生徒の権利行使、とくに懲戒処分や異議申立てに際しての生徒代表による支援、③生徒にとって重要な意味をもつ、学校監督庁のすべての訓令や処分の閲覧、④学校の現実的な問題についての校長と生徒代表との定期的な会談、⑤授業の計画と形成への、年齢に応じた生徒代表の参加、がそれである。

最後に「決議」はⅢ「組織」において「生徒の共同責任」に係わる組織原則を提示しているのであるが、重要事項を摘記すると下記のようである。

①生徒代表制は各学校で選出され、その活動は各学校でのそれが中心となる。

②生徒代表制の主催に係る活動・催しは原則として学校の活動・催しである。

③生徒代表制は学級代表と学校代表から構成される。それぞれの代表の選出は生徒の秘密投票による。

④生徒代表制は生徒の全体集会を開催することができる。

⑤生徒代表制の組織や手続に関する具体的事項は、州法の範囲内で各学校が定めることができる。

⑥生徒代表制は調整・助言教員を選出することができる。調整・助言教員の任務は生徒代表制に助言すること、および生徒代表制と全教職員との関係について配慮することにある。

⑦学校における様々な問題を話し合うために、各学校に教員と生徒代表からなる委員会を設置することができる。

2−2　常設文部大臣会議の「学校における生徒の地位」に関する決議（1973年）

すでに触れたように、1973年5月、常設文部大臣会議は「学校における生徒の地位」と銘打った決議をした(34)。この決議は生徒代表制についても改めて言及しているのであるが、その内容は前出の1968年決議を前提としそれを補強するものであり、大きく、以下のように集約できる。

①個々の生徒による利益の確保とは別に、生徒の利益は生徒代表制によって確保される。生徒を社会において自律的に協働できる主体に徐々に育成するという教育思想が、生徒代表制の基礎をなしている。生徒代表制の役割は、生徒に対して学校における意思決定に参加する機会を創出することにある。

②このための方途として、たとえば、教科会議・学年会議・教員全体会議への生徒代表の参加、学校規程の草案を準備したり、学校におけるコンフリクトを調整することを任とする、教員と生徒の合同委員会の設置が挙げられる。このような委員会の任務と生徒参加の種類の決定に当たっては、生徒の年齢、関心および客観的な能力が考慮されなくてはならない。

③生徒の権利は常に教員および親のそれとの関係で、また学校行政の任務との関係で見定められなくてはならない。

④生徒、親、教員の協同に関するすべての規律は、学校関係者の利益衡量を目的とするものでなければならない。学校の任務遂行が危うくなる場合に、かかる規律の限界が求められる。

2-3　ドイツ教育審議会の「学校の自律性」「学校参加」強化勧告（1973年）と生徒参加

　ドイツ教育審議会（Deutscher Bildungsrat）は1970年勧告「教育制度のための構造計画」の具体化として、1973年5月に「教育制度における組織および管理運営の改革——第1部『強化された学校の自律性（Verstärkte Selbständigkeit der Schule）と教員、生徒および親の参加』」なる勧告を行った(35)。その主要なモティーフは学校の自律性の強化と学校教育における教員・生徒・親の参加拡大にあった。以下に、その基本的なテーゼと生徒の学校参加に関する勧告内容を端的に概括しておこう(36)。

2-3-1　基本的テーゼ——「自律化」と「参加」

　「強化された学校の自律性」と参加は不可分な関係にある。前者は、国による枠組の範囲内で個々の学校に決定権を委譲することを意味するが、その目的は教育制度における集権と分権、統一性と多様性という問題を、議会制民主主義に係留された学校に実質的な決定権を保障することによって解決しようとするところにある。

　「参加」とは学校の審議・決定過程への教員・親・生徒の制度化された関与をいう。この概念は、学校におけるコンフリクトの調整と合意形成に資するコミュニケーション・決定過程を創出することによって、権限と当事者性、正当性と利益代表、責任と決定という問題を解決することを目指している。

　固有責任の委譲と参加は組織改革の不可欠な構成要素である。「強化された自律性を伴わない参加」は学校内部の複雑で形式的かつ無権限な意思形成をもたらすにすぎない。「参加を伴わない強化された自律性」は学校の内部構造を管理的な命令関係に転化させてしまう。強化された自律性と参加が構造的に連関して始めて、新たな学校像に見合う活動形態と意思決定構造が創造される。その際、参加の重点は学校の中心的な任務、つまり、学習過程の組織にかかわる領域に置かれなければならない。

2-3-2　基本的テーゼの根拠

　①学校のような複雑な社会制度は中央によって集権的に管理運営することはできない。常に変化する学校の現実に即応するためには、学校は自らが弾力的かつ状

況適合的に活動し決定できる状態に置かれなくてはならない。

②学校の重要な任務は学習過程の組織化にある。教員と生徒との間の教育活動や相互作用の形態が変革された場合にだけ、改革を語ることができる。文部省による伝統的な官治に代えて、専門的な計画上の権威が必要であり、教員は教育行政に対して第一次的な当事者たる地位に立たなくてはならない。

③学習過程は外部から統御されてはならない。学習は教育者と学習者それぞれの努力、学習目的との個人的な一体化、内的な動機づけを要請する。

④議会による意思形成は必然的に一般化されざるをえず、社会の部分領域からの各種の要求を反映することには限界がある。議会制民主主義の限界を参加民主主義(partizipatorische Demokratie)によって補充することが、教育制度においてはとりわけ重要である。自己決定のような民主的な教育目的は、他律的な組織形態によっては本質的に実現することはできない。

2-3-3　生徒代表制

自律的で参加型の学校(verselbständigte und partizipatorische Schule)においては生徒代表制の機能も変化する。生徒代表制は学校内部の意思形成に参加するとともに、自らが組織した活動によって学校生活に独自の貢献をする。このような生徒参加と独自の活動の拡大は従来の生徒の学校参加の重要な欠陥を克服することになる。1950年代および1960年代の「生徒の共同管理」はギムナジウムの上級段階は別として、多くの生徒にとっては無意味なもので学校政策上、影のような存在であった。伝統的な生徒の共同管理に対する批判から次の3点が帰結される。

①生徒代表制の組織モデルは学校や社会における利益の対立やコンフリクトの存在を前提とし、生徒代表制を生徒の利益代表として形成しなくてはならない。

②生徒代表制は学校および授業にとって重要な意味をもつ学校の決定過程に制度的に参加できるものとする。

③生徒代表制はできるだけ多くの生徒が参加できるような組織形態でなければならない。

2-3-4　カリキュラム編成における学校の自律性と学習過程での生徒参加

学校の日常は会議活動ではなく、教育活動とその計画・実施である。教育活動の目

標・内容・方法および成果のコントロールが学校の内部で自ら決定することができて始めて、学校の自律性が語られうることになる。プラグマティックなカリキュラム開発と伝統的な教授計画の枠組規程への縮減が必要である。

生徒の参加はマージナルな援助機能に限定されてはならず、学校の中心的な任務である学習過程の組織にまで及ばなくてはならない。その制度形態としては授業計画フォーラムへの参加、授業批判、選択教科・学校行事・部活動の創設計画に際しての生徒への留保などが挙げられる。

3 1970年代の学校法制改革と生徒参加

3-1 学校組織構造の法制改革

上述のようなドイツ教育審議会の勧告を直接の契機として、1973年のハンブルク州における学校組織構造法（Schulverfassungsgesetz）の制定を皮切りに、1970年代、旧西ドイツ各州ではかなり大幅な学校組織構造法制改革が敢行された。

その結果、たとえば、上記ハンブルクとベルリン（1974年）の学校組織構造法、ザールラント州の学校共同決定法（Schulmitbestimmungsgesetz・1975年）やノルトライン・ウエストファーレン州の学校参加法（Schulmitwirkungsgesetz・1977年）などの改革立法の名称が端的に示しているように、国の学校監督権との関係で学校の自律的権限が拡大・強化されるとともに、教員会議・学校会議・父母協議会・生徒代表組織などの各種会議権や教育行政・学校経営への参加権は総体としてはそうとう強化・補強された。

改革後、この時期の学校法制状況を生徒参加に引きつけて概括すると、以下のようである(37)。

3-2 カリキュラム編成における学校の自律性と生徒参加

たとえば、ザールラント州学校共同決定法（66条）やニーダーザクセン州学校法（100条）がその例であるが、ほとんどの州学校法で学習指導要領の枠組規程性が確認され明記された。

くわえて、教育課程編成過程への教員・親・生徒の各種の参加権が法認された。学校における教育課程編成に際しての親や生徒に対する聴聞権の保障（ハンブルク州学校組織構造法47条など）、州段階での州父母協議会（Landeselternbeirat）

や州生徒代表制(Landesshülervertretung)に対する聴聞権や提議権の保障(バーデン・ビュルテンベルク州学校法〈1976年・60条〉)など)、さらには州父母協議会に対する共同決定権の保障(ラインラント・プファルツ州学校法37条)などが、その規定例である。

3-3 授業の計画や形成への生徒参加の保障

　ドイツ教育審議会が勧告した授業に関わっての上記三様の生徒参加制度を全的に採用した州は存しなかったものの、ベルリン州とザールラント州においては、この領域における生徒の知る権利と提案権を確認して、学校法制上、つぎのように明記された。

　「生徒は、その年齢に応じて、授業計画について教員から説明をうけ、また現行規定の範囲内で授業や学校行事の形成に参加することができる。教材の選択、授業における重点や個々のテーマの設定、特別な授業形態の採用などに関しては、生徒にこれについて提案したり発言する機会が与えられなければならない。

　生徒の提案が考慮されない場合は、その理由が説明されなくてはならない」(ベルリン州学校組織構造法26条、同旨・ザールラント州学校共同決定法21条)

　くわえて、ベルリン州学校組織構造法は「授業におけるコースの設定やクラブ活動・同好会の創設に当たっては、関係生徒は事前に聴聞をうけ、学校の教育計画や組織的な可能性を留保して、その提案は努めて考慮されなければならない」(27条)と規定するに至った。

　またニーダーザクセン州でも学校法上、下記のような条項が新設された。

　「授業の計画・内容・形成についてはクラスの生徒に説明されなくてはならない。生徒評議会(Schülerrat)は、学校の組織や成績評価に関する基本的な決定がなされる前に、校長ないしは教員会議による聴聞を要求することができる」(同州学校法61条3項)。

　「校長および教員は生徒評議会や個々の生徒に対して、必要な情報を提供しなければならない」(同条4項)

4　ドイツ統一と州憲法による生徒の学校参加権の保障

　1990年10月3日、ドイツは宿願の再統一を果たし、16の州からなる連邦国家として

装いを新たにした。ドイツ連邦共和国に新たに加わった旧東ドイツ地域の5州（ブランデンブルク、メクレンブルク・フォアポンメルン、ザクセン、ザクセン・アンハルトおよびテューリンゲン）においては1992年から翌93年にかけて州憲法が制定され、また旧西ドイツの学校法制をモデルとしてドラスティックな学校法制改革が断行された(38)。

　そしてここで殊更に注目されるのは、旧東ドイツ5州のうち、メクレンブルク・フォアポンメルン州を除くすべての州において、いうところの「生徒の学校参加」がドイツの憲法史上初めて(39)、憲法によって明記されるに至ったという法現実である。「憲法上の制度としての生徒の学校参加」「憲法上の基本権としての生徒の学校参加権」という位置づけである。生徒法制史上まさに画期的だと評されよう。

　たとえば、ザクセン州憲法（1992年）は「親および生徒は、選出された代表者を通して、学校における生活と活動の形成に参加する権利を有する」（104条1項）と規定しているし、またテューリンゲン州憲法も下記のように定めている（23条3項）。「親、その他の配慮権者、教員および生徒は学校制度の形成ならびに学校における生活と活動の形成に際して参加する」(40)。

　そしてこうした憲法による生徒の学校参加権ないし学校参加制度の保障をうけて、これを具体化するために、たとえば、ザクセン州においては学校法が第3章「生徒の参加」の章を設けて、生徒参加の役割・権限・組織などについて具体的に規定するところとなっている（51条-55条）。他の州においても同様である。

5　1990年代以降の「学校の自律性」の強化と生徒参加

　ドイツにおいては1990年代に入って、ブレーメン、ハンブルクおよびヘッセンの3州に端を発したいわゆる「学校の自律性」（Schulautonomie）をめぐる問題が学校法政策上の重要なテーマとなった。「Schulautonomie」というターム自体は、多くの学校法学者が批判している通り(41)、法学上の概念としては適切ではないが、要するに、いうところの自律性論の目指すところは「個々の学校の責任の拡大ないし自律性の強化」という点にあった(42)。

　具体的には、旧来の国家の学校監督権や学校設置者の行政権限を縮減し、とくに教育課程の編成と教育活動、教職員人事および学校財政の面において、学校の権限と責任をよりいっそう強化する必要がある、と唱えられた(43)。

　そしてこのような学校の自律性論議に呼応するかのように、1990年代半ばから後

半にかけて、ブランデンブルク、ブレーメン、ハンブルク、ヘッセンなど8州で「学校の自律性の強化」を旨とした法制改革が行われた。こうして、たとえば、各学校が独自に学校プログラム（Schulprogramm）を策定するようになったり、学校財政および教員の人事行政の面で学校に一定範囲の自律的な権限が法認されるに至るなど、学校の組織構造法域においても新たな展開が見られたのであった(44)。

このコンテクストにおいて、いうところの生徒の学校参加と係わって重要なのは、学校会議の権限が拡大・強化されたことである。学校会議は現行法制上、生徒代表制と並ぶ生徒の学校参加の重要な組織となっているのであるが、これについては後に「学校会議への生徒代表の参加」として改めて取り上げるので、ここではこれ以上立ち入らない。

6　成人年齢の引き下げと生徒参加

ドイツにおいては成人年齢に関する新規制法〈Gesetz zur Neuregelung des Volljährigkeitsalters v. 31. Juli 1974〉により、1975年1月1日に成人年齢が従来の満21歳から満18歳に引き下げられた（民法2条）。これに伴い18歳以上の生徒は全的な法律行為能力と不法行為能力、全的な刑事責任能力、連邦議会議員の選挙権と被選挙権（基本法38条2項）など、成人として各種の権利を有し、義務を負うこととなった(45)。

既述したところから知られるように、ドイツにおける生徒参加はとくに1970年代以降にいっそうの拡大・強化を見たのであるが、このコンテクストにおいて、成人年齢が引き下げられた翌年の1976年に公刊された『学校法学』（第5版）において、H.ヘッケルがつぎのように述べているのは(46)、わが国における選挙権年齢満18歳への引き下げ（2016年6月19日以降）とも関連して、注目されてよかろう。

「（1970年代以降）生徒参加をめぐる状況は根本的に変化した。学校の営みへの生徒の参加はすべての州で拡大・強化され、それは親の地位を超えるまでに至っている。成人年齢の満18歳への引き下げが中等段階Ⅱにおける生徒代表制の役割をさらに一段と強化した」。

第3節　現行法制下における状況

1　生徒代表制の法的地位・性格

　既述したように、常設文部大臣会議は1968年の「生徒の共同責任制」に関する決議で「生徒の共同責任制は学校の基幹的な原則をなしている」ことを確認した。そこでこれを踏まえて、現行学校法制上、すべての州において生徒代表制の組織は学校の組織として位置づけられている。こうして生徒代表制の活動や行事は学校の活動ないし行事とみなされ、したがって、それは学校の責任領域に属するとされている。

　ちなみに、この点に関する規定例を引くと、たとえば、ザールラント州学校参加法は「生徒代表制の活動と行事」と題して、つぎのように規定している。

　「校長の許可を得て、校内で行われる生徒代表制の活動や行事は学校のそれとみなされる。生徒代表制の活動や行事は法規に抵触してはならず、また学校の教育責務や生徒に対する学校の配慮義務を危くするものであってはならない。

　学校外で行われる生徒代表制の活動や行事であっても、校長は学校会議の同意を得て、例外的にこれを学校のそれとして認定することができる」。

　生徒代表制の活動や行事は原則として、授業時間外に行われる。ただ、たとえば、ザールラント州学校参加法が「生徒代表制の機関は1か月に2授業時間まで授業時間内に会合することができる」（26条3項）と明記しているように、事情によっては、授業時間中においても活動することができるとされている。もとよりこの場合、欠席扱いなどの不利益扱いを受けることはない。生徒代表制の活動や行事が校外で行われる場合でも、それは事前に校長の許可を受けていれば(47)、学校の活動ないし行事とみなされる。

　このような生徒代表制の法的地位・性格から、その活動や主催する行事をめぐっては、具体的に以下のことが導かれることになる。

　①上記ザールラント州学校参加法も明記しているように、生徒代表制の活動や行事は法規に違反してはならないばかりか、学校の教育責務や教育目的と一致するものでなければならない。したがって、たとえば、基本法の基本的な理念と相容れない生徒団体や同好会を創設することはできない。

　②生徒代表制の活動や行事で学校の施設・設備が利用される場合には、校長は

許可制を敷くことができる。

③生徒代表制の活動や行事が所定の要件を充足していない場合は、校長はこれを禁止することができる。

④生徒代表制の活動や行事は学校の責任領域に属するから、これについては学校の監督義務が発生する(48)。ただこの場合、「自己の責任に基づく行動への教育」(Erziehung zu eigenverantwortlichem Handeln)という学校教育の目的に照らし、生徒の年齢や成熟度に応じて、生徒代表制には可能な限り広範な自由領域が保障されなければならないとされている。実際、たとえば、ヘッセン州では校長は16歳以上の生徒には監督権を委譲できることになっている(49)。

⑤生徒代表制がその任務を遂行するために必要な経費は、学校段階の生徒代表制の場合は学校設置者が、郡段階のそれについては郡が、州段階の生徒代表制については州がそれぞれ支弁する義務を負う。

ところで、生徒代表制をめぐってはつぎのような法的問題も重要である。

第1に、生徒代表の有責な義務違反から生じた損害については、生徒等の災害保険に関する法律(1971年)の適用がない限り、民法839条により、州が賠償責任を負うということである。学校の委託をうけて活動中の生徒の不法行為についても同様である。

第2として、生徒は生徒代表をその義務違反を理由に解任できるかという問題がある。これについて学校法学の通説は、解任は被選挙人と選挙人の権利に係わる措置であるから当然に法律上の根拠が必要であるとする(50)。しかし現行学校法制上、このような根拠法を擁している州はなく、立法政策上の課題とされている。

敷衍すると、かつてノルトライン・ウエストファーレン州ではこのような根拠法が存在した。すなわち、同州の学校制度における参加に関する法律(2005年廃止)によれば、学校参加機関の成員が、したがってまた生徒代表がその義務の履行を著しく怠った場合には、下級学校監督庁はこの生徒代表を解任することができると規定していた。

第3。基本法3条1項が規定する平等原則からの要請にもとづき、多くの州の学校法が生徒が生徒代表制に係わる活動のゆえに学校関係において優遇されたり、あるいは不利益な取扱いを受けることがあってはならないと明記している。ただし生徒代表として教員会議に参加する権利をもったり、一定事項について黙秘義務を負うことはこれには当たらない。

なお学校が生徒の人物評価に際して、生徒代表制における活動を考慮することは差し支えないとされている(51)。

　第4として、生徒代表制はいわゆる一般的な政治的委任を受けてはおらず、したがって、その組織の一環として政治的な生徒団体を結成することは認められないということが挙げられる。この問題については後に改めて取り上げる。

2　生徒代表制の役割と権限

2-1　生徒の利益代表

　既述したように、いうところの生徒代表制の役割ないし権限はとくに1970年代以降に拡大・強化されて、今日においてはきわめて広範かつ多岐に亘っているのであるが、それは大きく次の3領域に区分することができる。学校の教育活動の促進、学校の教育目的の実現に際しての参加および校長・教員・教育行政機関などに対する生徒の利益代表がそれである(52)。

　このうち歴史的にも、今日においても、生徒代表制としてもっとも重要な役割は校長・教員・教育行政機関との関係において生徒の権利や利益を確保し、それを代表することにある〈生徒の利益代表組織としての生徒代表制〉。

　具体的には、たとえば、下記のような事項に関する役割や権限がこれに属する。

　生徒の校長・教員・教育行政機関などに対する各種の要望・要求の提出、教育行政機関に対する情報請求や校長に対する異議の申立て、授業の計画・内容・形成や教材・教具の選定に際しての参加、学校規程や校則の制定への参加、学校における日常生活の規律保持、特別な行事の実施などに際して生徒を代表しての権利行使、生徒と学校との間でコンフリクトが生じた場合や生徒が秩序措置（懲戒処分）を受けた場合に、当該生徒の権利の擁護、さらには知る権利やプレスの自由に依拠しての、生徒の対社会的な利益の確保、等々。

　生徒代表制の権限については各州の学校法がそれぞれの事柄に即して個別・具体的に定めているが、州によって一様ではなく、ヘッセン州においてもっとも広範かつ強度なものとなっている。同州における法制状況については後に改めて取り上げるので、ここでは立ち入らない。

2-2　生徒代表制自らが設定する役割や活動

　生徒代表制は上述したような法定された役割や権限に加えて、自らが独自の役割や課題を設定し、これを遂行することができるとされている。この点は、既述したように、先に触れた常設文部大臣会議の1968年決議も確認しているところである。

　このような生徒の利益代表制の独自設定に係る活動としては、通常、つぎのようなことが実施されるところとなっている(53)。各種行事の実施、生徒団体や同好グループの設立、生徒新聞の編集と発行、生徒に対する支援活動、交換留学生などによる国際交流の促進、社会的な支援活動の促進、環境保護活動への参加、発展途上国への支援活動などである。

2-3　生徒代表制と政治的役割

　すでに言及したように、ドイツにおいては、生徒は学校においても「結社の自由」(基本法9条1項)を当然に享有しており、そこでこの自由にもとづいて、一定の条件下ではあるが、学校において「政治的な生徒団体」を結成し、活動することができることとされている。

　それではすべての生徒の強制加入組織・利益代表組織である生徒代表制の場合はどうか。

　ここで注目されるのは、シュレスビッヒ・ホルシュタイン州学校法が「生徒代表制の本質と任務」と題して、「生徒代表制は学校の一部をなしており、生徒に対して学校に係わる事項に協同的に参加する可能性を与える」と書いたうえで、「生徒代表制の活動は政治教育(politische Bildung)にもまた資するものである」と明記していることである(109条1項)。生徒代表制に対する「政治的な教育活動を行う権利」(Recht, politische Bildungsarbeit zu betreiben)の保障である(54)。

　そして生徒代表制のこのような権限は、学校法による明示的な保障を欠く州においては、生徒代表制のつぎの二様の役割から導かれるとするのが、学校法学の支配的見解である(55)。一つは、生徒の専門的、文化的、スポーツ面での関心などとともに、生徒の政治的な関心を助長・促進し、また学校政策上の関心事を担うという役割である。他は、「自律的で成熟した責任ある市民への教育」という学校の教育目的の実現に向けて、生徒代表制自らも自己教育的にこれに参画するという役割である。

　ただ生徒代表制が「政治的な教育活動を行う権利」を有するとはいっても、その行

使に際してはつぎのような制約が伴うとされる。

上記シュレスビッヒ・ホルシュタイン州学校法も書いているように、生徒代表制は「学校の一部」を構成しているのであり、したがって、政治的な問題に関しては学校と同じく、中立性を保持しなくてはならず〈生徒代表制の政治的中立性の原則〉、またすべての生徒の強制加入組織として、その活動は学校の教育責務の範囲内に止まらなければならない。また見解が対立する争論的な政治テーマについては、生徒代表制は生徒総体の名において自らの見解を表明してはならない。そうすることは異なる見解をもつ生徒の個人的自由領域に不当に介入することになるからだとされる。

つまるところ、生徒代表制はいわゆる「一般的な政治的委任」(allgemein-politisches Mandat)は受けていないということであり、たとえば、バーデン・ビュルテンベルク州学校法63条3項やザールラント州学校参加法24条がその例であるが、この点を確認的に明記している学校法も見られている。

なおこの問題は先に言及したドイツ教育審議会の1973年勧告「教育制度における組織および管理運営の改革」の審議過程においても深刻な論議を呼び(56)、また1970年代を通して学説上争論的なテーマであったが(57)、連邦行政裁判所の1979年の判決によって一応の決着を見るに至った(58)。この判決は学生自治会について「一般的な政治的委任」を否定したものであるが、H.ヘッケルなど有力な学校法学説によれば、そこで提示された基本的な法理は生徒代表制にも妥当すると解されたのであった(59)。

このように今日においては、学説・判例上、生徒代表制に対する「一般的な政治的委任」は否定されているのであるが、しかし学校法学の通説によれば、生徒とより直接的に関係する「学校政策上の事柄」については、生徒代表制は生徒総体の名においてその対応を委任されており、したがって、この領域の事柄については生徒代表制としての見解を表明することができる、つまりは、「学校政策上の委任」(schulpolitisches Mandat)は受けていると解されており(60)、また現行法制上もこの点を明記している学校法も見られている〈「一般的な政治的委任」と「学校政策上の委任」の区別〉。たとえば、ノルトライン・ウエストファーレン州学校法は「生徒代表制は…学校の教育責務の範囲内で、学校政策上の関心事を担うことができる」(74条1項)と書いている。

つまり、生徒代表制は個々の学校における各種の措置・決定はもとより、ひろく学校

制度の有りようや学校政策一般について批判的見解を表明したり、各種の提案を行う権利を有しているということである。

もとより「一般的な政治的委任」と「学校政策上の委任」を峻別することはできない。そこで教育的な見地からは、後者の領域においては厳格な要件を付すべきではないとされている(61)。

3 生徒の学校参加の態様—学校参加権の種類

生徒の学校参加の態様は、表現を代えると、生徒の学校参加権の種類は、大きく以下の二つのカテゴリーに分かれている。一つは、協同的参加ないしは諮問的参加とでも称すべきもので(協同権=Mitwirkungsrecht・Beteiligungsrecht)、他は共同決定的参加(共同決定権=Mitbestimmungsrecht・Mitentscheidungsrecht)である。

前者の協同的参加は、具体的な権利の種類に即していえば、「知る権利」、「聴聞権」、「説明を求める権利」、「提案権」および「異議申立て権」に区別できる(62)。

「知る権利」(Informationsrecht)は他のすべての生徒の権利ないし学校参加権行使の前提をなしており〈情報なければ、参加なし〉、通説・判例によれば、この権利は基本法2条1項が謳う「人格の自由な発達権」ないし「教育をうける権利」から導出される具体的権利であると解されている(63)。したがって、教育行政機関・学校・教員が黙秘しこの権利に応えないことは、生徒の人格の自由な発達権ないし教育をうける権利の侵害として違憲となる。

学校における生徒の知る権利の根拠について、指導的な学校法学説は下記のように説いている。いささか長くなるが引いておこう(64)。

「教員および学校当局に向けられた子どもの知る権利は、最適な教育をうける子どもの基本権の本質的構成要素をなしていると把握される。なぜなら、教育は一方的な権力行使の過程ではなく、人間的な触れ合いと絶えざるコミュニケーションの過程であり、それはただ相互的な信頼基盤があってのみ成果が期待できるもので、そのためには、生徒の発達段階と教育目的に照らしての、相互の情報が不可欠だからである。生徒は教育過程における客体ではなく、等価値のパートナーなのである。そうしたものとして、成熟した、あるいは成熟しつつある生徒は、彼の成績の状態や発達に関しての教員の見解を知らされずにおかれてはならない。

教育の目的は、取りも直さず自律的に行為する人格にある。この目的に向かって、生徒もまた学校の教育過程において、学習方法を自ら決定し、学習の重点を自分で設定し、時間を有効に配分することなどを、徐々に学ばなくてはならない。これらのすべては、それに対応した情報がなければ不可能である。かくして生徒の知る権利は、親のそれと同じように、憲法上の要請として定礎されていることは自明だと言えよう」。

　現行法制上、生徒の知る権利ないし報告を受ける権利の対象は広範囲に及んでおり、たとえば、ハンブルク州学校法は「教育権者と生徒の知る権利」と題して、「生徒とその教育権者はすべての重要な学校事項（alle wichtige Schulangelegenheiten）について報告をうけるものとする」（32条1項）と書き、その例として具体的に下記のような事項を摘記している。

　教育制度の構造と編成、学校種間の移動、入職を含む卒業と資格制度、授業の計画と形成に関する原則、授業内容・授業目的および進級を含む成績評価の原則、自分の成績や学校における行動に関する評価、生徒の参加の可能性などである。

　また生徒の知る権利はさらに積極的に生徒個人の試験・成績・評価に関する書類その他の、生徒の権利領域や法的地位に触れる文書を閲読する権利・記載内容について訂正を求める権利なども導くと解されている。

　以上述べたことは、個々の生徒の「個人的な知る権利」（individuelles Informationsrecht）についてであるが、この生徒の個人的な知る権利を前提としたうえで、集団的な学校事項に関しては生徒代表制に「集団的な知る権利」（kollektives Informationsrecht）ないし情報請求権が保障されている。

　たとえば、ヘッセン州の生徒代表制に関する規程は「校長に対する情報請求権」と銘打って、「校長は学校生活におけるすべての本質的な事項について生徒評議会に報告するものとする」（25条1項）と規定しており、そして通説によれば、たとえば、教育制度の構造と編成、学校種間の移動、入職を含む卒業と資格制度、授業の計画と形成に関する原則、授業内容・授業目的および進級を含む成績評価の原則などがこれに属するとされている(65)。

　つぎに「聴聞権」（Anhörungsrecht）としては、上は州レベルの教育政策から下は学校・学級段階での、生徒の法的地位や権利領域に触れる重要な諸決定に際しての聴聞される権利や説明を求める権利（Recht auf Erörterung）、生徒懲戒に際しての聴聞権が重要な位置を占めている。

現行の規定例を引くと、たとえば、ヘッセン州学校法は文部省が教育目的や教育課程、上級学校への入学、教材・教具の選定などに関する一般的規程、さらには一般学校規程を定立する場合には、州生徒評議会は聴聞されなくてはならないと書いており（124条4項）、またハンブルク州学校法にも「生徒ないし教育権者は懲戒措置の前に聴聞されるものとする」（49条5項）とある。

また「提案権」（Vorschlagsrecht）は学校や教育行政機関に意見や要望・要求を提出する権利、それらの決定に対して態度表明をする権利（Recht auf Stellungnahme）を内容としている。

たとえば、ヘッセン州の前記生徒代表制に関する規程は、学校会議と教員全体会議の権限事項のうち、生徒評議会の同意ないし聴聞を要する事項については、生徒評議会に校長に対する提案権を容認するところとなっている。

さらに異議を申し立てる権利（Beschwerderecht）は基本法17条が保障する請願権ないし訴願権に基づく権利で、教育行政機関や学校の措置・決定によって権利を侵害された場合に、当該機関や校長に対して当該措置・決定の取り消しを求めることができる権利である。

この権利は個々の生徒だけではなく、生徒代表制も有しており、たとえば、ヘッセン州においては生徒評議会に対して、校長への意思表示が不調に終わった場合、州の学務局への異議申立て権を明示的に保障するところとなっている（生徒代表制に関する規程25条2項）。

以上のような協同的参加（協同権）は、学校教育事項により、また州により、その範囲や強度において多少の違いは見られてはいるが、今日すべての州で法的保障を受け制度化されている。

他方、後者の共同決定的参加（共同決定権）――生徒代表制の同意がなければ、教育行政機関や学校の決定は法的には成立しえないということ――であるが、ドイツにおいて生徒の学校参加制度がきわめてよく整備されているとはいっても、このような強力な権利が保障されているのは、現在のところ、ヘッセン州においてだけである。

同州では州憲法（1946年）によって親の公教育運営への参加権が憲法上の基本権として保障されており（56条6項）、これをうけて父母協議会は各種の学校事項について共同決定権を擁しているのであるが（学校法110条）、生徒の参加制度も、憲

法上の明示的な保障は欠くものの、親の参加制度とほぼパラレルに法制化されている状況にある(66)。

　すなわち、同州では以下に掲記する学校会議および教員全体会議の決定は、学校父母協議会だけではなく、生徒評議会の同意が必要であるとして、生徒評議会にこれらの事項に関する共同決定権を保障しているのである(学校法122条5項)。表現を代えれば、生徒評議会は下記の事項の決定に際して拒否権(Vetorecht)を有しているということである。

　つまり、同州学校法は学校会議の権限事項として11項目を列挙しているのであるが(129条)、そのうちの学校プログラムの策定、自由参加の授業や看護サービスの実施とその範囲および終日教育への参加義務に関する原則の決定、基幹学校と実科学校ないしは協同型総合制学校と接続した促進段階の設置ないし補充、宿題と学級活動に関する原則、学校実験の実施または当該校の実験校への転換および強化された学校の自律性モデルへの検証の申請、さらには授業およびその他の教育活動への親その他の人の参加に関する原則などについての決定がそれに属する。

　また教員全体会議の権限とされている17事項のうち、下記の事項に関する決定に際しては生徒評議会の同意が必要とされている。(133条1項3号-5号)。教科の学習領域への統合と課題領域への転換、基礎学校で導入する外国語の選定、さらには促進段階、統合型総合制学校と協同型総合制学校および基幹学校・実科学校と接続した学校岐を超えた授業における習熟度別編成の種類・範囲・始期に関する決定、がそれである。

　かなり重要な学校教育事項、それも生徒と直接関係する事項が生徒評議会の共同決定権事項とされていることが知られる。

4　生徒代表制の組織

4−1　生徒代表組織の種類

　生徒代表制の組織は州により、また学校種や学校段階によっても異なり一様ではないが、現行法制上、その基本的な構造はおおむね以下のようになっている(67)。

　改めて書くまでもなく、生徒の学校参加は一定の成熟度・判断能力を前提とするから、「参加」の範囲および強度は年齢段階に即して構築されており、また促進学校(Förderschule・わが国の特別支援学校に当たる・筆者)にあっては障害の種類に

よって、通常学校におけるのとは異なる仕組みになっている。

　生徒代表制が学校の組織として制度化されるのは、もっとも早いベルリン州では基礎学校の3学年（8歳）からで（学校法84条）、ブランデンブルク州が4学年でこれに次ぎ、ヘッセン州やバイエルン州など7州が5学年からとなっている。それ以前の段階では学級担任が若干名の児童をクラスの係として指名する。

　生徒代表制の組織的・制度的な基礎単位は各学級で、まず各学級における秘密投票で学級代表（Klassensprecher）を選出する。任期は1年間で、ベルリン、ブランデンブルク、ブレーメンおよびハンブルクの4州では学級代表は2人となっている。ただ、ギムナジウム上級段階のようにクラス別に編成されていない場合は、各学年の生徒数に応じて（たとえば、生徒20人につき1人）、学年代表（Jahrgangsstufen-sprecher）を選出する。

　生徒代表を選任するに際しては、男女平等の原則を踏まえなければならず、またニーダーザクセン州とノルトライン・ウエストファーレン州では外国人生徒のために一定数が確保されなければならいと法定されている。

　こうして選出された学級代表ないし学年代表の全員で各学校の全体生徒代表制（Gesamtschülervertretung・州により名称は各様）を構成する。そして全体生徒代表制はその成員の中から秘密投票で学校代表（Schulsprecher）を選出する。ただ州によっては学校代表の選出は当該校の生徒全員による直接投票としているところもある。

　以上のような学校レベルの組織を基礎として、その上部組織として行政レベルごとに、地区生徒評議会（Bezirksschülerrat）、郡・市生徒評議会（Kreis-und Stadtschülerräte）および州生徒評議会（Landesschülerrat）が制度化されている。これら上部組織の役割は各学校の生徒代表制の活動を支援し、生徒の利益を確保することにある。そこで各段階の教育行政上の重要な決定に際して、それぞれ聴聞権が保障されるところとなっている。

　なお上記のような法定の生徒代表制の他に、連邦レベルの組織として連邦生徒会議（Bundesschülerkonferenz）が存在しているが、これは任意団体であり、現在のところ、ヘッセンやザクセンなど9州の州生徒評議会によって構成されている。

4-2 生徒代表と選挙人の関係

生徒代表制は生徒の自律的組織であるから、選出されたいずれの段階の生徒代表もその就任につき校長の承認は必要ではない。また選挙人である生徒の委任や指示にも拘束されない。つまり、生徒代表と選挙人である生徒との間には「命令的委任」(Imperatives Mandat)は存在しないということであり(68)、生徒代表はその任務を自律的に遂行する権限を有している。

ちなみに、この点について、たとえば、ザールラント州学校参加法は「生徒代表はその任務の遂行に際してただ現行規定にだけ拘束され、委任や指図には拘束されない」(25条2項)と明記しており、またヘッセン州の生徒代表制に関する規程もこう書いている。「生徒代表はその決定に際して自由であるが、しかし生徒全体に対して責任を負う。生徒代表はその活動に関して生徒に報告する義務を負う。学校生徒代表は生徒集会で報告するものとする」(11条1項)。

他方、生徒代表が多数の生徒の信頼を失うに至った場合、生徒は自らが選出した生徒代表を解任することができる。これには二つの方法が見られている。一つは、選挙人の3分の2の多数決によるもので、ニーダーザクセン州など3州でこの方法が採用されている。他は、いわゆる建設的不信任投票によるもので、選挙人が新たに後任を選出することによって前任者を解任する方法である。ヘッセン州やブレーメン州などこの手続を採っている州の方が多くなっている。

ただ生徒代表に重大な義務違反があった場合には、たとえば、ノルトライン・ウエストファーレン州がその例であるが、下級学校監督庁が当該生徒代表を解任できるとしている州も見られている。

なお一般の生徒は代表を選出するだけではなく、各人が直接参加できる組織として、学級、学年、学校の各段階の生徒集会(Schülerversammlung)が、バイエルンやザクセンなど5州を除いて設けられている。

4-3 調整・助言教員の配置

ところで、生徒代表制の組織や活動と係わって留意を要するのは、すべての州で調整・助言教員という制度が設けられていることである。調整・助言教員は各学校の生徒代表制が当該校の教員の中から直接選任する職制で、その任務は生徒代表制に対して助言や支援を行い、また生徒、教員、校長間における意見の相違やコンフ

リクトを調整することにある。生徒代表制の組織上の自律性に鑑み、これに対する監督権や命令権はもたないとされていることは重要である。調整・助言教員は助言権を擁して生徒代表制の各種の会議に出席できるし、生徒代表制・教員会議・校長の協同を旨として三者の合同委員会を立ち上げることもできるとされている。

なおこれまで述べてきたことと関連して付言すると、近年、「学校における民主的参加」「学校における代議制民主主義」の拡大・強化を旨として、従来の生徒代表制に対する新たな組織モデルとして生徒議会（Schülerparlament）を設置する学校も見え始めているが、その動向は現在のところ定かではない[69]。

5　学校会議への生徒代表の参加

5-1　学校会議の創設と拡充

ドイツにおいていわゆる学校会議（Schulkonferenz）を最初に導入したのはブレーメン州で、1960年代末の学生・生徒による「大学・学校の民主化」要求を背景に、1969年に制定された共同委員会に関する訓令〈Erlaß über Gemeinsame Ausschüsse v. 10. 9. 1969〉によってである。ここにいう共同委員会は「学校の自治」を担うべく既存の教員全体会議、父母協議会および生徒代表制にくわえて、これらの組織の機能的な統合機関として構想されたもので、教員代表、親代表、生徒代表の三者同数によって構成されていた。ただこの場合、教員全体会議は3分の2の多数決によって、共同委員会の決定を廃棄できるとされていたが、その基本的な制度理念は学校におけるすべての当事者の同等・同権的参加（Paritätische Partizipation）の確保・保障にあった[70]。

1970年代に入って学校会議は次第に拡がりを見せていくのであるが、その契機をなしたのは先に触れた1973年のドイツ教育審議会の勧告「教育制度における組織および管理運営の改革」であった。この勧告は別名「学校の自律性と学校参加の強化」勧告と称せられるもので、そのコンテクストにおいて学校会議の性格や位置づけについて、大要、つぎのように提言したのであった[71]。

「学校会議は学校における意思決定の中枢であるべきである。機能的な組織であるために、学校規模にもよるが、原則として、それは15人から25人のメンバーで構成される必要がある。代議制の会議として、学校会議には生徒と親の代表がそれぞれ3人から5人含まれなくてはならない。学校会議においては専任教員が意思決定の中

核的な担い手でなくてはならない。学校の中枢的な決定機関として、教員・親・生徒の三者同数代表制は認められない」。

　ドイツ教育審議会の上記勧告を受けて、1970年代前半に「学校の自律性」と「学校参加」の拡大・強化を旨とする学校法制改革が各州で行われたのであるが（既述）、1973年のハンブルク州を皮切りに、この法制改革によって学校会議を創設する州が相次ぎ、こうして、H.ヘッケル著「学校法学」第5版が刊行された1976年の時点では、旧西ドイツ11州のうち、ブレーメン、バーデン・ビュルテンベルク、バイエルン、ベルリン、ハンブルク、ラインラント・プファルツおよびザールラントの7州において学校会議が法制度化を見るに至っていた(72)。

　また1981年にドイツ法律家協会が公刊し、その後の各州における学校法制改革に多大な影響を与えた「州学校法案」も、「学校会議」と題して条文を起こし、学校会議の組織目的や権限について「学校会議は学校における教員、親、生徒の協同に資するものとする。学校会議は学校のすべての重要事項（alle wichtige Angelegenheiten der Schule）について審議し、また意見の対立を調整するものとする。学校会議はまた他の会議に勧告を行うことができる」（78条1項）と規定したうえで、学校会議の権限と構成についてかなり詳細な定めを置いたのであった(73)。

　その後、1990年のドイツ統一を経て、旧東ドイツ地域の5州では1992年から93年にかけて、旧西ドイツの学校法制をモデルとしてドラスティックな学校法制改革が行われた。また旧西ドイツ諸州においても、1990年代半ばから後半にかけて「学校の自律性の強化」を旨とした法制改革が行われたのであるが、こうしたドイツ各州における一連の学校改革立法によって、いうところの学校会議は学校組織構造法上に中核的な地位を獲得するに至るのである。とりわけ学校会議が学校プログラムの策定権限をもつに至ったことは、学校組織権限関係上、その地位を一段と強化するものであった。

　こうして、現行法制下においては、学校会議は校長、教員全体会議と並ぶ学校の重要な管理運営機関・意思決定機関として——生徒の観点から捉えると学校経営への参加・共同決定機関として——、ザクセン・アンハルト州を除くすべての州において設置されているという状況にある(74)。ただ名称は州によって一様ではなく、バイエルン州では学校フォーラム（Schulforum）、ニーダーザクセン州では学校理事会（Schulvorstand）、ラインラント・プファルツ州では学校委員会（Schulausschuß）とそれぞれ称されている。

5-2　学校会議の構成

　学校会議は教員・親・生徒の同権的な共同責任機関としてこれら三者の代表によって構成されているが、三者の構成比は州によって一様ではなく、現行法制上、以下の3類型に分かれている(75)。

　①教員代表が「親代表＋生徒代表」よりも多い州(2州)─バーデン・ヴュルテンベルク州、ヘッセン州。

　②教員代表と「親代表＋生徒代表」が同数の州(Halbparität・3州)─ブレーメン州、ニーダーザクセン州、ノルトライン・ウエストファーレン州。

　③教員代表、親代表、生徒代表の三者の代表が同数の州(Drittelparität・10州)─バイエルン州、ベルリン州、ブランデンブルク州、ハンブルク州、メクレンブルク・フォアポンメルン州、ラインラント・プファルツ州、ザールラント州、ザクセン州、シュレスビッヒ・ホルシュタイン州、テューリンゲン州─

　既述したように、ドイツ教育審議会の1973年勧告は、学校の中枢的な決定機関である学校会議が教員・親・生徒の三者同数代表制を採ることに強く反対し、またドイツ法律家協会の「州学校法案」も議長としての校長、教員代表5名、生徒と親の代表各3名の構成案を提示していたのであるが(79条)、上記③にあるように、現行法制下においては教員・親・生徒の三者同数代表制が16州中の10州を占めるに至っている。ここでは学校会議の嚆矢となった前記ブレーメン州の共同委員会が三者同数代表制を採用していたことを想起しよう。

　三者同数代表制の例を具体的にハンブルク州について見ると、同州の学校会議は議長を務める校長の他に、教員代表、親代表、生徒代表が生徒数300人以下の学校では各3人、301-800人未満の学校では各4人、800人以上の場合は各5人で構成され、それぞれ教員会議、父母協議会、生徒代表制を母体として選出されることになっている(同州学校法55条)。そしてこの場合、生徒代表については7学年以上でなければならないとの条件が付されている。

　なお校長は学校会議の議長を務めるが、その構成員としての位置づけは教員グループに含める州もあれば(バイエルン州など)、発言権は有するが議長の任だけに止める州(ザクセン州など)も見られている。メクレンブルク・フォアポンメルン州では学校会議のメンバーに学校設置者の代表1人が含まれているが、これは例外に属する。

5-3 教員・親・生徒の三者同数代表制学校会議の合憲性

ところで、上述したように、現行法制上、10州において学校会議の三者同数代表制が採られているのであるが、しかしこの制度をめぐってはその合憲性について学説・判例上、見解の対立が見られている。

憲法上の争点は、果たして三者同数代表制の学校会議に基本法20条1項が要請する民主的正当性があるのか、という点にある。

この問題の検討に当たっては、シュレスビッヒ・ホルシュタイン州の共同決定法の合憲性に関する1995年の連邦憲法裁判所の判決〈BVerfG, Urt. v. 24. 5. 1995〉が重要な意味をもつ。同判決は上記共同決定法が定める職員代表機関の共同決定権の合憲性審査に当たり、「職務委任」(Amtsauftrag)という概念を基軸に据えて、かかる共同決定に際しては「最終決定権は議会に対して責任を負う行政主体に留保されなくてはならない」との判断を示したのであった(76)。

この判決は学校会議を直接対象としたものではないが、そこにいう「職務委任」の解釈如何によって、別言すると、当該決定に対する公共規制の存否・範囲・強度の如何によって、三者同数代表制学校会議の憲法上の評価は分かれることになる。学校法学の支配的見解および判例は合憲説の立場に立っている。たとえば、学校自治研究で知られるF.フーフェンはこの問題について以下のように述べている(77)。

「三者同数代表制の学校会議の権限について憲法上の疑義は存しない。基本法20条1項にもとづいての憲法上の評価に際して重要なのは、グループの参加の下で成立した決定が、国家による責任のヒエラルヒーに組み込まれた決定主体の最終的な決定権を留保しているかどうかということにある。

学校会議による決定については、教育行政機関や校長の命令権や異議申立て権が保障されており、この要件は充たされている。学校会議に対する規制的権限を総合的に捉えると、学校会議の民主的正当性は総体としては確保されていると言える」。

判例では、ヘッセン州学校法が定める学校会議の合憲性が争われた規範統制訴訟事件で、ヘッセン州憲法裁判所〈Hess. StGH, Urt. v. 4. 10. 1995〉は下記のように判じて、学校会議の民主的正当性を肯定し、これを合憲としている(78)。

「学校会議は教員、親、生徒が協同する学校自治の機関(Organ der schulischen Selbstverwaltung)である。しかしそれは本件申立人が主張する見解とは異なり、国

の行政から分離した、議会に対して責任を負わない、独立した委員会ではない。学校会議は学校の機関として、他のすべての行政機関と同じく、ヘッセン州学校法92条2項にもとづく国の専門監督に服している。専門監督上の措置による介入とともに、学校会議の決定に対する校長の異議申立て権も保障されている。つまり、教育的に疑義の有る学校会議の決定に対してはいつでも介入できることになっている」。

また翌1996年のニーダーザクセン州学校会議の合憲性に関するニーダーザクセン州憲法裁判所判決〈Niedersäch. StGH, Urt. v. 8. 5. 1996〉も、下記のように述べて、ヘッセン州憲法裁判所と同じ結論を導いている[79]。

「国と勤務関係にない機関の成員は、個人としては民主的に正当化されてはいない。しかし、このことは次のことによって補償される。絶えず民主的な正当性の拘束の中に位置している、校長の異議申立て権と学校監督庁の専門監督権が学校会議に対して存在していることによってである。これらの権限は学校会議のすべての活動領域に影響を及ぼすことができるのであり、このことは民主的正当性の確保として十分である。重要なのは、国の活動の民主的正当性の形態ではなく、その効果である」。

以上、三者同数代表制学校会議の代表的な合憲説について見たのであるが、こうした所説に対して少数説に止まってはいるが、有力な違憲説が見られている。たとえば、M.E.ガイスは、三者同数代表制を規定する法案段階のハンブルク州学校法の合憲性に関する鑑定において、大要、つぎのように述べている[80]。

「学校プログラムの策定に関する学校会議の決定権は十分に民主的に正当化されてはおらず、憲法違反である。連邦憲法裁判所が展開した公の勤務における職員の共同決定に関するモデルは学校会議の決定内容とその仕組みにも援用されうる。そこにいう職務委任は、学校領域においては、基本法7条1項にもとづく国家に付託された教育責務と同一視される。学校会議の場合、真の民主的正当性は教員代表についてだけ存在する。教員は公務員として人的な民主的正当性を有しているからである。コンフリクトが生じた場合において、上級の学校監督庁が最終的な決定権を有しているということは、学校会議の決定機関性を排除するものではない」。

またT.ベームはいわゆる集団的大学（Gruppenuniversität）における教授・助手・学生の三者同数代表制度の合憲性に関する連邦憲法裁判所のいわゆる「大学判決」〈Hochschulurteil v. 29. 5. 1973〉を踏まえ、主要には教員の法的地位と教職の専門職性を根拠として、三者同数代表制の学校会議はもとより、生徒代表と親代表と

で教員代表を上回る学校会議を厳しく批判して、つぎのような見解を示している(81)。

「三者同数代表制の学校会議に教育活動に関する重要な決定を委ねようとするのであれば、集団的大学における代表構成について連邦憲法裁判所が示した限界を尊重しなければならない。それによれば、各グループの代表の比重は資格、職分、責任、所属期間に係っているとされる——ちなみに、連邦憲法裁判所は上記判決において、研究と教授に関する学術上重要な問題および教授の招聘については、これに関する決定機関において教授グループに絶対多数が留保されなくてはならないと判示したのであった・筆者注(82)——。

教員はその教育的・専門的な資質や能力、学校との長期にわたる関係、教育責務の遂行に対する責任において、親や生徒とは本質的な違いがある。それゆえ、教育活動に係わるすべての決定に際して、三者同数代表制を超えて、教員が決定的な比重を占めなくてはならない。いうところの三者同数代表制は、その権限が広範に勧告権に限定され、教員を法的に拘束しない決定だけを専らとする学校会議についてだけ妥当しうる余地があろう」。

5-4 学校会議の役割と権限

学校会議の法的性質・権限・学校組織権限関係上の位置づけは州によってかなり異なっている。たとえば、バイエルン州やラインラント・プファルツ州のように、調整・意見表明・聴聞・勧告権をもつにすぎないとしている州もあれば、ブレーメン州、ハンブルク州、シュレスビッヒ・ホルシュタイン州のように学校の最高審議・決定機関として位置づけている州も見られている。

ちなみに、ハンブルク州学校法(52条)はこう明記している。

「①学校会議は学校自治の最高審議・決定機関(das oberste Beratungs-und Beschlußgremium der schulischen Selbstverwaltung)である。学校会議は生徒、親、教員……の協同を促進するものとする。

②学校会議は、学校のすべての重要事項について審議し、この法律の定める基準に従い、それらについて決定する」。

そしてこれを受けて同州においては、議決手続に若干の違いはあるが、下記の事項が学校会議の決定権限事項と法定されるところとなっている(同法53条)。学校プログラムの策定、学校教育活動の評価、統合学級の設置、実験校や特別な学校経

営形態の導入、全日学校の導入、学校名の決定、校則の制定、課外活動の原則、授業やその他の学校活動への親の参加に関する原則、クラス旅行や学校の特別な行事に関する原則、学校内における生徒の団体の活動に関する原則、学校の目的外使用に関する原則、生徒や親が行う集金の実施、校長候補者に対する支援、がそれである。

　学校会議の決定権限がもっとも広範な領域に及んでいるのはシュレスビッヒ・ホルシュタイン州で、同州学校法によれば「学校会議は…学校の最高決定機関である。校長は学校会議の決定を実施するものとする」(91条1項)とされ、その決定権事項として学校における教育活動の原則の定立、学校プログラムの策定、教科書の採択と教材・教具の選定の原則の定立など、きわめて重要な学校事項が28項目に亘って具体的に列挙されている(92条1項)。

　このように、学校会議の権限はきわめて広範かつ強力なのであるが、そこでこれに対しては校長に異議申立ての権利・義務が法定されるところとなっている。すなわち、ブレーメン州学校行政法も明記しているように(40条1項、2項)、校長は学校会議の決定が法令に抵触していると見られる場合、ないし学校会議の決定を責任をもって実施できないと考える場合には、学校会議に異議を申し立てなければならない。学校会議が次回の会議でもその決定を維持した場合には、校長は遅滞なく所轄教育行政当局の最終的な決定を求めなくてはならないとされている。この場合、校長の異議申立ては学校会議決定の効力発生延期の効果をもつ。

　なお学校会議の法的性質と係わって付言すると、学校組織上の措置に際して学校会議の参加権を確保するために、行政裁判上の当事者能力を認めている判例が見られている(83)。

　ところで、すでに言及したように、ドイツにおいてはとくに1990年代半ば以降、いわゆる「学校の自律性」が一段と拡大・強化されたのであるが、その一環として各学校はそれぞれ学校プログラムを策定する権利を有し、義務を負うこととなった。各学校はそこにおいて教育活動の目標・重点・組織形態などそれぞれの学校のプロフィルを確定し、提示しなければならないのであるが、この学校プログラムの策定が多くの州で学校会議の権限とされたことにより(84)、学校会議は学校組織権限関係上、ますます重要な位置を占めるに至った。

　そしてこのコンテクストにおいて、今日、重要な法的課題になっているのは、憲法上

の諸原則との緊張において、果たして学校会議はいわゆる「学校の自律性」に依拠して、学校プログラムでいかなる学校教育事項をどの程度まで規定できるか、という問題である。

これについて、指導的な学校法学者・H.アベナリウスは先ず原理的にいうところの「学校の自律性」は学校教育に対する国家の責任（基本法7条1項）を空洞化するほどに広範なものであってはならないと述べる。

具体的には、国家は公立学校教育の宗教的・世界観的中立性を確保しなければならず（基本法4条1項）、子どもの教育における機会均等の請求権（基本法4条1項）の保障にも任じなければならない。また学校会議の法的地位や権限行使は民主制原則（基本法20条1項、2項）と一致しなければならず、かくして学校会議の権限法域での最終的な決定権は議会に対して責任を負う行政主体に留保されなければならないという。そしてそれを担保するために、学校プログラムの策定を学校監督庁の認可に係らしめるか、あるいは学校監督庁に専門監督の範囲内で学校プログラムへの介入権を容認する必要がある、と説くのである[85]。

以上、学校会議の権限について見たのであるが、たとえば、生徒に対する懲戒処分事件がその例であるが、学校において重大なコンフリクトが発生した場合、学校会議の役割としてその調整機能を担っていることも重要である。この役割は学校会議を母体として別途設置された調停委員会（Vermittlungsausschuß:通常、教員・親・生徒代表同数で構成・筆者）が担当しているが、調停委員会の活動は「学校の平和」を維持し、また行政裁判にまで至るケースを少なくするのに大いに資しているとされる[86]。

6　教員会議への生徒代表の参加

ドイツにおいては現行法制上、教員会議〈Lehrerkonferenz＝教員全体会議（Gesamtlehrerkonferenz）と教科会議、学年会議、進級会議などの部分会議（Teilkonferenz）の種別がある〉はほとんどの州で学校の意思決定過程においてかなり強力な権限を有しているが、この教員会議への生徒代表の参加を制度化している州が存している。ベルリン州、ブレーメン州、ヘッセン州、ニーダーザクセン州、ノルトライン・ウエストファーレン州、シュレスビッヒ・ホルシュタイン州などがその例である[87]。ちなみに、この点について、たとえば、ヘッセン州学校法は下記のように定めている（122条5項）。

「学校生徒代表と副代表および生徒評議会のメンバー3人は、審議権をもって教員全体会議に参加することができる。成績評価会議と進級会議および教員の人事事項が審議される会議を除く、その他の教員会議にも、生徒評議会のメンバー3人までが参加することができる」。

上記ヘッセン州学校法にもあるように、教員会議において生徒代表はたいてい審議への参加権＝審議権（Beratungsrecht）をもつにすぎないが、ニーダーザクセン州では生徒代表に教員と同等な表決権（Stimmrecht）を与えていることは注目される。

すなわち、同州学校法はいわゆる「学校の自律性」の法理を確認したうえで（32条）、「学校の決定は教員会議もしくは校長によってなされる」（33条）と規定し、続いて「教員会議は学校のすべての本質的な事項について決定する」（34条1項）との定めをおいている。そしてこれらを受けて教員会議の構成と手続について規定しているのであるが、校長や教員に加えて、教育権者（親）の代表と生徒代表も教員全体会議の表決権をもつ正規のメンバーとして法定しているのである（36条1項）。

このように、ニーダーザクセン州では生徒は表決権をもって教員全体会議に参加できることになっているのであるが、この条文は成績評価会議にも準用されうるかが争われた事件で、ニーダーザクセン州憲法裁判所は1997年、下記のように判じてこれを否定している[88]。

「立法者は学校の諸機関への親代表と生徒代表の参加権の規律に関して、広範な形成の自由を有している。しかし成績評価、進級、卒業資格、学校種間の移行などの決定に際して、生徒代表に表決権を認める学校法条項は、基本法7条1項が規定する学校教育に対する国家の責任を侵害し、憲法上許されない」。

なお、教員会議に参加する生徒代表には、教員と同じく、会議の内容について黙秘義務が課されるところとなっている（ヘッセン州学校法122条5項など）。

7　州と地方自治体の教育行政機関への生徒代表の参加

ブレーメン州、ノルトライン・ウエストファーレン州、ラインラント・プファルツ州を除く13州において、各種の団体の代表によって構成される州レベルの教育行政機関として、州学校評議会（Landesschulbeirat）――ザールラント州では州学校会議（Landesschulkonferenz）、ザクセン州では州教育審議会（Landesbildungsrat）と称されている――が設置されている。その任務は、教育行政上の基本的な措置や

決定ないし学校立法の準備に際して、文部省に助言したり提案することにある。そのために州学校評議会は文部省に対する十分な情報請求権を保障されるところとなっている。

州学校評議会は様々な社会的グループの代表によって構成されているが、その中に教員代表や親代表などとともに生徒代表が含まれている。具体的に、州学校評議会に関する規定例をバーデン・ビュルテンベルク州について見ると、以下のようである。

すなわち、同州学校法はまず州学校評議会の権限について「州学校評議会は学校制度の領域における基本的な措置の準備に当たって文部省に助言する。評議会は文部省に対して提案を行う権利を有する」(71条1項)と規定する。そこで何がいうところの「学校制度の領域における基本的な措置」に当たるかであるが、同法の権威あるコンメンタールによれば、たとえば、学校制度の構成や組織、新しいタイプの学校の導入や既存の学校の廃止、実験学校の導入などがこれに属するとされている(89)。

続いて同法は評議会の構成について「州学校評議会は親、教員、職業教育責任者、生徒、地域団体、教会および承認を受けた宗教団体、使用者団体と労働者団体の代表およびその教育上の経験が評議会の活動に大いに資する個人によって構成される」と規定し、さらに評議会の委員は文部大臣が任命し、任期は3年であること、評議会の議長は委員の互選によること等について定めている(71条2項・3項)。

以上のような州レベルの教育行政機関への生徒代表の参加にくわえて、多くの州で地方自治体レベルの生徒の参加機関が設けられている。地方自治体の行政区域の段階(地区・市・ゲマインデ・郡など)や州により、名称と権限は各様であるが、たとえば、バーデン・ビュルテンベルク州では「すべての重要な学校事項」について学校設置者に対して聴聞権をもつ学校評議会(Schulbeirat)が置かれており、そのメンバーに校長、教員、親、宗教団体、職業教育責任者などの代表とともに、生徒代表が含まれるところとなっている(同州学校法49条)。

（注）

(1) いうところの「生徒の学校参加」の表記としては、1970年代初頭までは、主としてSchüler-mitverwaltungないしはSchülermitverantwortungのタームが用いられてきた。現行法制はこれらの用語を廃棄し、SchülervertretungまたはSchülermitwirkungという語を使用している。なおタイトルとしてSchülervertretungの用語を最初に使用したのは1961年のヘッセン州学校行政法である（参照:注66）。

(2) H.Heiland, Wegbereiter der Reformpädagogik: Rousseau, Pestalozzi, Fröbel, In:H. S.Stubenrauch/E.Skiera(Hrsg.), Reformpädagogik und Schulreform in Europa, Bd.1, 1996, S.36ff.

(3) W.S.Nicklis(Hrsg.), Handwörterbuch der Schulpädagogik, 1975, S.126.
　 H.E.Tenorth/R.Tippelt(Hrsg.), Lexikon Pädagogik, 2007, S.599.

(4) W.Scheibe, Schülermitverantwortung, 1966, S.9.

(5) ditto, S.9-S.11. S.11-S.12.

(6) G.Kerschensteiner, Grundfragen der Schulorganisation, 1907.
　 ders, Begriff der staatsbürgerlichen Erziehung, 1910.

(7) F.W.Foerster, Schule und Charakter, 1907.

(8) ders, Staatsbürgerlichen Erziehung－Prinzipienfragen politischer Ethik und politis-cher Pädagogik, 1914.

(9) 梅根悟『近代国家と民衆教育』誠文堂新光社、1967年、200頁。

(10) L.Froese/W.Krawietz, Deutsche Schulgesetzgebung, 1968, S.150.

(11) W.Scheibe, a.a.O., S.8.

(12) W.Landé, Preußisches Schulrecht, 1933, S.773.
　 なお女子上級学校についても2年後の1912年に同様の規程が制定されている。

(13) W.Scheibe, a.a.O., S.156-S.157.

(14) W.Kühn, Schulrecht in Preußen, 1926, S.289.

(15) A.Holtmann/S.Reinhardt, Schülermitverantwortung(SMV)―Geschichte und Ende einer Ideologie, 1971, S.16.
　 なお、この点について、ヒルデブラントは概括的にこう述べている。「生徒自治が教員にとって敵対的なものと見られている限り、それは現実に開花することはできない。いうところの生徒自治は政治的な契機によって強調されたのであった」(P.Hildebrandt, Das Wesen der Schülerselbstv-erwaltung, In:Monatsschrift für höhre Schulen, 1931, Jg.30, S.274. zit. aus A.Holtmann/S.Reinhardt, a.a.O., S.17.)。

(16) A.Sachse, Die Entwicklung der Bildungsorganisation und ihr gegenwärtiger Zusatnd in Deutschland, In:H.Nohl/L.Pallat(Hrsg.), Handbuch der Pädagogik, 1933, S.410. zit.aus K.Nevermann, Ausdifferenzierung der Schulverfassung am Beispiel Preußens, In:D.Lenzen(Hrsg.)Enzyklopädie Erziehungswissenschaft, Bd.5, 1984, S.184.

(17) W.Scheibe, a.a.O., S.156-S.157.

(18) ditto, S.158-S.159.

(19) L.Froese/W.Krawietz, a.a.O., S.220.

なお学校制度に対するヒトラーユーゲントの優越性（Primat der Hitlerjugend gegenüber dem Schulsystem）は1936年に制定を見たヒトラーユーゲントに関する法律〈Gesetz über die Hitler-Jugend v. 1. Dez. 1936〉によって法律上確立された（M.Klöcker, Die Schule im NS-Staat:Ihre Rechtsgrundlagen am Beispiel der Voksschule, In:RdJB〈2013〉, S.383.）。

(20) 第2次大戦後、長年にわたってドイツの学校法学界をリードしたH.ヘッケルも、若き日のヒトラーユーゲントに関する論文（1935年）で威嚇的にこう書いている。「ヒトラーユーゲントに参加するかどうかは親が決定できる。しかしかかる権力的組織の道徳上の圧力（moralische Druck）を過小評価してはならない。親は、その子がヒトラーユーゲントに所属した場合とそうでない場合の、その子の将来に及ぼす影響を明確に認識すべきである（H.Heckel, Elternrecht, Schulrecht, Recht der Hitlerjugend, In:Reichsverwaltungsblatt（1935）, S.313）。

(21) In:L.Froese/W.Krawietz, a.a.O., S.222.

(22) K.I.Flessau, Schule der Diktatur, 1979, S.14.

(23) D.Langewiesche/H.E.Tenorth(Hrsg.), Handbuch der deutschen Bildungsgeschichte, Bd.V, 1989, S.191.

(24) A.Dumke, Die Schulleitung, In:Handbuch für Lehrer, 1960, S.272.　W.Seufert, Die Lehrerkonferenz, eine neue Form der Schulleitung, In:Blätter für Lehrerbildung, 1968, S.168.

(25) E.Stein, Elterliche Mitbeteiligung im deutschen Schulwesen, In:JZ（1957）, S.12.

(26) H.Avenarius/H.Heckel, Schulrechtskunde, 7Aufl. 2000, S.116.

(27) 以上、W.Perschel, Die Rechtslage der Schülermitverwaltung, 1966, S.4-S.6.

(28) H.Heckel/H.Avenarius, Schulrechtskunde, 6Aufl. 1986, S.84.

ヘッケルは不朽の名著『学校法学』の初版（1957年）で第43章「学校の民主化」に続いて、第44章「生徒の共同形成」（Schülermitgestaltung）の章を起こし、その任務や組織形態について記述している。そこにおいてヘッケルは「生徒の共同形成は、学校生活や学校の教育活動への生徒の参加を可能にし、また学校における政治教育（politische Erziehung）や法教育（Rechtserziehung）に資するものであるが、その役割は内部的な仲間同士の領域と学校の秩序維持に限られており、現行の法的関係に影響を与えるものではない」とし、そこで「問題は生徒の発言権（Mitsprachrecht）をいかなる範囲において、どのような形態で実現すべきかということである」と問題提起している（H.Heckel, Schurechtskunde,1Aufl. 1957, S.323.）。

(29) W.Perschel, a.a.O., S.6.

(30) 詳しくは参照:I.Richter, Schule, Schulverfassung und Demokratie, In:RdJB（1987）, S.254ff.

(31) なお常設文部大臣会議は1963年にも「生徒の共同責任に関する決議」〈KMK, Schülermitverantwortung, Beschl. v. 8. 9, 1963, In:RWS（1964）, S.29〉をしているが、その内容はその後の学校政策や学校立法にほとんど影響を与えるものではなかったので、ここでは取り上げない。

(32)なお連邦政治教育センターが1969年に「学校の民主化、学校における生徒の地位および生徒の共同責任の役割」と銘打った提言書を公刊していることも注目される（Bundeszentrale für politische Bildung〈Hrsg.〉, Demokratisierung der Schule, Die Stellung des Schülers in der Schule und die Rolle der Schülermitverantwortung,1969.）。そこには生徒代表制と係わって下記のような提言が見えている。

「民主主義国家の学校においては、生徒と親に対して学校の生活と活動への参加権が保障されなくてはならない。従来、生徒の参加はあまりにも脆弱であった。生徒代表の組織をあらゆる段階で拡充し、それは州学校評議会にまで及ばなくてはならない。生徒代表制の内的な価値を高めることが求められている」。

「学校の教育計画を策定する前に、また教科書を採択するに際して、生徒代表制は聴聞されなくてはならない」。

「学校の措置・決定に際して、生徒代表制には聴聞権が保障されなくてはならない。とくに生徒からの異議申立てのケースではそうである」。

「生徒代表制に対して、規律違反行為をする生徒を注意し、必要な場合は一定の制裁を加える権限を委譲すべきである」。

(33)KMK, Schülermitverantwortung, Beschl. v. 3. 10. 1968, Beschl. Sammlung Nr.849.

(34)KMK, Zur Stellung des Schülers in der Schule, Beschl. v. 25. 5. 1973, Beschl Sammlung Nr.824.

(35)Deutscher Bildungsrat, Empfehlungen der Bildungskommission, Zur Reform von Organisation und Verwaltung im Bildungswesen, Teil 1, Verstärkte Selbständigkeit der Schule und Partizipation der Lehrer, Schüler und Eltern, 1973

(36)Deutscher Bildungsrat, a.a.O., S.27. S.A19-A28. S.A90-A100, u.a.

(37)K.Nevermann, Reform der Schulverfassung, In:RdJB(1975), S.211ff.

ders.Grundzüge des Schulverfassungsrechts, In:ders/I.Richter(Hrsg.), Rechte der Lehrer, Rechte der Schüler, Rechte der Eltern, 1977, S.191ff.. I.Richter, Schule, Schulverfassung und Demokratie, In:RdJB(1987), S.254ff. M.Stock, Schulverfassungsreform-Demokratisierung der Schule?, In:ZfPäd.(1973), S.1001ff. E.Stein/M.Roell, Handbuch des Schulrechts, 1992, S.58ff.

(38)新州における学校法制改革について詳しくは参照:S.Anders, Die Schulgesetzgebung der neuen Bundesländer, 1995, S.169ff.

(39)親の公教育運営への参加権については、第2次大戦直後の1946年に制定されたヘッセン州憲法が、ドイツの憲法史上、初めてこれを明示的に保障した。こう規定したのであった（56条6項）。

「教育権者（Erziehungsberechtigte・親を指す・筆者）は教育制度の形成に参加する権利を有する」。

またバーデン・ビュルテンベルク州憲法（1953年・17条4項）とノルトライン・ウエストファーレン州憲法（1950年・10条2項）も同様の保障条項を擁している。

(40)上記2州の憲法の他、生徒の学校参加権を明記しているのは、ブランデンブルク州憲法30条2

項とザクセン・アンハルト州憲法29条2項である。

(41) さしあたり、H.Avenarius/H.Heckel, Schulrechtskunde, 7Aufl. 2000, S.113.

(42) H.Döbert, Schulen in erweiter Verantwortung-Projekte und Modelversuche in Berlin und Brandenburg, In:RdJB(1997), S.406.

(43) さしあたり、参照:K.J.Tillmann, Autonomie für die Schule und ihre Lehrer, In:RdJB (1997), S.331.

(44) 学校の自律性強化に関する各州の法制状況については下記に詳しい:H.Avenarius/ T.Kimmig/M.Rürup, Die rechtlichen Regelungen der Länder in der Bundesrepublik Deutschland zur erweiterten Selbständigkeit der Schule, 2003.

(45) M.Jaensch, Grundzüge des Bürgerlichen Rechts, 2012, S.58ff. H.Avenarius, Die Rechts-ordnung der Bundesrepublik Deutschland, 1995, S.167ff.

(46) H.Hekel/ H.Avenarius, Schulrechtskunde, 5Aufl. 1976, S.80.
　　　なお1986年に刊行された第6版改訂版においてもほぼ同じ記述が見えている(diese, Schulrechtskunde, 6Aufl. 1986, S.85.)。

(47) ただニーダーザクセン州にあっては、校長の許可制は採られておらず、届出制になっている(学校法81条2項)。

(48) 詳しくは、参照:T.Böhm, Aufsicht und Haftung in der Schule, 2008.

(49) Art.26(5),Hess.Verordnumg über die Schülervertretungen und die Studierenden-vertretungen v. 15. Juli 1993.

(50) H.Avenarius/H.P.Füssel, Schulrecht, 8Aufl. 2010, S.167.

(51) この点、バーデン・ビュルテンベルク、ノルトライン・ウエストファーレン、ザクセンの3州では、生徒の申請により、生徒代表制での活動を成績表に記載できるとされている。

(52) H.Avenarius/H.P.Füssel, a.a.O., S.164.
　　　なお常設文部大臣会議の1968年決議は生徒代表制の役割を、自らが設定した役割や課題、学校の規律や組織に係わる役割、生徒の利益代表の3領域に区分している(KMK, Schüler-mitverantwortung, Beschl. v. 3. 10. 1968. KMK-Beschluß-Sammlung Nr.849.)。

(53) H.Heckel/H.Avenarius, Schulrechtskunde, 6Aufl. 1986, S.87.

(54) H.Avenarius/H.P.Füssel, a.a.O., S.164.

(55) ditto, S.164-165.

(56) Deutscher Bildungsrat, a.a.O., S.27, S.98ff., S.142ff.

(57) 肯定説としては、さしあたり、J.Berkemann, Die politischen Rechte des Schülers, In:RWS, (1974), S.11.否定説としては、さしあたり、F.Hase/K.H.Ladeur, Zum Verhältnis von SMV und politischer Bildung als Schulfach, In:RdJB(1975), S.295ff.

(58) BVerwG. Urt. v. 13. 12. 1979. BVerwGE(59), S.231.

(59) H.Heckel/H.Avenarius, a.a.O., S.88.

(60) さしあたり、J.Staupe, Schulrecht von A-Z, 2001, S.177.

(61) H.Avenarius/H.P.Füssel,a.a.O., S.165.

(62) H.Avenarius/H.P.Füssel,a.a.O.,S.145-S.146. B.Pieroth/U.Schürmann, Rechte und Pflichten des Schülers, In:VR(1981), S.378.

(63) J.Staupe, a.a.O., S.116.

(64) F.Ossenbühl, Rechtliche Grundlagen der Erteilung von Schulzeugnissen, 1978, S.23-24.

(65) J.Staupe, a.a.O., S.117.

(66) 第2次大戦後、ドイツにおいて生徒の学校参加を最初に法制化したのは1948年6月のベルリン州学校法であるが、その3か月後にはヘッセン州でも法制化を見ている。ただそれは法律ではなく、訓令によってであった〈Erlaß v. 14. 9. 1948〉。

　生徒の学校参加について法律で規定したのは1961年に制定された学校行政法〈Schulverwaltungsgesetz v. 28. Juni 1961〉で、同法は「生徒代表制」(Schülervertretung)のタイトルで下記のように規定して、この時期すでに生徒代表制に対して共同決定権を認容していたことは刮目に値しよう(K.Hess, Das Recht der hessischen Schülervertretung, 1981, S.3-5.　なおこの時期のヘッセン州の生徒代表制について詳しくは参照:H.Tschampa, Demokratisierung im Schulwesen, 1972, S.13ff.)。

　49条1項＝「ヘッセン州憲法56条4項が規定する学校の教育目的の実現に際して、生徒は生徒代表制によって固有責任にもとづいて参加する」。

　同条2項＝「生徒代表制は学校における生徒の利益、学校監督庁に対する生徒の利益および社会における生徒の利益を確保する。その際、生徒代表制は学校における生徒の協同権(Mitwirkungsrecht)と共同決定権(Mitbestimmungsrecht)を行使する。生徒代表制は学校の教育責務の範囲内で、自らが設定した課題を固有責任で遂行する」。

(67) H.Avenarius/H.P.Füssel, a.a.O., S.162ff. H.Gampe/R.Knapp/G.Rieger, Schülermitwirkung in Nordrhein-Westfalen, 1981, S.51ff. F.Zubke, Schülermitbestimmung in Niedersachsen, 1982, S.14ff.

　T,Böhm, a.a.O., S.102ff.

(68) 基本法は「議員は全国民の代表者であって、委任や指図に拘束されることなく、自己の良心にのみ従う」(38条1項)と規定して、命令的委任を認めていない。

(69) 詳しくは参照:T.Diemer, Das Schülerparlament-ein Modell der Erweiterung innerschulischer Partizipation, In:A.Eikel/G.Haan(Hrsg.), Demokratische Partizipation in der Schule, 2007, S.93ff.

(70) L.R.Reuter, Partizipation als Prinzip demokratischer Schulverfassung, In:Aus Politik und Zeitgeschichte, 1975, S.21.

(71) Deutscher Bildungsrat, a.a.O., S, A116-A118.

(72) H.Heckel, Schulrechtskunde, 5Aufl. 1976, S.75-S.76. A.J.Müller, Konferenz und Schuleitung, In:RdJB(1977), S.13ff.

　なおヘッケルはこの時点で学校会議の現状と展望について次のように述べている。「新しい制度としての学校会議は未だ最終的な形成を見てはいない。とくに教員全体会議との権限関係が一義的に明確でない。しかし将来的には、校長および教員全体会議と並ぶ第3の力(Dritte

Kraft）として承認されることになろう。それは学校内の人的グループの共同体をより強く代表する
ことができるからである」（H.Heckel, a.a.O., S.77.）。

(73) Deutscher Juristentag, Schule im Rechtsstaat, BdI, Entwurf für ein Landesschul-
gesetz, 1981, S.105-S.106.

(74) 現行法制上、学校会議が設置されていないザクセン・アンハルト州では、親代表と生徒代表が
ともに議決権を擁して教員全体会議に参加できる仕組みが法制化されている。このような制度は
1970年代、ニーダーザクセン州とシュレスビッヒ・ホルシュタイン州でも採られていた。

(75) H.Avenarius/H.P.Füssel, a.a.O., S.157.

(76) M.E.Geis, Möglichkeiten und Grenzen schulischer Partizipationsregelungen am
Beispiel der sogenannten Schulkonferenz, In:F.R.Jach/S.Jenkner（Hrsg.）, Autonomie
der staatlichen Schule und freies Schulwesen, Festschrift zum 65.Geburtstsg von
J.P.Vogel, 1998, S.43.

(77) W.Rickert, Zur Verfassungsmäßigkeit der Befugnisse von drittel-paritätisch besetz-
ten Schulkonferenz, In:RdJB（1997）, S.392.
フーフェンのこの見解は、後述のガイスの場合と同じく、ハンブルク州学校法案に対する鑑定とし
て示されたものである。なお指導的な学校法学者・H.アベナリウスも同じ鑑定で「学校会議の決定
権に関するハンブルク州学校法の規定は、民主制原理および基本法7条1項にもとづく学校制度
に対する国の責任の原則と一致する」との見解を披瀝している（ditto.）。

(78) M.E.Geis, a.a.O., S.45.

(79) ditto

(80) W.Rickert, a.a.O., S.392.

(81) T,Böhm, Grundriß des Schulrechts in Deutschland, 1995, 100.

(82) H.Peisert/G.Framheim, Das Hochschulsystem in der Bundesrepublik Deutschland,
1980, S.28.

(83) VG Bremen（1989）, OVG Berlin（1990）, VG Frankfurt（1999）, zit. aus H.Avenarius/
H.P.Füssel, a.a.O., S.158.

(84) たとえば、ブランデンブルク州学校法91条2項、ブレーメン州学校行政法33条2項、ハンブルク州
学校法53条1項、ヘッセン州学校法129条など。

(85) H.Avenarius/H.P.Füssel, a.a.O., S.129-130.
なお現行法制上、学校プログラムの策定を学校監督庁の認可事項としているのはベルリン、ブ
レーメン、ヘッセン、メクレンブルク・フォアポンメルンの4州だけである。学校プログラムについて、
詳しくは参照:S.Volkholz, Schulprogramm-Motor von Schulentwicklung, Chance zur
Professionalisierung?, In:RdJB（2000）, S.235ff.

(86) H.Avenarius/H.P.Füssel, a.a.O., S.159.

(87) J.Staupe, a.a.O., S.132.

(88) Nds StGH, in, NVwZ（1997）, zit. aus H.Avenarius/H.P.Füssel, a.a.O., S.146. S.163.

(89) H.Hochstetter/E.Muser, Schulgesetz für Baden-Württemberg, 2005, S.136.

事項(人名)索引

〔あ行〕

アメリカ連邦最高裁判所　61
E. シュタイン　58,132,157,186
E. ホルストホフ　26,142
生きた政治学習　95,110,113
異議申立て権　160,224,233
意思能力　49
一般条項的な権限　36,109
一般的な政治的委任　223
営造物権力　27,144
H. アベナリウス　130,138,151
H. クリューガー　51,59
H. ベッカー　42
H. ヘッケル　40,131,146,151,157,209,218
H.U. エファース　130,146
N. ニーフエス　173,192
愛媛県教育委員会　115
F. オッセンビュール　149
L. ディエツェ　189
大阪府立高校生退学処分事件　98
O. マイヤー　23,26,142
公の性質　74
親代わりの原理　45
親の教育権　20,41,45,54,126

〔か行〕

改革教育学　198
外国人生徒　228
学習指導要領　101,109,215
学習の主体　22
学年代表　228
家族の自律性　54
価値多元主義社会　132

学級代表　203,211,228
学校営造物理論　143
学校会議　185,230,244
学校教育の目的　21,42,54,65,102
学校教育法　92,101,108,120
学校教育法施行規則　88
学校共同決定法　215
学校共同体　200,202
学校権力　27,30,144,147
学校参加法　163,208
学校新聞　176
学校政策上の委任　223
学校制度における本質的な決定　43,150
学校組織構造法　215,231
学校代表　211,228
学校特別権力関係論　31,118,142,156
学校と政治との隔絶　95
学校内でビラを配布する自由　64,167
学校における子どもの自己発達権　157
学校における民主主義　43,103,211
学校に付託された教育責務　36,111,168,169
学校の教育運営権　97,109
学校の教育権能　121,125
学校の教育自治　132
学校の教育目的に沿った行動義務　66
学校の権利は親の権利を破棄する　20
学校の自律性　213,215,217,237
学校の政治的中立性　92,104,107
学校の平和　111,173
学校の法化　7,41,42,121,122,148,163,166
学校の民主化　64,210,230
学校の役割　21,42,102,136
学校評議会　238

学校部分社会論　26,34,119
学校父母協議会　227
学校プログラム　132,218,234,236
学校への届出制　117,124,127
学校法人　74,77
学校法制改革　195,215,231
過度のパターナリスティックな規制　49,126
官治的学校法制・官僚法学　21
寛容な学校を求める基本権　136
寛容への教育　21,102,175
管理教育　115
管理された学校　42
覊束裁量　188
規範統制訴訟　233
岐阜県立岐陽高校事件　115
基本権が重要な意味をもつ領域　33,43,150
基本権の衝突　52,71
基本権行使能力　51,106,136
基本権享有能力　51,58
基本的決定　152
基本的人権
　　20,41,48,60,70,75,99,106,115,136,143,156
基本的人権の自律的行使主体　106
基本法　33,130,145,149,166,175,177,183,208
基本法の価値原理・基本秩序　111,175
基本法の人権条項　127,166
教育基本法　45,66,74,87
教育行政機関への生徒代表の参加　238
教育行政庁の包括的規律権　152
教育契約　77
教育権力　28,44,157
教育主権　20,44,65,99,120,130,149

教育主権による社会化の対象としての生徒
　　　　　　　　　　　　　　　　66
教育的裁量　79
教育における憲法裁判　116
教育における国民主権　42,99
教育における法治主義原理　42
教育の客体　22
教育の私事性原則　46
教育の自由　70,133
教育目的法定主義　134
教育をうける権利　55,65,71,74,133
教員会議　203,237
教員による生徒の暴力支配　115
教員の教育上の自由　132,170
教育上の差別禁止　75
教室・学校封鎖　91
行政規則　99
行政権優位の憲法体制　32
行政内部関係としての学校関係　40,99
行政内部規則　27,142
行政の内部・外部二分論　26,99,142
共同決定権　20,224
共同決定的参加　224
協同権　224
協同的参加　224
協同統治　205
許可制　114,180,182,220
刑事責任年齢　53,106
芸術の自由　181
刑務所収容関係　33,148,149
契約の自由の原則　45,78
K.ヘッセ　23,57
結社の自由　63,167,185

247

検閲の禁止　178
憲法　20,71
憲法から自由な生徒法制　20,60
憲法からの自由　32,70
憲法的自由　36,41,70,127
憲法との係留関係　21,35,120
憲法に敵対的な意見表明　181
憲法の人権条項　56,71,96
憲法の普遍基本法原理　23
憲法は変われど、行政法は変わらず　23
憲法への意思　23
言論の自由　64,97
校外政治活動規制　124
合議制学校経営　208
公教育機関としての私学　70,81
公教育法制の基本原理　46
公権力的営造物・倫理的営造物　144
公権力の行使　32,37,145
高校生徒会連合　88
高校生の政治活動　53,64,86,94,101
高校生未熟論　105
公職選挙法　91,93,97,106,126
校則　28,60,114
校則裁判　35,114,119
校則制定権　116
校則による生徒規律　121
校則の法的性質　116
校則の見直し　121
校長の包括的規律権　109
幸福追求権　41,56
神戸高塚高校校門圧死事件　115
公法上の特別権力関係論　26,30,142,145,162

公法上の学校特別権力関係
　　　　　　　　　118,144,145,156
公民教育　199
公立学校在学関係　29
国民主権　32,44
国民投票の投票権　91,97,126
国家権力的教育観　32
国家の学校監督権　131,136,152,171
国家の学校教育独占　32
国家の教育主権　130,184,186
国旗及び国歌に関する法律　101
子どもから　50,198
子どもの権利条約　50,55,61,75,81
子どもの権利の代位者・擁護者　61
子どもの最善の利益　55,56
子どもの社会化　65
子どもの宗教教育に関する法律　53,188
子どもの人格的自律　52
子どもの年齢・成熟度　52,105

〔さ行〕
サークル活動の自律性　103
最高裁「学テ判決」　70
ザクセン州憲法　134,217
参加型学校組織構造　210
参加民主主義　208,214
三者同数代表制　232,233
C.H. ウーレ　146
G. ケルシェンシュタイナー　198
J. シュタウペ　162
J. ベルケマン　68,167,189
宗教教育・宗教活動の自由　82
私学の公共性　78

私学の自由　36,45,70

自然権的基本権　32,41,61

思想・良心の自由　56,63,64,75,101

指導者原理　208

指導助言権　127

社会的な生活学校　124

集会の自由　63,67,174,183,190

宗教上の成熟　53,188

宗教団体を組織する自由　107,110

宗教的私学　76,81

宗教的中立性　107

自由裁量　79

州生徒評議会　226,228

集団的大学　234

修徳高校パーマ校則事件　35

自由と民主主義への教育　21,102,175

18歳選挙権制度　93

授業に出席する義務　164,184,190

授業ボイコット・ストライキ権　167

授業妨害　89,109,190

授業を欠席する権利　96,184

主権主体・政治的責任主体への教育　106

出席停止措置　81

出版の自由　63,64,97

受動的・消極的人間型としての生徒　22

シュレスビッヒ・ホルシュタイン州学校法
　　　　　　　　162,187,188,222

常設文部大臣会議　136,158,210,212

情報なければ、参加なし　224

昭和女子大学事件　71,76,79

署名・募金活動　95,110

自律（社会的自立）への教育　21,102

私立学校　70,77,79

私立学校法　74

私立駒場東邦高校事件　105

自律的で参加型の学校　214

自律的な人間型　23

自律と責任への教育　54

自律の助長促進　21,52,105

「自律への教育」法制　129

知る権利　22,158,159,224

人格の自由な発達権　132,157,224

信教の自由　75,82,108

人権尊重主義　32

人権保障規定の第三者効力　71

信仰・良心・世界観告白の自由　22,135

臣民の義務としての学校教育　20,22

生活学校・丸抱えの教育観　21

請願権　64,96,226

政教分離の原則　82

政治活動規制校則　117

政治活動の自由　87,98,111,175

政治教育　87,104,174,200,241

政治的意見表明の自由　102,111,115,172

政治的基本権　76,96,124,127

政治的教養教育　91,105

政治的権利　19,86,97,102,122

政治的成熟度　97

政治的な教育活動を行う権利　222

政治的な制限的基本権行使能力　106

政治的な生徒団体　53,167,186,221,222

政治的な責任への教育　209

政治的に中立な学校教育をうける権利　104

政治的表現の自由　70,76,102,109,121

成熟した責任ある市民への教育
　　　　　　　　21,64,102,106,175

249

青少年保護条例　49
精神的自由権　75
精神的成熟への教育　156
生徒委員会　203,205
生徒会活動　88,90,103,107
生徒議会　230
生徒指導権　124,127
生徒集会　63,110,167,205
生徒新聞　67,161,176
生徒代表制　160,211,214,219,221,227
生徒団体　64,106,185,195
生徒懲戒　79,82,225
生徒によって生徒のために　161,176
生徒の意見表明の自由　64,160,167
生徒の学校参加権　216,224
生徒の基本的義務　65,108
生徒の義務　159,163
生徒の自治・自律的活動　43
生徒の自由権的基本権　63
生徒の知る権利　216,224
生徒の人格の自由な発達権　62,224
生徒の人権裁判　116
生徒の人権主体性　61,98
生徒の政治的意見表明の自由　167
生徒の政治的基本権　64,166
生徒の積極的な権利　63
生徒の能動的な権利　63
生徒の利益代表　211,221
生徒評議会　225,228
成年制度　21,49,52,105
世界人権宣言　22,54,126
責任ある市民への教育　103,160,168
説明を求める権利　224

選挙運動　86,92,97,106,115
選挙権　89,98,101,126,218
相当性の原則　43,180
促進学校　227

〔た行〕
「大学・学校の民主化」要求運動　64,167
田中耕太郎　34
束ねられた権利　61
W.パーシェル　146,156
W.ランデ　144
治安警察法　29,86,100
秩序措置　151,181,183,221
懲戒処分　29,45,79,221
調整・助言教員　161,180,212,229
調停委員会　237
聴聞権　22,224,225
直接に妥当する法　135
通達　87,88,99
通知　86,91,99
提案権　216,224,226
抵抗権　191
ティンカー事件　48,61
適正手続　80
手続的権利　56,75
デモンストレーションの権利　96,98,183
テューリンゲン州学校法　170,180
ドイツ11月革命　202
ドイツ基本法　7,98,135,145,208
ドイツ教育審議会　163,210,213,215,231
ドイツ公法学理論　26
ドイツ統一　216,231
ドイツの学校法学　110

ドイツの学校法制　22,129

ドイツ法律家協会　163,231,232

ドイツ民法　51

ドイツ連邦憲法裁判所　43

東京学館高校バイク禁止校則事件　119

東京都千代田区立麹町中学校内申書事件
　　　　　　　　　　　　　　　102

東京都立高校生退学処分事件　98,109,114

同権的参加　230

道徳教育　200

党派的宣伝活動　110

道路交通法　55

討論会　110

特別権力関係内部規律行為　27,29,143,156

特別権力関係論否定判決　148,158

特別権力主体　27,142

特別権力服従者　27,31,142

特別に強化された権力関係　28

特別の服従関係　28

届出制　114,117,123

富山大学単位不認定事件　34,119

〔な行〕

内的学校事項　132

ナチス国家（政権）　204,207,208

ニーダーザクセン州学校法　53,106,174,187,215

ニーダーザクセン州憲法裁判所　234,238

日本国憲法　20,30,40,44,91

日本国憲法の改正手続に関する法律
　　　　　　　　　　　　91,97,126

日本国憲法の基本原理　99

日本国憲法の明治憲法的運用　23

ノルトライン・ウエストファーレン州学校法
　　　　　　　　145,168,172,179,185

ノルトライン・ウエストファーレン州憲法　46,209

〔は行〕

バーデン・ビュルテンベルク州憲法　209,242

バイエルン州教育制度法　66,113,145,177,179

バイエルン州憲法裁判所　172,173

反戦デモ　182

ハンブルク州学校法　225,234

ハンブルク州憲法　169

B. ピィエロート　131

非政治主義的・非党派的な政治活動　95

非独立的営造物　45,145

ヒトラーユーゲント　207,241

日の丸・君が代の義務化　101

表現の自由　70,76,100

平等原則　124,188,220

開かれた学校　136

「部分社会」の法理　34

父母協議会　20,215,230,232

プレスの自由　67,166,176,180

プロイセン一般ラント法　143,153

プログラム規定　135

ヘッセン州憲法　20,135,146,242

ヘッセン州憲法裁判所　146,233

ベルリン州学校法　177,208

法益衡量　109,174,184

包括的・全体的教育権　127

包括的支配権　27,30,142,156

法から自由な学校　21,41

法から自由な教育行政　29,40,99,147

法から自由な特別権力関係　40

法規裁量　80

法規範としての校則　116,121

法規命令　122,151,187

防禦権　32,41,60,72

法治国家原理　31,33,99,122,148

法治国家における学校　42,163,166

法治国家の間隙　26,142

法律関係としての学校教育関係　44

法律事項　121,151

法律による教育行政の原則　41

法律の留保の原則　31,99,149,171,181

本質性理論　149,151

〔ま行〕

「丸刈り・制服校則」に関する最高裁判決
　　　　　　　　　　　　　　　　117

未成年者飲酒禁止法　49

未成年者喫煙禁止法　49

未成年者の法律行為　182

美濃部達吉　26,27

宮沢俊義　48

民主主義への教育　43,129,181

民主制原理　33,99,148

民主的法治国家　40,99,121,124,145

民法　54,78,126,182

民法上の責任能力　53,106

無権利客体　29,48,97,136,166

明治憲法　20,26,100

文科省見解　94,109,127

文科省通知　94,122

文科省通知による生徒の人権規制　99

文部省告示　101

文部省令　88,149,154

〔や行〕

ヨーダー事件　53

〔ら行〕

良識ある公民　103,106

連邦行政裁判所　33,130,151,156,223

連邦憲法裁判所　130,133,148,149,162

連邦生徒会議　228

労作教授　199

労作共同体　199

労使共同決定制　208

労働基準法　49

労働者のストライキ権　189

〔わ行〕

ワイマール憲法　143,198

若さにあふれる権利　111,173,175

著者紹介

結城　忠　（ゆうき・まこと）

1944（昭和19）年、広島市に生まれる。広島大学政経学部卒業。大阪市立大学法学部を経て、広島大学大学院教育学研究科博士課程単位取得退学。国立教育研究所研究員・主任研究官・室長、ドイツ国際教育研究所客員研究員、国立教育政策研究所総括研究官、上越教育大学教職大学院教授、白鷗大学教授を経て、現在、国立教育政策研究所名誉所員。この間、国際基督教大学、広島大学大学院、京都大学大学院、東京大学大学院、筑波大学大学院、慶應義塾大学大学院などに非常勤講師として出講。教育学博士。第14期日本教育行政学会会長。

〈主要著書・訳書〉

『憲法と私学教育―私学の自由と私学助成』協同出版、2014年
『日本国憲法と義務教育』青山社、2012年
『教育制度と学校法制』尚文堂、2011年
『教育の自治・分権と学校法制』東信堂、2009年
『生徒の法的地位』教育開発研究所、2007年
『学校教育における親の権利』海鳴社、1994年
『教育法制の理論―日本と西ドイツ』教育家庭新聞社、1988年
『ドイツの教育』（共編著）東信堂、1998年
『ドイツの学校と教育法制』（監訳）教育開発研究所、2004年
『学習塾―子ども・親・教師はどう見ているか』（共著）ぎょうせい、1987年
『教育法規重要用語300の基礎知識』（編著）明治図書、2004年
　B.v.Kopp u.a.(Hrsg.), Vergleichende Erziehungswissenschaft(Mitautor), Böhlau Verlag,1997

高校生の法的地位と政治活動　―日本とドイツ―

2017年3月31日　初版第1刷発行

著　者　　結城　忠
発行者　　大塚　智孝
発行所　　株式会社 エイデル研究所
　　　　　〒102-0073 千代田区九段北4-1-9
　　　　　TEL.03-3234-4641　FAX.03-3234-4644

　　　　　装幀・本文デザイン　　株式会社OMIJIKA（遠藤康正）
　　　　　印刷・製本　　中央精版印刷株式会社

©2017, Makoto Yuki
ISBN978-4-87168-596-2　Printed in Japan
落丁・乱丁がありましたらお取り替えいたします。
（定価はカバーに表示してあります）